南开大学立项资助教材

# 普通高校
# 足球课程教材

高宝华 著

南开大学出版社
天　津

图书在版编目(CIP)数据

普通高校足球课程教材／高宝华著．—天津：南开大学出版社，2010.2（2020.1重印）
ISBN 978-7-310-03334-8

Ⅰ.①普… Ⅱ.①高… Ⅲ.①足球运动－高等学校－教材 Ⅳ.①G843

中国版本图书馆CIP数据核字(2010)第005507号

**版权所有　侵权必究**

南开大学出版社出版发行
出版人：陈　敬
地址：天津市南开区卫津路94号　邮政编码：300071
营销部电话：(022)23508339　23500755
营销部传真：(022)23508542　邮购部电话：(022)23502200

＊

天津午阳印刷股份有限公司印刷
全国各地新华书店经销

＊

2010年2月第1版　2020年1月第6次印刷
210×148毫米　32开本　9.875印张　282千字
定价：24.00元

如遇图书印装质量问题，请与本社营销部联系调换，电话：(022)23507125

# 目 录

**第一章 足球运动起源与发展概况** ………………………………… 1
 第一节 足球世界第一运动 ………………………………… 1
 第二节 足球运动起源发展 ………………………………… 2
 第三节 世界现代男子足球运动的发展简述 ……………… 11
 第四节 我国现代男子足球运动发展简述 ………………… 14
 第五节 世界现代女子足球运动发展简述 ………………… 17
 第六节 我国现代女子足球运动发展概述 ………………… 18

**第二章 足球运动的特点与作用** …………………………………… 22
 第一节 足球运动特点 ……………………………………… 22
 第二节 足球运动锻炼价值与功能作用 …………………… 23

**第三章 足球教学与训练** …………………………………………… 26
 第一节 足球技术概述 ……………………………………… 26
 第二节 足球基本技术 ……………………………………… 33
 第三节 足球基本战术 ……………………………………… 104
 第四节 比赛阵型与位置职责 ……………………………… 142

**第四章 小型足球** …………………………………………………… 167
 第一节 小型足球的概述 …………………………………… 167
 第二节 小型足球的发展状况 ……………………………… 167

第三节 小型足球的特点和作用 …………………………… 169
第四节 小型足球比赛的基本战术阵型 …………………… 170
第五节 小型足球简要竞赛规则 …………………………… 170

## 第五章 身体素质训练 …………………………………… 177

第一节 身体素质训练概述 ………………………………… 177
第二节 身体训练中应遵循的原则 ………………………… 179
第三节 身体训练的内容与任务 …………………………… 182

## 第六章 足球运动与保健 ………………………………… 230

第一节 足球运动的损伤与防治 …………………………… 230
第二节 运动性疲劳与消除疲劳 …………………………… 236
第三节 足球运动员营养 …………………………………… 240

## 第七章 足球竞赛与观赏比赛 …………………………… 248

第一节 如何观赏比赛 ……………………………………… 248
第二节 足球竞赛规则 ……………………………………… 252
第三节 世界足球各主要赛事 ……………………………… 300

# 图 例

——————▶ 球运行路线

╍╍╍╍╍╍▶ 人跑动路线

∿∿∿∿∿▶ 运球路线

○ 进攻队员

● 防守队员

# 第一章 足球运动起源与发展概况

## 第一节 足球世界第一运动

足球运动是以脚支配球为主,两个队在同一场地内进行攻守的体育运动项目。足球运动是世界上最受人们喜爱、开展最广泛、影响最大的体育运动项目,被誉为"世界第一运动"。不少国家将足球定为"国球"。一场精彩的足球比赛,吸引着成千上万的观众和数以亿计的电视观众,足球比赛成为电视节目中的重要内容,有关足球消息的报道,占据着世界上各种报刊的很多篇幅,当今足球运动已成为人们生活中不可缺少的组成部分。据不完全统计,现在世界上经常参加比赛的球队八十多万支,登记注册的运动员四千多万人,其中职业运动员约十万人。

足球之所以被称为世界第一运动,是因为它的独特性为其他任何运动项目所不及。

1. 运动的精华:足球的本身集合了人类各项目运动的特点,运动员之间的突然起动,竞跑争顶,守门员横扑侧救,上纵下跳,运动员的倒挂金钩,鱼跃冲顶,两个运动员之间的合理冲撞,都充分展现了短跑、跳跃、体操、橄榄球等项目的特点与美。

2. 大众化:足球运动对参与者的要求不高是个重要原因。踢足球的运动员,高矮胖瘦问题都不大,不像其他运动。比如,橄榄球需要人高马大,篮球身高更占优势。而足球则不同,这样就给全世界的所有孩子提供了做"巨星梦"的机会。

3. 不可预知性:足球运动比赛结果的偶然性是造成全世界球迷狂热的重要原因。因为在足球世界里,没有绝对的强队。曼联有可能被一支名不见经传的乙级队甚至是业余队"扳倒"。球星堆起来的巴西队曾经在奥运会足球比赛中被稚嫩的日本队击败。一九六六年,足球"第三世界"的朝鲜队曾经击败过意大利队闯进世界杯八强。所以,在足球比赛里,不到最后一刻,你永远不知道事情的结果。

　　4. 球星表现：足球场上英姿飒爽的诸多足球巨星是使足球运动成为"世界第一运动"的不可忽视的原因。英俊、大将风度、豪放等等球星的出色表现,造就了数以万计的疯狂的男女球迷。

　　5. 艺术性：足球是球星智慧的比拼。出人意外的假动作、赏心悦目的过人、非常规动作的射门,竞技的艺术令人着迷。

　　6. 环境：球迷就像食客,对足球这一道丰富大餐,享受起来要有气氛。热闹,大气,壮观,这些足球场都具备了。比起其他项目比赛场面,宽阔的绿茵场上看起来更是气势宏伟和激动人心。

　　7. 自由：几万十几万的球迷一起互相影响,为各自崇拜的球队和球星呐喊助威、起哄甚至宣泄自己的情绪,足球给球迷们提供了这样一个热热闹闹的场所。

　　8. 争议性："足球最大的魅力在于它具有争议性。"一位有远见的老人说了一句有远见的话,这个老人是前国际足联主席阿维兰热。没错,如果足球比赛都是判罚得很"死",很机械的话,那足球就失去了它巨大的魅力。正因为裁判是人,可能错判,可能受贿操纵比赛等等,才有了声势浩大的争议和更多人的关注。

## 第二节　足球运动起源发展

　　中国现代足球运动虽然开展较晚,成绩不理想,但足球运动起源于中国,却是不争的事实。足球在中国的历史,可追溯至黄帝时代。蹴鞠起源于春秋战国时期的齐国故都临淄,至今已流传了2300多年。2004年7月,被国际足联确认为现代足球的起源。

　　我国古代将踢足球叫做"蹴鞠"或"踏鞠"。"蹴"和"踏"都是用脚踢的意思,"鞠"就是球。鞠用皮革缝制,里面塞满毛发。西汉学者刘向在《别录》中说："蹴鞠者,传言黄帝所作。"黄帝发明"蹴鞠之戏"的说法,在道教的典籍《道藏·轩辕黄帝传》里说得比较明确:"黄帝令作蹴鞠之戏,以练武士。"看来,蹴鞠最初是军旅中的游戏。1973年,湖南长沙马王堆三号西汉墓出土的帛书《十大经·正乱》中讲到:"黄帝身遇蚩尤,因而擒之……充其胃以为鞠,使人执之,多中者赏。"这段记载说的是,黄帝擒杀蚩尤之后,为发泄余恨,剥其皮制成箭靶,让士兵射击;割其发绑在杆上当旌旗;将其胃塞满毛发制成球,让士兵去踢。《十大经·正乱》的作者是老子,老子生活的年代比刘向大约早500年,这就给黄帝发明"蹴鞠之戏"的传说增加了几分可信度。如果这个传说真实的话,那么,足球的历史就有4600多年了。

战国秦汉时期,"蹴鞠之戏"已经在社会上广泛流行。西汉司马迁的《史记·苏秦列传》记载:齐国"临淄甚富而实,其民无不吹竽鼓瑟,弹琴击筑,斗鸡走狗,六博踏鞠"。西汉桓宽《盐铁论·国疾》记载:当时"里有俗,党有场,康庄驰逐,穷巷踏鞠"。

汉代的"踏鞠之戏"有三种形式:一种是"踏鞠舞",就是在音乐伴奏下,表演者一边踢球,一边舞蹈。南阳汉画馆展出的画像石上有一幅蹴鞠图,画面上一个头挽高髻的女子,身穿长袖衣,踏弄双鞠,翩翩起舞。笔者认为,这幅图画证明,我国汉代已有女子足球,它可以视为现代球类艺术体操的起源。再一种是"白打",比赛踢球的花样,可以两人对踢,也可以两队对踢。第三种是"鞠城"比赛。"鞠城",又叫"鞠域"或"鞠室",就是球场。当时的球场分为有球门的和没有球门的两种。不设球门的球场比赛时双方各派六人,以连人带球进入对方底线为胜,球场设裁判员一人。有球门的球场,仿照一年十二个月,共设十二个球门,在球场东西遥相呼应,每个球门设守门员一人,比赛双方人数相当,有裁判长和副裁判长各一人执法。后汉李尤在"鞠城铭"中描述了这种比赛:"圆鞠方墙,仿象阴阳,法月衡对,二六相当。建长立平,有例有常,不以亲疏,不有阿私,端心示意,莫怨其非。鞠政犹然,况乎执机"。

到了唐代,"蹴鞠之戏"有了新的发展。这个新发展是从鞠的改革开始的,唐代仲无颇曾作《气毬赋》说:"气之为毬,合而成质,俾腾而攸利,在吹嘘而取实。尽心规矩,初固方以至圆,假手弥缝,终使满而不溢。"从这段材料上看,唐代已有了充气足球。充气足球利于腾,它的出现引发了"蹴鞠之戏"规则的改革。到了宋代,当时足球的游戏规则就跟现代足球的踢法、规则大体相近了。这一点,可以从宋代马端临著的《文献通考·乐考》上得到印证:"蹴鞠盖始唐,植两修竹,络网以上,为门以度球,球工分左右朋(即两队),以角胜负。"蹴鞠在唐宋时期最为繁荣,经常出现"球终日不坠","球不离足,足不离球,华庭观赏,万人瞻仰"的情景。

　　无论从文字还是文物记载都证实了蹴鞠是中国一项古老的体育运动。流行了数千年的蹴鞠的兴衰,符合人类社会发展变化、新陈代谢的历史规律。跨越时间上的历史距离,消亡的古代蹴鞠又在兴盛的现代足球中获得新生。(见图1～图4)

图1　蹴鞠

第一章 足球运动起源与发展概况

图2 蹴鞠

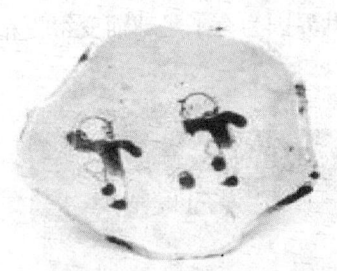

图3 蹴鞠

图4 蹴鞠

2004年2月,国际足联在伦敦对外宣布:足球最早起源于中国——中国古代的蹴鞠就是足球的起源。这样,围绕当今风靡全世界的"第一运动"——足球身世的争议就有了最权威的定论。但足球起源于中国的何时何地尚未确定。

将中国确定为世界足球运动发源地的提议,最早并非由中国人提出,而是国际足联在对世界足球运动历史的考证过程中,在历史文献中发现,中国在公元前就已经出现足球运动的雏形——蹴鞠,因此,国际足联委托中国足协,与有关体育史研究学者、考古学家共同对这个发现进行论证、考察。

2004年5月,中国体育史学、考古学和齐文化研究领域最权威的

36位专家、学者齐聚淄博临淄，本着对历史高度负责的科学态度，对足球起源地进行了认真、细致、严谨的探讨论证，根据对历史文献中关于"蹴鞠"活动记载最早、各历史时期对"蹴鞠"活动记载不间断为主线索进行了充分的考证。专家、学者们经过认真细致的探讨研究，最终得出结论：中国古代蹴鞠（足球）起源于春秋战国时期的齐国故都临淄。

足球起源于中国已经是国际社会的广泛共识，2004年7月15日，在北京举办的第三届中国国际足球博览会，纪念国际足联百年华诞的特别活动上，"中国是足球的故乡，中国淄博临淄是足球的最早发源地"这一论证得到了国际足联和亚足联一致认同。国际足联主席布拉特先生在开幕式上对几百位来自国际足联、亚洲足联的官员和世界各国的嘉宾、记者说到："淄博临淄的蹴鞠，对足球运动的发展有着极大的贡献，感谢中国将这项运动带给了世界，世界因为有了足球而变得更精彩！"（见图5）

图5

2004年7月15日，国际足联主席布拉特在北京宣布：

# 第一章 足球运动起源与发展概况

中国古代蹴鞠就是足球的起源,世界足球起源于中国的淄博临淄。

亚洲足联秘书长维拉潘在"足球起源于中国淄博临淄"新闻发布会上代表国际足联、亚洲足联在致辞中表示:"世界足坛应该感谢中国,因为中国是世界足球的发源地,当初临淄地区古代人们玩的一个小型游戏,如今成为风靡世界的第一运动。国际足联和亚足联已经确认,中国淄博的临淄是足球的起源地。这是中国的骄傲、临淄的骄傲。"维拉潘先生还向淄博颁发了足球起源地认定证书和纪念杯(见图 6~图 11)。"国际足联认定足球起源于中国山东淄博临淄"这一近乎爆炸性的新闻在最短的时间内被前来参加新闻发布会的几十家媒体二百多名记者以各自最快最直接的方式发布出去,传遍世界各大洲。

图 6 亚洲足联秘书长维拉潘向淄博临淄颁发足球起源地证书和纪念杯

图7

图8  足球起源于淄博临淄北京新闻发布会现场

第一章　足球运动起源与发展概况

图 9　国家体育总局文史委和中国足协向淄博临淄颁发足球起源地证书和纪念杯

图 10　国际足联主席布拉特为临淄仿古蹴鞠签字

图11 亚洲足联主席哈曼姆为临淄仿古蹴鞠签字留念

2005年5月20日，应国际足联主席布拉特的邀请，淄博临淄足球起源地代表团参加了在瑞士苏黎世举行的国际足联百年庆典的闭幕式，受到国际足联及五大洲足协负责人的热烈欢迎和极高的礼遇。布拉特主席在闭幕式致辞中说到："我特意将来自足球起源地临淄的足球（蹴鞠）放在第一位，之所以这样，是因为这是足球的历史。只有作为足球起源地的临淄，才应该有这样的地位。我们欢迎来自足球起源地的尊贵客人。足球是文化，是人类文化的一部分，在几千年前，足球已经是中国这个国家的一部分了。我们不能忘记历史，也不会忘记历史，当然更不会忘记历史上的蹴鞠带给我们今天的欢乐。现在全世界有2.5亿人积极参加足球活动，有1亿人间接参加，是名副其实的世界第一大运动。参加国际足联的国家和地区，比联合国的会员还要多。这都是从起源于临淄的一项游戏延续来的。"他在讲话中多次表达对中国的敬意，对淄博临淄的敬意。在国际足联总部主楼前举行的隆重的颁牌仪式上，在国际足联执委会委员和各大洲来宾的面前，在众多各国记者的镁光灯面前，布拉特主席庄重地向足球起源地代表颁发了起源地认证纪念牌，

第一章　足球运动起源与发展概况　11

林茨秘书长向足球起源地代表颁发了国际足联百年庆典纪念牌（见图12）。

图12　2005年5月，国际足联主席布拉特（右2）在瑞士苏黎世向淄博市代表颁发象征足球起源地的牌匾

## 第三节　世界现代男子足球运动的发展简述

从17世纪中后期开始，足球运动逐步从欧美传入世界各国，尤其是在一些文化发达的国家更为盛行。

越来越多的人走向球场，投身到这一富有刺激性和畅快感的运动中去，以至于一度将足球运动开展得好坏作为衡量一个国家文化发达与否的标志。在这种情况下，英国人率先为足球运动的发展作出了重要贡献。

1863年10月26日，是世界足球史上一个具有光辉意义的日子。11个足球俱乐部在英国首都伦敦召开会议，成立了世界上第一个足球组织——英国足球联合会，并讨论统一了简单的足球比赛规则。英国足球联合会的诞生，标志着足球运动的发展进入了一个崭新的阶段。因此，国际足坛都把这一天视为现代足球运动的诞生日。英国也就成为现代足球运动的诞生之地。

英国足球联合会的成立，不仅带动了欧洲和拉美一些国家相继成立了足球组织，而且促进了足球运动的迅速发展。1872年英格兰和苏格兰之间进行了历史上第一次足球协会间的比赛。1890年，奥地利开始举办足球锦标赛。1889年荷兰和阿根廷出现了若干个足球组织，1900年西班牙巴塞罗那成立了"女泰罗尼亚"足球协会。之后，西班牙、荷兰、阿根廷、丹麦、新西兰、智利、比利时、意大利等国家都相继成立足球协会。这些足球协会的兴起，不仅大大促进了足球运动的发展，同时也为创建国际性的足球组织奠定了基础。

欧洲是19世纪足球运动发展的中心。当时，像荷兰足协秘书希斯霍曼和法国体育运动协会秘书罗伯特·盖林等都是创建国际足球联合会的积极倡导者。希斯霍曼曾致函英格兰足球协会，希望他们牵头成立一个国际性的足球组织，但遭到英格兰足协的拒绝。他们错误地认为成立国际足球联合会是不切实际的幻想。后来通过盖林等人的积极活动，一部分国家的足协决定不再等待英国，便向欧洲各国足球协会发函，要求创建国际足球联合会。1904年5月21日，国际足球联合会（简称国际足联，英文缩写为FI－FA）在法国巴黎奥诺雷街229号法国体育运动协会联盟驻地的后楼正式成立，法国、瑞士、瑞典、比利时、西班牙、丹麦、荷兰等七个国家的代表和代理人在有关文件上签了字。

1904年5月23日，国际足联召开了第1届全体代表大会，法国的罗伯特·盖林被推选为第一任主席。此后，在盖林的领导下，国际足球联合会作了大量艰苦的创建工作，建立工作机构，吸收新会员，扩大国际足联的影响，帮助一些国家创建自己的足球协会。1905年4月14日，英格兰足协宣布承认并要求加入国际足球联合会，苏格兰、威尔士、北爱尔兰亦相继仿效，这对刚诞生不久的国际足联来说，是一个重大胜利。

国际足球联合会的创建，标志着足球作为一项世界性的体育运动项目登上了世界体坛,使足球运动在更广泛的范围内开展起来,影响也愈来愈深远。

国际足联是目前较大的国际单项体育组织之一,是世界足球运动的最高权力机构,总部设在瑞士苏黎士希茨希11号国际足联大厦。

国际足联的宗旨是促进国际足球运动的发展,发展各足球协会之间的友好联系。

国际足联的最高权力机构是代表大会,每两年举行一次。每个正式会员协会有一票表决权,但准许派3名代表参加讨论。只有代表大会才能够修改章程和规则。通过一项章程修改议案,必须获得投票的四分之三。选举采用无记名投票方法,作出的决议在代表大会通过3个月后生效。国际足联主席由代表大会选出,任期4年,可连选连任。代表大会闭会期间,由21人组成的执委会行使一切职权。国际足联的日常工作事务由执委会任命的秘书长及其领导下的秘书处负责处理。

国际足联下设执行委员会(负责国际足联的行政管理)、世界杯组委会、业余委员会、裁判委员会、技术委员会、医务委员会、新闻出版委员会、纪律委员会、法律事务委员会、世界青年锦标赛委员会、秘书处。

秘书长是国际足联的主要领导人,他的任务繁重,责任重大,既要在各国家足协间、洲足联间、各组织和工作委员会之间起联系的纽带作用,又要对执委会负责,每两年呈递一份活动报告,具体实施执委会的决议。

国际足联主席是国际足联的最高领导人,由代表大会选出,任期4年,可连选连任。

第一任主席(1904.5.23—1906.6.4)是法国人罗伯特·盖林,他积极倡导、创建了国际足联。

第二任主席(1906.6.4—1918.10.24)是英国人丹尼尔·伯利·伍尔福尔,他为足球竞赛规则的统一进行了不懈的努力。

第三任主席(1921.4.1—1954.10.24)是法国人米尔斯·雷米特,他创办、组织了第一届世界杯足球赛,并在1954年离职后被任命为足联第一任名誉主席。

第四任主席（1954.7.21—1955.10.7）是比利时的罗尔多夫·威廉·塞尔德拉耶尔，遗憾的是刚上任一年就因病去逝。

第五任主席（1956.6.9—1961.3.25）是英国人亚瑟·德鲁里。

第六任主席（1961.9.28—1974.6.11）是英国人斯坦利·劳斯爵士，他在足联财政困难的情况下奇迹般地做出了巨大成绩。

第七任主席（1974.6.11—1998.6.8）是巴西人阿维兰热博士，他是国际足联第一位非欧洲籍的主席。

第八任主席（1998.6.8—至今）是瑞士人布拉特，即国际足联现任主席。

## 第四节 我国现代男子足球运动发展简述

19世纪末至20世纪初叶，现代足球运动从英国传入我国。1901年，上海的圣约翰书院成立了我国最早的一支足球队。后来，在我国沿海地区的大城市如上海、天津、广州、北京、南京等一些教会学校也先后开展了足球运动。以后足球运动由学校逐步向社会发展。1906年，北京的通州协和书院足球队与英国驻军"英兵队"在长安街进行的一场比赛，可算是我国最早的国际比赛。

1908年，香港成立了中国现代足球运动的第一个组织——南华足球会。早期，该会的球员不仅代表香港参加全国运动会足球比赛，而且多次代表中国足球队参加了远东运动会足球比赛。

1910年到1948年，旧中国共举行了七届全国运动会，每次运动会都把足球列入比赛的正式项目。

1913年至1934年间，远东运动会足球赛共举行十届，除首届由菲律宾队获得冠军外，其余九届均由中国队夺冠。

1931年，国际奥林匹克委员会承认"中华全国体育协进会"为国际奥林匹克委员会会员。1936年和1948年，旧中国足球队参加了第11届和第14届奥运会足球比赛，分别以0：2负于英国队，0：4负于土耳其队而遭淘汰。

1949年中华人民共和国成立后，我国的足球运动在党和政府的关怀下，随着社会主义革命和建设的不断发展而逐步开展起来。足球运动已成为广大群众十分喜爱的运动项目之一，足球运动水平也有了提高。足球运动的场地设施、新闻宣传、科研教育、对外交往等也有了较大的发展。但是由于主、客观的原因，使我国的足球运动与世界发达国家相比，在整体上仍然比较落后，足球普及程度还很低，足球人口也很少，运动技术水平存在较大差距。

新中国成立后，逐步开展了足球运动。1951年举行了第1届全国足球赛，有6大行政区代表队和解放军、铁路等8个队参加比赛，从中选拔公布了我国首批30名国家选手，他们是我国此后几十年来开展足球运动的骨干力量。

1953、1954年接连举办了全国足球联赛，开始发展全国性竞赛活动。1954年后各省市陆续组建了足球队，国家青年队赴匈牙利学习，邀请匈牙利和苏联教练来华执教或举办教练员培训班。这一切都为举办甲级联赛奠定了基础和创造了条件。

我国足球甲级联赛始于1957年，是全国足球最高水平的角逐。1957年开始建立甲、乙级升降制和青年联赛等较为系统的全国竞赛制度。1957、1958年参加甲级联赛的均为12个队。1959年因举办第1届全国运动会，甲级联赛没有举行，但举办了全国足球锦标赛。1960至1963年参加全国甲级联赛的多达29至39个队，1964至1966年则都是12个队（1966年没能赛完），1966至1977年因"文化大革命"的影响，被迫中止比赛。1978起恢复了甲级联赛，每年1届，春季开始角逐，年末结束，一般有16个队参加比赛及采用双循环（分阶段）集中比赛赛制，按积分、净胜球、进球数依次排列席位，排名最后的4队降为乙级队，而乙级前4名晋升甲级行列。1983年召开第5届全运会，当年甲级联赛分南、北两区，采用主客场双循环赛制，且没有实行升降级。1984年我国举办了首届足协杯赛，当年甲级联赛的升降级是获得足协杯赛前16名的队保留甲级席位，第17至24名的队参加次年的乙级联赛。1982年后为了提高我国足球运动水平和考虑到国家队常年集训不能回队参加联赛的实际情况，不断对甲级联赛的赛制进行改革。如：角球、任意球、头门破网，1球按2球计；不允许出现平局，90分钟战和以点球决出胜负；国家队员给予补贴分；废除胜一场得2分、平一场各得1分、负一场得0分计分制，改为胜一场得3分、平一场各得1分、负一场得0分制等。1987年召开第6届全运会，是年甲级联赛分成A、B两组角逐。获得1986年甲级前8名的队参加A组比赛，采用主客场双循环赛制；1986年甲级第9至16名的队和乙级前4名参加B组比赛，采用双循环集中比赛赛制，也没有实行升降级。1988年甲级联赛分2阶段进行：获得第1阶段前12名的队和后8名的队，第2阶段再分2组较量，获得前8名的队和第9至18名的队及当年乙级联赛冠亚军，分别参加1989年甲级A组和B组比赛；获得第19、20名的队降为乙级队。1989年后甲级A组最后2名降至B组，甲级B组前2名和后2名分别升为甲级A组和降为乙级队。进入90年代后，为提高我国足球运动水平，先在甲级A组实行了主客场赛制，1992年在甲级B组也实行主客场赛制。1993年因举行第7届全运会，甲级联赛没有举行。第15届世界杯外围选拔赛，中国队小组未能出线，促使中国足协采取更大的改革措施，加速提高我国足球运动水平。为此决定自1994年起实行足球俱乐部制，甲级A、B组均为12个队，采取主客场互访赛制；甲级A组最后2名降为甲级B组；甲级B组前2名和后4名分别升至甲级A组和降为乙级队；甲级A组的各俱乐部队将获得60%的门票收入分成。

1992年，北京红山口全国足球工作会议为中国足球揭开了职业化改革的序幕。

1994年，中国足球甲A联赛正式开幕，展开了中国足球职业化改革的新篇章。中国足球真正开始有了职业性质的联赛。

2001年，深圳全国足球工作会议明确了21世纪中国足球事业的发展规划，推出中国足球协会超级联赛计划。

2004年，随着中国足球竞技水平的提高和足球市场的不断成熟，中国足球协会在总结中国十年职业足球的基础上，为进一步提升中国职业足球竞赛水平和品牌，正式推出"中国足球协会超级联赛"（简称：中超联赛）。

2006年4月，为进一步完善中国足球产业的市场化进程，中国足球协会与所有中超联赛参赛俱乐部共同出资成立了中超联赛有限责任公司（简称：中超公司）。

## 第五节　世界现代女子足球运动发展简述

现代女子足球运动诞生于19世纪末的英国。19世纪末英国创建了女子足球队，随后女子足球俱乐部在英国迅速形成，并有了较为正规的女子足球比赛。由于有许多女子足球队都获得了成功，她们开始转向社会，要求足球协会撤消对女子的清规戒律，但仍然遭到足协的拒绝，原因是足协不能对女性参加者的伤害事故负责。足协的这一规定很快被欧洲其他国家效仿。但在20世纪初受席卷欧洲和美国的妇女参政运动的影响，女子足球也相应得到人们的支持，并逐渐发展到欧美许多国家，在此期间，虽然组织了不同规模的女足比赛，但女足运动的开展尚未得到官方的承认，一些国家的社会舆论对女子足球横加指责，医学界也存在着足球运动对女子身体健康有益或有害的分歧。1925年以后，特别是在第二次世界大战期间，很多球队都是名存实亡，女子足球运动一度处于低潮，直到战后才逐渐得以恢复。

20世纪五六十年代，女足运动又开始流行起来。在1957年，尽管还没有一个国家的足球协会承认和接纳女子队员为会员，但第一届欧洲女子足球锦标赛在前联邦德国举行，奥地利、荷兰、英格兰以及前联邦德国参加了比赛，英格兰获得了冠军。60年代末，许多国家都开始组织一些女子足球赛事，随着女子足球队的迅速扩大，迫使人们不得不重新估价它的作用。1969年英格兰足球协会修改了长达67年之久的不承认女子足球的规定，随后一些欧美国家都逐步承认了女足的合法性，1974年，女子足球运动正式得到国际足联的认可。当时的国际足联主席阿维兰热认为，足球运动如果没有占人数一半的女子参加，就是不完整的，决议使女子足球制度化，正规化，女足运动从此步入正轨。进入80年代后，欧洲女足运动发展势头迅猛，国际足联开始尝试举办国际性的女足比赛，中国女足也在此时跃入了国际足坛。与此同时，欧美一些国家创办了女子足球刊物，这对女足运动的发展起到了宣传、推动的作用。在 90 年代初，国际足联成立了女子足球委员会，专门管理世界女足运动，并于 1991 年在中国首次举办了世界女子足球锦标赛。1996 年第 26 届奥运会首次设立了女足比赛，使女子足球运动在全世界范围内以前所未有的速度蓬勃发展。

## 第六节　我国现代女子足球运动发展概述

中国是亚洲最早有限引进现代女子足球运动的国家。现代足球传入中国后，大约 20 世纪 20 年代在一些沿海城市中出现了女子足球活动。但仅在有限的局部地方昙花一现。1924 年上海私立两江女子体育专科学校沈昆南教授，偶然从伊文思外文书店发现一本英国出版的《女子足球规则》谈及英国女子足球情况及规则，于是买下送交校长参阅。在校方积极支持下，女子足球被列为体育课的教学内容并成立了两江女子体专足球队。这支女队经常与毗邻的华东体专男子足球队角逐，双方势均力敌互有胜负。直到 1926 年因女专足球队自行解散而终结。

20 世纪 30 年代，广州中山大学附属中学也积极开展女子足球活动。该校于 1934 年 1 月还举行了女子足球班级赛。抗日战争时期，西北大学积极倡导女子体育活动，在体育部主任王耀东的组织下，各院、系成立了女子足球队，经常进行校内女子足球比赛。1939 年，西北大学举行了全校女子足球冠军赛。比赛在长 50 米、宽 40 米的场地上进行，运动员穿布鞋、着布短衫、长筒裤，比赛时间为 60 分钟，上下半时各 30 分钟，踢小皮球。由于多方面原因，女子足球运动未能延续下来。

1951 年初，女子足球运动在香港出现，由辛俊英组织了香港第一支汉英女子足球队，但组队时间不长。1958 年广东梅县松口地区在中学生中开展过女子足球运动。1962 年香港时信女子足球队成立，因没有其他球队作对手，活动陷于停顿。1965 年，香港足球总会为了开展女子足球运动，专门成立女子足球小组，公开招收女子足球运动员进行训练，借此机会，时信女子足球队重新组队，筱英女子足球队和元郎女子足球队相继成立。香港女子足球运动又活跃起来，并多次与马来西亚女子足球队交锋。

20世纪60年代末，我国台湾省出现了女子足球运动。1976年12月成立的"木兰"女子足球队经过刻苦训练，技战术水平提高很快，在亚洲一直称雄到80年代中期，并多次获得国际足球邀请赛的好成绩，1991年第三届世界女子足球锦标赛，中国台北队顽强拼搏发挥出较高水准而跻身世界杯8强。

1979年春天，西安铁路一中和东方机械厂子弟学校的女子足球队相继成立，随后西安市、陕西省也组建了女子足球队，成为我国开展女子专业足球运动的先导，不久，广东梅县、北京、上海、辽宁、云南、天津、广州、长春、延边等地也纷纷成立女子足球队。1981年8月素有女子踢球传统的云南楚雄地区率先举办了一次地区性的女子球邀请赛。1982年8月，全国10省市女子足球邀请赛在北京拉开战幕。到1982年底，国家体委正式把女子足球赛纳入全国足球竞赛计划，并从1983年起，每年举行一届全国女子足球锦标赛。很快，全国各地、各行业体协纷纷组建女子足球队，最多时有38支队伍参加比赛。中国女子足球队的国际交往是从1983年开始的，11月18～27日，我国历史上第一次国际女子足球邀请赛在广州举行，比赛结束后，在广州组建了第一支国家女子足球集训队。1984年在西安再次举办国际女子足球邀请赛。1986年7月，中国女子足球队迈出了走向世界的步伐，出访欧洲，参加意大利威尼斯和托尔托纳举行的两次国际女子足球邀请赛，分别获得季军和冠军，同年12月中国女子足球队第一次参加第6届亚洲女子足球锦标赛，以全胜的战绩夺冠。1987年第6届全国运动会上女子足球被列为正式比赛项目。1988年6月，国际足联、亚洲足联、中国足协在广东成功地举办了国际足联世界女子足球邀请赛。这是当时世界女子最高水平的比赛，来自5大洲12个国家的女足姑娘在绿茵场上一展风采，引起世人瞩目。挪威队力挫群芳夺得冠军，中国队屈居第四。同年12月，中国足协主席年维泗与广州奇星药厂厂长朱柏华签订了共建中国女子足球队的正式文件。开创了企业与足协共建国家级运动队的"奇星模式"。

在1989年第7届亚洲女子足球锦标赛上，海峡两岸的女足姑娘同场竞技，结果中国队蝉联冠军，中国台北队获亚军。

进入90年代，中国女子足球克服重重困难，稳步发展，继续向世界女足高峰攀登。1990年在北京举办的第11届亚运会上，在亚洲体育联合会、中国亚运会组委会和亚足联的共同努力下，经亚奥理事会批准，女子足球第一次被列为亚运会的正式比赛项目。中国女子足球队夺得冠军奖杯。随后又蝉联了第12、13届亚运会女子足球比赛冠军。由于中国女子足球运动开展得十分成功，得到国际足联主席阿维兰热的高度赞赏，他建议首届国际足联世界女子足球锦标赛在中国举行。他认为，没有比中国更适合于举办女足世界杯赛的国家了。经过中国足协和广东省政府两年的精心准备，1991年首届世界女子足球锦标赛在广东成功地举行，开创了世界女子足球运动的新纪元，对世界女子足球运动做出了卓越的贡献。中国女子足球队在本届比赛中获得第5名。在1995年瑞典举行的第2届世界女子足球锦标赛上，中国女子足球队百尺竿头更进一步，获得第4名。1996年在美国举行的第26届奥运会上中国女足荣获亚军，实现了我国女子足球运动历史上的突破。亚足联秘书长维拉潘说："这不光是中国的荣誉，而且是亚洲的荣誉。" 1999年7月中国女子足球队在美国举行的第3届世界女子足球锦标赛与美国队的冠亚军争夺战上，表现出高昂的斗志和良好的技战术水平，最后以点球决胜负时，惜败于美国队屈居亚军。2000年悉尼奥运会上中国女足未能进入前4名。

1992年中国足球改革的启动，为女子足球运动提供了更大的发展机遇。为了加强对女子足球运动领导，根据国际足联和亚洲足联的规定，中国足协在1995年11月成立了女子足球委员会。并确定了北京、上海、广东、大连、河南、河北、山东、四川和解放军9个省、市和单位为开展女子足球运动的重点地区。随后，各地区陆续成立了女子足球领导小组。为中国女足保持世界领先地位，培养后备人才，1998年3月成立了中国女子足球希望队。此外，在完善和健全女子足球竞赛体制上也迈出了新的步子。1992年开始举行全国女子足球联赛，1995年开始举行南北明星对抗赛和超霸赛，1997年又开始举行女子足球超级联赛。

我国的现代女子足球从无到有，在较短的时间内迅速成为世界强队，令世人瞩目。中国女子足球队从20世纪80年代中期取得亚洲盟主地位后，一直保持到20世纪末，在一系列的世界大赛中取得较好的成绩，曾两次冲击世界女足比赛的桂冠未果，而屈居亚军。进入新世纪，由于世界各国女足运动的蓬勃发展和技、战术水平的迅速提高。而中国女足正处于新老交替青黄不接的状况，在世界比赛中成绩有所下降，在亚洲也两次败在朝鲜女足脚下。痛失亚洲盟主地位。2004年在日本举行的奥运会女足比赛预选赛中，新一代中国女足奋勇拼搏，提前一轮出线并重获亚洲盟主地位。中国女足的姑娘们正在卧薪尝胆，厉兵秣马，积蓄力量准备发起新一轮的冲击，勇攀世界女足运动高峰。

# 第二章 足球运动的特点与作用

## 第一节 足球运动特点

足球运动有如此大的魅力,不仅在于足球运动具有丰富的内涵,而且也与足球运动的特点有关。

### 一、整体性

足球比赛每队由11人上场参赛。场上的11人思想统一,行动要一致,攻则全动,守则全防,整体参战的意识要强。只有形成整体的攻守,才能取得比赛的主动权及良好的比赛结果。

### 二、对抗性、观赏性强

足球运动是一项竞争激烈的对抗性项目,比赛中双方为争夺控制权,达到将球攻进对方球门,而又不让球进入本方球门的目的,展开短兵相接的争斗,尤其是在两个罚球区附近时间、空间的争夺更是异常凶猛,扣人心弦。一场高水平的比赛,双方因争夺和冲撞倒地次数多达200次以上,比赛始终在高速激烈对抗中进行。攻守转换快,从地面到空中的立体角逐始终贯穿着进攻与防守、限制与反限制、制约与反制约的激烈对抗。观众的情绪随着比赛的进行而剧烈地变化着。裁判员的错判、漏判,比赛中的偶然性,运动员的过激行为都对观众的心理造成强烈的刺激。比赛双方在技术、战术、身体和心理的综合抗衡中尽现足球运动之美。可见对抗之激烈。高水平足球比赛,紧张、激烈、精彩,战局跌宕起伏,变化莫测,胜负难以预料,因而引人入胜,具有很高的观赏性。每逢世界杯足球比赛,上至国家元首,下到普通百姓，都被扣人心弦的精彩比赛深深地吸引着。

### 三、多变性

足球运动是一项技术上多姿多彩、战术上变幻莫测、胜负结局难以预测的非周期性运动项目，比赛中运用技、战术时要受对方直接的干扰、限制和抵抗。技、战术是依临场中具体情况而灵活机动地加以运用和发挥的。

### 四、易行性

足球竞赛规则比较简练，器材设备要求也不高，易于开展。正式的足球比赛只需要球门、门网等简单的设备即可进行。一般性足球比赛的时间、参赛人数、场地和器材也不受严格限制，足球活动更是不受时间、人数、器材等限制，只要有一块场地和一个足球即可进行健身活动。场地根据参加活动的人数可大可小。球门可用砖、石、衣物等代替。活动方式灵活机动，单人或两三人可进行颠球、耍球、传接球或练习各种基本技术。人数稍多可进行小型比赛，3对3、4对4、5对5。足球竞赛的基本常识比较容易掌握，群众性足球活动可利用余暇时间，一年四季都能开展。因而是全民健身中一项十分易于开展的群众性的体育运动项目。

## 第二节　足球运动锻炼价值与功能作用

### 一、健体价值

（一）有利于增强体质、促进健康。足球运动是一项能全面锻炼和健全体魄的运动，是全民健身活动中一项行之有效的体育运动项目。经常从事足球运动，可以增强人们的体质和健康，提高人们的力量、速度、灵敏、耐力、柔韧等身体素质，特别是对增强心血管系统、呼吸和消化系统等人体器官的功能非常有益，能使人体的高级神经活动得到改善，从而促进人体的健康。据测定，一名优秀足球运动员的肺活量比正常人要多2000~3500毫升；安静时的心率要比正常人低15~22次/分。

（二）有利于中枢神经系统机能的提高。足球运动要求动作和反应都要快，要求根据形势变化来迅速改变动作，要求能急速起动和跑动，还要求能急停、迅速判断情况、掌握时机等等。因此，在这样复杂而多变的比赛中，运动员神经系统的活动是非常紧张的，经过长期锻炼，就可以提高中枢神经系统的机能，动作变得灵敏，反应变得迅速。同时，在瞬时万变的比赛场上，要能清楚地看清对方和我方队员的位置、距离、运动方向和速度，要精确判断球的距离、方向和速度等等，都必须有视觉参加。所以，经常从事足球运动的人们，运动感觉和视觉的机能将大大提高。在一场足球比赛中，运动员几乎经常是在进行着奔跑、跳跃等激烈的肌肉活动。这样久而久之，随着训练水平的提高，肌肉会变得更加结实有力。

（三）有利于心肺功能和身体能力提高。足球比赛中，运动员要在近8000平方米的场上奔跑90分钟，跑动距离少则6000米，多则10000米以上，而且还要伴随完成上百个有球和无球的技术动作，若平局后需决定胜负的比赛则要加时30分钟，如仍无结果，还需以踢点球决定胜负，因而运动员的能量消耗是很大的。足球运动对人体心血管系统、呼吸系统等内脏器官系统以及肌肉骨骼等运动系统的功能提高有很大的促进作用。另外，足球运动主要在室外自然环境中进行，能充分利用自然因素，达到增强体质，提高人体健康水平的目的。一名运动员在一场激烈的比赛后体重可下降2~5公斤。

## 二、健心价值

（一）有利于良好的心理品质及思想品德的形成。经常参加足球运动，不仅对自身良好性格的形成能产生巨大的影响，而且还可以培养人的意志、自制力、责任感及勇敢顽强、机智果断、坚韧不拔、勇于克服困难的优秀品质，以及培养团结协作、密切配合、集体主义、遵守纪律等思想品德。还可以培养人们敢于竞争、敢于胜利的战斗作风，光明磊落、文明礼貌等优良的道德品质。

足球运动还有着陶冶性情、益智强身的功效。在激烈争夺的足球场上，集体的荣誉感会使运动员忘记个人的一切。观赏高水平的足球赛事，能给人们带来斗志和快乐。拼劲实足、力量型的北欧及英格兰足球和以巴西桑巴舞足球为代表的艺术足球，会使足球场上充满惊险与变数，使人从中品味到无穷的哲理。这对形成良好的性格、品质、心态，营造健康的氛围都有积极的影响。

（二）有利于精神文明建设。在改革开放的今天，足球已成为我国许多城市中人们生活的一部分：人们从踢足球中得到情绪体验，从看足球中得到艺术享受，从谈论足球中得到思想交流；足球运动丰富了人们的业余文化活动，提高了人们的生活质量。足球已成为一些城市的政治、经济、文化、生活的重要组成部分。它吸引着千千万万个市民，它反映了城市的精神面貌，它是城市形象的标志之一，它是精神文明建设的载体。

（三）有利于振奋民族精神。在重大国际足球比赛中，能激发人民团结拼搏、进取向上的精神和爱国主义热情。如喀麦隆足球队进入世界杯前8名时，总统拜耶授予守门员恩科诺和前锋米拉最高公民爵位——"勇敢勋爵"，对全体队员及教练也授予"勇敢勋章"。他在讲话中称赞他们为整个非洲提供了一个经验，即"团结一致，为争取胜利而奋斗"。如1987年，当中国队获得进军汉城奥运会的参赛资格时，再如2001年10月7日，中国国家队在世界杯外围赛十强赛的第6场比赛中，以1∶0击败阿曼队，提前两轮获得2002年日韩世界杯决赛阶段比赛的参赛权时。历史在这一刻凝固，中国足球44年来的世界杯梦想终于成为了现实！神州大地一片欢腾的景象，极大的鼓舞了中国人民，振奋了民族精神。

因此，足球运动有助于培养人的组织性、纪律性和集体主义精神。足球运动有利于良好的心理品质及思想品质的形成，有利于增强体制、促进健康，有利于精神文明的建设，有利于振奋民族精神。足球运动是一种特殊的教育，是精神文明建设不可缺少的组成部分。在改革开放的今天，足球已成为我国许多城市和人们政治、经济、文化生活的重要组成的一部分。

# 第三章 足球教学与训练

## 第一节 足球技术概述

足球技术，就是指运动员在比赛中所采用符合规则的合理的各种攻守动作的总称。

随着足球运动的日益发展，足球技术不仅在内容上更加丰富，而且动作难度也在不断提高。特别是当今的足球比赛要求队员能够在快速和激烈对抗的条件下，准确地完成踢、停、顶、运、抢截以及起动、快速跑动转身和急停等技术动作。因此，只有熟练地掌握足球技术，才能在比赛中有目的地采取行动和正确地处理球，以达到战术上的要求。而足球的发展，战术的不断丰富，对技术又提出了新的更高的要求，同时又促进了技术的不断发展和提高。这就要求初学者在教学和训练中首先要全面掌握和提高足球技术。

### 一、足球技术分类

复杂多变的技术动作是足球运动的主要内容。在比赛中不仅需要运用支配球、争抢球的技术动作，而且还需要为支配球和争抢球而采用的行动的动作。也正是这种在比赛中符合规则的合理的有球和无球的攻守动作，构成当今复杂多变的足球技术动作内容。因此足球技术可分为有球技术和无球技术两大类。

（一）无球技术包括

起动：原地起动，活动中起动。

跑：快跑、冲刺跑、曲线跑、折线跑、侧身跑、插肩跑、后退跑。

急停：正面急停、转身急停。

转身：前转身、后转身。
假动作：无球假动作。

（二）有球技术包括

踢球：脚背正面、脚背内侧、脚背外侧、脚内侧、脚尖、脚后跟。

停球：脚内侧、脚底、脚背正面、脚背外侧、胸部、腹部、大腿、头部。

顶球：前额正面、前额侧面。

运球：脚背内侧、脚背外侧、脚背正面、脚内侧。

抢截球：正面抢截球、合理冲撞抢截球、侧后铲球及断截球。

假动作：有球假动作。

掷界外球：原地掷球、助跑掷球。

守门员技术：准备姿势、移动、选位、接球、扑接球、击球、托球、掷球、踢球。

（三）无球技术分析

无球技术，主要指各种不结合球的跑、跳、移动以及其他各种无球的行动。据统计，一个控制球能力很强的队员所能控制球的时间也只有两三分钟左右，扣除各种情况下的死球停止比赛的时间外，其余大部分时间都用于无球情况下的活动。因此无球技术掌握运用是否合理在整个比赛中具有重要意义。

1. 起动

足球比赛中的起动，是完成各种技术动作的基础，在一定程度上影响着技术动作完成的质量。突然快速起动，能为完成各项有球技术动作赢得时间优势。在紧逼、凶抢的严密防守中要不受到对方阻挠的去接应球，只有突然的快速起动，才有可能暂时甩掉对手，抢先插入空档去接到球和处理球。在连续快速的传球配合中，防守队员只有突然快速起动，才有可能盯得住对手，去截获或破坏掉对手控制的球。因此，突然快速的起动是在短距离内超越对手或盯住对手，抢占有利位置的有效手段。从生物力学角度分析，突然快速的起动也为尽快发挥速度的加速跑提供最大冲力和动能。

足球比赛中的起动是多种多样的，有在静止中，有在慢跑中，有在跳起落地后，有在倒地爬起过程中，有在转身过程中，有在后退过程中等。但是不论在什么情况下起动，都必须注意以下几点：

(1) 身体重心低且前倾，直体快速前移。

(2) 步频快、步幅小，快速有力后蹬。

(3) 两臂配合两腿动作用力快速前后摆动。

(4) 眼睛既要注意周围队员的位置变化，又要兼顾球的运动情况。有利于起动后动作的衔接。

2. 跑

跑是人们基本活动技能，在足球比赛中，只有掌握正确跑的技术并合理的运用各种方式的跑，才能起到积极的作用。速度已成为现代足球运动的特点之一。而快速跑则是"足球速度"的重要组成部分。在全面型的足球比赛中，队员是随着球的移动及场上的变化情况而高速度的运动着。如进攻队员的摆脱接应拉出空档、占领有利位置，队员堵截争抢、互相补位、紧逼盯人等，都需要快速跑动来完成。因此，跑已是足球运动中不可缺少的重要无球技术之一。

跑的技术中主要动作是后蹬前摆。后蹬动作，首先以伸展髋关节开始，当身体重心射影线离开支撑点时，要迅速有力地伸展髋关节、膝关节，最后脚趾蹬离地面。在后蹬结束时，髋、膝、踝三关节要充分伸展。前摆是当支撑腿开始后蹬时，摆动腿以膝关节领先，大腿带动小腿积极向前上方摆动，同侧髋随之前送，以带动身体前移，大小腿自然折叠以缩小摆幅，加快前摆速度，当大腿摆到最高点时，又开始积极下压，小腿随惯性向前摆动，用前脚掌自然而积极地着地，完成趴地动作。同时上体适当前倾和两臂迅速有力地前后摆动，配合两腿协调快速用力的蹬摆，推动身体快速向前移动。在足球比赛中，随着攻与守的不断变化，要求队员必须全面掌握慢跑、快跑、直线跑、曲线跑、折线跑及侧身跑、插肩跑、后退跑等无球技术。

(1) 快速跑

快速跑是指跑的速度程度。跑的速度是由步幅和步频决定的。在保持一定步幅的条件下，加快步频是提高速度的重要途径。同样在保持一定步频的条件下，加大步幅也能够提高跑速。但是在足球比赛中由于所处的情况不同，要求跑动步幅、步频都要有变化。如：在接近对手和球时及与对方争球的情况下，跑动步幅就要小一些，步频则要快一些，重心低一些，身体前倾角度要小，这样就能够比较容易的控制身体平衡，就可以及时地做出需要做的各种技术动作，并能随时调整改变动作和跑的方向，就有了较大的灵活性；而需要进行争抢、抢传、抢射等情况下，则需要加大步幅和加快步频，以争得刹那间的有利时机。

（2）曲线跑

曲线跑是为了绕过对方队员，接应来球，内切包抄，断抢来球，盯住对手时采取的跑动方法。曲线跑时，眼睛注视周围情况和球的发展，身体向内倾斜，内肩低于外肩，内侧膝稍外展，外侧膝稍内扣，以内侧脚的脚掌外侧和外侧脚的脚掌内侧用力蹬地。

（3）折线跑

折线跑一般多是进攻队员为摆脱对手或穿越密集防守时采用的一种跑动方法。折线跑时，眼睛要注视自己前面的左、右空档，由一个方向突然折向另一个方向时，上体和头部要突然向预定方向扭转、倾斜，身体重心也迅速移到这一侧，同时异侧脚用力蹬地。

（4）侧身跑

侧身跑是为了便于观察场上情况，随时准备参与攻守的具体配合时采用的调整位置的跑动方法。侧身跑时，上体稍转向有球的一侧，脚尖对着跑动方向，眼睛随时注视球的发展和周围攻守双方队员的位置、活动情况，以便及时参加具体的配合或采取个人行动。

（5）插肩跑

插肩跑是为了限制处在与自己并肩跑的对手的跑动速度，进行争抢位置或争夺球时采用的方法。插肩跑是当与对手并肩靠拢跑动时，把同对手接触的一侧肩突然向前探出，同时上体随之斜插入对手与自己同侧的胸前，同时同侧臂几乎停止摆动，以限制对手跑动的速度。

（6）后退跑

后退跑一般是在以少防多时，为了延缓对方的推进速度，伺机进行争抢，或是当对方队员处在威胁着本方球门的情况下，为了盯住对手，限制其活动而采用的跑动方式。后退跑时，重心稍下降并后移，使身体稍后倾。步幅要小，步频要快，脚蹬地后必须离开地面，但不要高抬，两臂稍张开自然摆动维持身体平衡，眼睛注视球的方位、对方队员的位置和活动情况，以及同队队员回防等情况，以便确定自己的下一个动作。

3. 急停和转身

比赛中进攻和防守不断变换，球的位置也随时变化。为了甩掉对手或不被对手甩掉，需要队员有时在高速度的奔跑中突然停止跑动及突然停止跑动后立即转身或原地转身改变移动方向。在比赛中运动员的急停和转身动作可分正面急停、转身急停、前转身和后转身。

（1）正面急停

急停时，身体重心下降并快速后移，上体稍前屈，一脚向前迈出并以脚全掌着地用力前蹬，使上体成后倾，制动身体前冲，另一腿微屈稍后开立，支撑身体的平衡，停止跑动。

（2）转身急停

转身急停时，重心下降，上体稍前屈并快速向转身方向扭转、倾斜，重心移向转身方向的同侧腿，屈膝外转，脚掌外侧蹬地，脚尖指向转身方向，异侧腿迅速前迈。脚掌内侧积极着地蹬地，使整个身体成内倾，制动身体前冲，停止跑动。

（3）前转身

转身时，两膝微屈，重心移向转身方向的同侧脚，上体向转身方向倾斜，扭转和异侧脚前脚掌用力蹬地的同时，身体快速转动，蹬地脚随之上步。

（4）后转身

转身时，转身方向的异侧脚蹬地，重心后移，在身体开始向后转动的同时，另一脚抬起外转并向后迈出，脚尖向后，身体转向后方。

4. 身体假动作

在比赛中，为了摆脱对手的紧逼或为了抢夺对手控制的球，常用快速而逼真的身体做虚晃动作，使对手产生错误的判断，诱其作出错误的行动或动作，而达到自己的预定目的。

逼真的假动作会使对手产生相应的反应。当对手做出相应的反应时，由假变真的动作必须做得突然迅速，才能达到预期的效果。因此在快速虚晃中，自如控制自己身体重心的移动，是顺利完成假动作的关键因素。

总之，无球技术是足球技术不可缺少的组成部分。在练习时，既要正确理解动作的要领，又要结合必要专项身体素质和有球技术练习，以及根据足球运动的特点方能全面掌握无球技术。

（四）有球技术分析

有球技术是在快速的激烈对抗的条件下准确完成技术动作的关键部分，是足球技术的重要内容。

1. 踢球

是运动员有目的地用脚某一部位把球踢向预定的目的地。因此，各种踢球的动作总是与有目的的行动相连接，形成完整的用不同脚法踢球的技术动作。踢球是足球运动中最主要和运用最多的一项基本技术，一场比赛，每个队一般要传球350～500次左右，比赛双方平均每5～7秒钟就有一次传踢球。比赛中，踢球主要用于传球和射门，是组织进攻与防守的主要手段。运动员踢球技术的好坏，直接影响传球、射门和组成战术的效果。因此，运动员踢球技术掌握得如何，对球队运动技术水平有举足轻重的影响。

踢球的方法很多，动作要领也有所不同，但是每一种踢法都是由助跑、支撑脚站位、踢球腿的摆动、脚触球和踢球后的随前动作五个环节组成。

1. 助跑

助跑是指踢球前的几步跑动。它的作用在于调整人与球的方向、距离，以便在踢球时使支撑脚能够处于所需要的正确位置，从而增加击球的力量。助跑最后一步要大一些，这为踢球腿的充分摆动、增大摆腿速度、制动身体的前冲和提高击球的准确性创造了条件。助跑分为直线助跑和斜线助跑。助跑的方向和出球的方向相同叫直线助跑，助跑的方向和击球的方向成交叉叫斜线助跑。

2. 支撑脚站位

支撑脚的位置要以踢球腿的摆动能达到最大的摆幅、发挥最大的速度和有利于踢球脚准确地接触球的合适部位为原则。支撑脚的位置一般是由所使用的踢球方法（脚法）来决定。凡采用的踢法需要踩在球的侧方的，一般距离球10～15厘米；凡采用的踢法需要踩在球的侧后方，一般距离球25～30厘米。踢活动球时，更要掌握好支撑脚的位置。因支撑脚落地时球仍在继续运行之中，要把踢球腿后摆的时间计算在内。如追踢向前滚动的球时，支撑脚落地的位置要稍靠前，这样才能与球保持合适的距离。支撑脚要积极踏地以制动身体的前冲力量，膝关节要微屈，以维持身体的平衡和保证充分地摆腿和自如地踢球。因此，支撑脚实际上起着固定支点的作用。

3. 踢球腿的摆动

击球力量的大小，由多方面的因素决定，而主要取决于踢球腿的摆动，它是踢球力量的主要来源。摆幅大、摆速快，踢出去的球力量就大，球的运行速度就快，运行距离就远。因此，踢球腿的摆动动作是否正确，直接关系到踢球的力量、击出球的速度和球的运行距离。踢球腿的摆动是在支撑脚跨步时（助跑最后一步）顺势向后摆起的。在支撑脚着地的同时以髋关节为轴，大腿带动小腿由后向前摆动，当膝关节摆到接近球的垂直上方的刹那间，小腿加速前摆击球。

4. 脚触球

包括踢球脚的部位和击球的部位。一般来说，用脚的某一部位击球的后中部，作用力通过球心，出球平直。当踢各种活动来球时，应准确判断来球的速度、方向，根据出球目标，合理选择踢球脚以及脚与球的部位。在现代足球比赛中，运动员已广泛采用了弧线球（香蕉球）踢法，这种踢法主要运用脚背内侧或外侧击球，击球的作用力不通过球心，使球产生旋转，并沿着一定弧线运行。这种球具有一定的隐蔽性。此外，也可以用正脚背抽踢前旋球。

5. 踢球后的随前动作

踢球后随着腿的前摆和送髋，使身体重心向前移动，这样既易于控制出球方向和加大踢球力量，又能缓和因踢球腿急速前摆而产生的前冲惯性，以维持身体的平衡。踢球后的随前动作还便于与下一个动作衔接。在上述五个环节中，支撑脚的站位、踢球腿的摆动、脚触球是主要的因素。

## 第二节 足球基本技术

### 一、颠球

颠球，也称"耍球"。指用身体的某个或某些有效部位连续不断地将处于空中的球轻轻击起并控制好，尽量使球不落地的技术动作。是增强球感、熟悉球性的有效方法。用脚背正面击球最为常见，是最简单、最重要的颠球练习。此外还有用脚内侧、脚外侧、大腿、肩部、胸部、头部击球、触球的。是任何等级运动员常练不懈的练习内容。可作为准备活动，也可用作前后两个练习之间的调整过渡手段。

（一）颠球技术动作要领

1. 双脚脚背颠球：脚向前上方摆动，用脚背击球，击球时踝关节固定，颠球的时候要击球的底中部。身体自然放松，双脚不可僵硬，两脚可交替击球，也可一只脚支撑，另一只脚连续击球。击球时用力均匀，使球始终控制在身体周围。颠球的时候一定要集中注意力，用力要适当，球最好不要高于膝盖。

2. 双脚内侧颠球：抬腿屈膝，用脚的内侧向上摆动击球的底中部，两脚内侧交替击球。

3. 外侧颠球：抬腿屈膝，用脚的外侧向上摆动，击球的底中部，两脚外侧交替击球。

4. 大腿颠球：抬腿屈膝，用大腿的中前部位向上击球的底中部，两腿可交替击球，也可一只脚做支撑，用另一侧的大腿连续击球。

5. 头部颠球：两脚左右或前后开立，膝关节微屈，身体重心下降于两脚间；顶球时，两臂屈肘自然张开，以维持身体平衡；头后仰使前额正面成水平状态，两眼注视球，当球下降到接近前额正面时，两脚同时柔和地向上蹬地伸膝，用前额正面轻击球的底部，将球向上颠起。

6. 肩部颠球：两臂屈肘自然张开，两脚左右开立，身体重心落在两脚间；当球下落到接近颠球一侧肩部时，躯干和头部稍向异侧倾斜，肩上耸，击球的底部，将球向上颠起。

7. 胸部颠球：两臂屈肘自然张开，两脚左右或前后开立，膝关节微屈，身体重心稍下降，上体成背弓后仰，收下颌；当球下落接近胸部时，两脚同时蹬地向上，展腹挺胸，撞击球的底部，将球向上颠起。

8. 各部位连续颠球：根据上述单一颠球技术动作要领，用各部位配合连续颠球，配合的部位越多，难度越大。颠球的部位有脚背、脚内侧、脚外侧、大腿、肩部、胸部、头部等。

（二）颠球技术易犯错误

1. 脚背颠球，脚击球时踝关节松弛，造成用力不稳定。

2. 脚背颠球，击球时脚尖向下或向上勾，造成球受力后向前或向后触碰身体，使球难以控制。

3. 颠球时身体其他部位不够放松，以至于动作僵硬。

4. 脚内侧颠球，脚击球时脚内翻或小腿向上摆动不够，不能造成球垂直向上。

5. 脚外侧颠球，因支撑腿膝关节弯屈不够，造成脚外侧颠球时球不能靠近身体，使球失去控制。

6. 头部颠球时腿部、躯干、颈部配合用力不协调，仅靠颈部用力。击球时间和部位不准，难以控制球的方向和高度。

（三）颠球技术练习方法

1. 一人一球颠球：体会触球的时间、触球的部位、触球的力量和整个动作的协调配合。

2. 两人一球颠球：用脚背、大腿、头部以及身体各部位触球，掌握好触球的力量，尽量不让球落地。每人可触球一次颠给对方，也可触球多次互颠。

3. 四五人一组，围圈用两球颠球：可规定每人触球的次数与部位，也可自由掌握触球的次数与部位。颠传时要注意观察，防止两个球同时颠传给同一伙伴。

4. 先练擅长的脚，颠的时候每颠一下脚都要踩一下地，不要脚不落地连续颠。用脚面搓球,不要使劲,触球的时候腿脚放松,脚踝发力。等到擅长脚练到可以连续颠 30 个以上后,再加入不擅长的脚颠。需要慢慢体会脚感。要多接触球反复练习,这样才能有球感,这一点非常重要。

## 二、踢球

踢球指运动员有目的地用脚把球击向预定目标的技术。踢球是足球技术中最重要的技术,主要用于传球和射门。踢球的方法很多,动作要领也有所不同。

### (一)脚内侧踢球

它是用脚内侧的跖趾关节、舟骨和跟骨所构成的三角部位接触球的一种踢球方法。其特点是脚与球的接触面积大,出球比较平稳、准确。出球力量较小,多用于近距离的传球和射门(见图 3-1、3-2)。

图 3-1

图 3-2

1. 脚内侧踢定位球动作要领

直线助跑,支撑前的最后一步稍大些,支撑脚站在球的侧面约 15 厘米处,脚尖正对出球方向,支撑腿膝关节微屈。在支撑脚着地时,踢球腿大腿带动小腿由后向前摆动,在前摆的过程中大腿外展,当膝关节的摆动接近球的正上方时小腿做爆发式摆动,在触球前将脚跟送出使得脚内侧部位所形成的平面与出球方向垂直,踢球脚脚底与地面平行,脚尖微微翘起,踝关节功能性地紧张使脚型固定,触(击)球后身体跟随移动,髋关节向前送(见图 3-3)。

图 3-3

2. 脚内侧踢空中球动作要领

根据来球速度和运行轨迹及时移动到位,踢球腿大腿抬起(屈)并外展,小腿屈并绕额状轴后摆,利用小腿绕额状轴由后向前摆动,当摆至额状面时与球接触,击球的中部(见图 3-4)。

图 3-4

3. 脚内侧向左右侧踢球动作要领

(1)右(左)脚向左(右)侧踢球:踢球时,右(左)脚以脚内侧对正出球方向,由右(左)向左(右)侧摆腿,用推敲击球动作将球踢出(见图 3-5)。

(2)右(左)脚向右(左)侧踢球:踢球时,以支撑脚前脚掌为轴,上体向右(左)扭转,使脚内侧对正出球方向,向右摆腿踢球(见图 3-6)。

图 3-5

图 3-6

4. 脚内侧踢反弹球动作要领

根据来球落点及时移动到位,支撑脚的站位与球的落点应保持踢定位球时的相对位置。踢球腿摆动与踢定位球时相同。在球着地后刚弹离地面的瞬间用脚内侧击球的中部。

5. 脚内侧踢球易犯错误

(1) 支撑脚上前不积极,身体侧转,动作不协调,造成踢球脚前摆无力。

(2) 传球腿膝盖外转不移,脚尖没有微翘起。

(3) 摆腿动作太紧张,出现直腿扫球动作。

(4) 触球部位偏下,踝关节放松,脚掌内翻,造成出球偏高和不稳定。

(5) 判断空中来球落点不好,支撑脚的站位不当。

(6) 摆动腿过早或过晚,造成踢球部位不正确。

(7) 击球点靠前或靠后,传球不到位。

（8）向左右传球时支撑脚站的位置不对，找不好击球点。

（9）摆腿击球时间不当，出现踢空现象。

（10）踢球的部位不准，传球不到位。

6. 脚内侧踢各种方向来的地滚球时应注意的问题

（1）脚触球瞬间，支撑脚与球的相对位置能否保证与踢定位球时基本相同。

（2）出球方向应考虑球与脚接触时的入射角及球运行的速度。

（3）由于来球方向不同，踢球腿摆动多数依靠小腿爆发式的摆动。

7. 脚内侧踢球练习方法

（1）徒手模仿练习，在没有球的情况下，原地和上一步踢球模仿练习，按照正确的姿势在慢跑中做正确的踢球姿势，保持动作的稳定和连贯。在完成技术动作的过程中注意小腿的摆速和大腿的前送动作，同时保持支撑腿的弯曲。主要体会支撑脚的位置、摆腿的方向、正确的脚型。

（2）助跑踢球的模仿练习，主要体会助跑的方向，摆腿的路线、方法及两腿的配合。

（3）原地轻触踢实心球练习，体会脚触球的部位。

（4）两人一组，一人踩球一人做脚内侧踢球技术动作，体会脚触球部位，体会踢球部位。

（5）两人一组定位传球。俩人相距4～5米传定位球。一人传球一人停好，将球再传回去。

（6）传准练习，两人一组相距10～15米，中间摆一个2米～3米宽门形标志物，两人传球通过门形标志物。

（7）连续传球，两人一组相距8～10米做不停球的连续传球练习。

（二）脚背正面踢球（也称正脚背踢球）

脚背正面踢球，是用脚背正面的楔骨和跖骨的末端构成部位触球的一种踢球方法。其特点是踢球腿摆幅相对较大，用脚背踢球接触面（与球）相对较大，因而踢球力量大，准确性也较强。但受以上的因素影响，出球的方向及性质相对变化也较小。在比赛中经常使用脚背正面踢定位球、地滚球、空中球、反弹球及倒勾球。球的性质多为不旋转的直线球，但也可用来踢抽击性前旋球（见图3-7、3-8）。

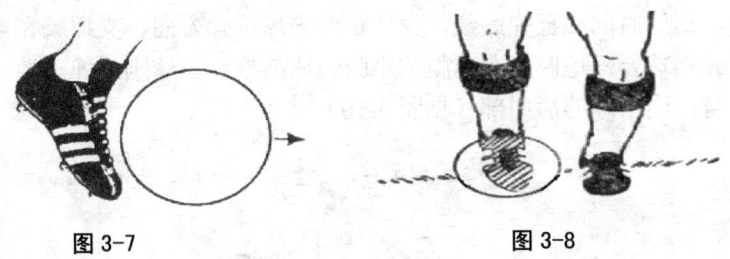

图3-7　　　　　　　　　　图3-8

1. 脚背正面踢定位球时动作要领

直线助跑，最后一步稍大并要积极着地，支撑脚在球的侧方约10～12厘米处，脚尖正对出球方向，膝关节微屈，踢球腿是在支撑脚前跨和助跑的最后一步蹬离地面时，顺势向右摆起，小腿曲屈。在支撑脚着地的同时，以髋关节为轴，大腿带动小腿由后向前摆，当膝盖摆至接近球正上方的一刹那，小腿做爆发式前摆，脚背绷直，脚趾扣紧，以脚背的正面击球的后中部。踢球腿随球继续提膝前摆（见图3-9）。

图3-9

## 2. 脚背正面踢反弹球动作要领

这种踢球法多用于中、长距离传球和射门。要准确判断球的落点、落地时间和反弹路线，身体正对来球反弹方向，支撑脚在球的侧方。当球要落地时，踢球腿的小腿急速前摆，在球刚反弹离地时，以脚背正面击球的后中部（见图3-10）。

图3-10

## 3. 脚背正面踢空中球（侧身踢空中球）动作要领

首先要判断好球的运行路线和确定好击球点，并使身体侧对出球方向，支撑脚跨上一步，脚尖指向出球方向，上体向支撑脚一侧倾斜，踢球脚的大腿带动小腿急速向出球方向挥摆，用脚背正面踢球的后中部，在摆腿踢球的过程中身体随之向出球方向扭转。在踢球的一刹那，眼睛始终注视球，身体正对出球方向。踢球后，面对出球方向（见图3-11）。

第三章 足球教学与训练 41

图 3-11

**4. 脚背正面踢倒勾球动作要领**

脚背正面踢倒勾球。一般在背对出球方向，不便使用其他脚法时，可采用倒勾踢法。支撑脚先向前跨一步，膝关节弯曲，上体后仰，踢球腿以髋关节为轴尽力向上方摆动。当球落到头的前上方时，用脚背正面向后勾踢（见图 3-12）。

图 3-12

**5. 脚背正面跳起踢倒勾球动作要领**

先判断好来球的运行路线并确定好击球点，然后踢球脚上步蹬地起跳，同时另一腿上摆，使身体腾空后仰，眼睛注视来球。在另一腿下摆的同时，踢球腿以大腿带动小腿急速挥摆，两腿在空中成剪式交叉，以脚背正面踢球的后中部，踢球后，两臂微屈，手掌向下撑地，手指指向出球的相反方向，屈肘，然后背部、腰、臀部依次着地（见图 3-13）。

图 3-13

6. 脚背正面搓过顶球

摆动腿的动作是由后向前下方用力，脚掌贴擦地面，脚尖插入球底，踢球的底部，使球由脚尖经脚面向前上方回旋而出。该动作易犯错误在于，踢球时脚尖没有插进球的底部，造成击球点不正确（见图 3-14）。

图 3-14

7. 脚背正面踢球易犯错误

（1）踢定位球时，支撑脚的位置靠后，造成踢球时身体后仰，踢球的后下部，出球偏高。

（2）踢球腿前摆时，小腿过早前摆，造成直腿踢球，出球无力。

（3）摆腿方向不正。造成脚触球部位不准。

（4）踢球时，因怕脚尖触地，脚背不敢绷直，造成脚趾触球。

（5）踢反弹球时，判断来球落点不好，支撑脚的站位不当。

（6）摆动腿过早或过晚，造成踢球部位不正确。

（7）击球点靠前或靠后，传球不到位。

（8）身体重心前移不够，上体后仰。

（9）踢空中球时，摆腿过早或过晚，造成漏踢。

（10）支撑脚尖没有对着出球方向，限制了身体的扭转。

（11）踢倒勾球时，上体后仰不够，造成踢球时腿朝斜上方挥摆，击在球的中下部，出球偏高。

（12）上体后仰不够，膝关节太直，造成踢出的球方向不是向背后而是向上运行。

（13）击球时间过早或过晚，造成球的运行方向偏离目标。

（14）跳起踢倒勾球时，不敢跳或跳起后不敢向后仰体。

（15）落地以手掌撑地时，手指方向不对，容易造成肘、腕挫伤。

8. 脚背正面踢球练习方法

（1）徒手模仿练习，按照动作要领在慢跑中做正确徒手模仿的踢球姿势，保持动作的稳定和连贯。在完成技术动作的过程中注意大腿带小腿的摆动和小腿的摆速、大腿的前送动作，同时保持支撑腿的弯曲和身体重心的稳定。

（2）两人一组，一人踩球一人做脚背正面踢球技术动作，体会脚触球部位、体会击球部位。

（3）两人一组踢定位球，俩人相距10~15米踢定位球。一人踢球一人停好，将球再踢回去。

（4）踢准练习，两人一组相距10~15米，中间摆一个2米~3米宽门形标志物，两人踢定位球通过门形标志物，反复练习。

（5）两人一组距离由近到远逐渐拉大和加大踢球的力量练习。体会远近距离踢球时的不同力量。

（6）踢反弹球练习，两人一组相距 8～10 米自抛自踢。体会支撑脚位置和击球点位置。

（7）两人一组相距 8～10 米，一人抛球一人踢活动中来球，体会活动中踢反弹球动作要领。

（8）利用球墙练习脚背正面踢球的技术动作。由原地踢球逐步过渡到在活动中踢球。体会活动中球的落点、支撑脚的位置和身体重心的变化。

### （三）脚背内侧踢球（又称内脚背踢球）

是用脚背内侧的几个楔骨、第一跖骨及跖骨关节、趾骨末端部位接触球的一种踢球方法（见图 3-15），其特点是踢球腿的摆动幅度大，摆速快，脚触球面积也较大；踢球的力量大，出球准确、有力，多用于中、长距离传球，或踢角球和射门。由于助跑方向、支撑脚选位灵活性较大，出球的方向变化幅度较大。因此，可踢出平直球、远距离弧线球等，也便于转身踢球。

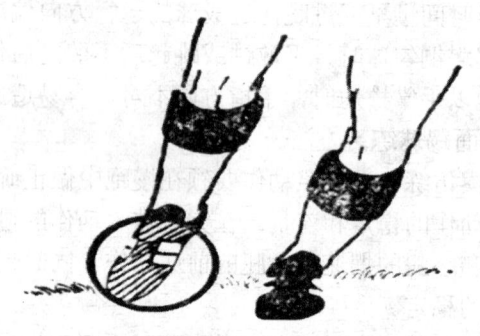

图 3-15

1. 脚背内侧踢定位球动作要领

斜线助跑，助跑方向与出球方向成 45°角（见图 3-16）。最后一步稍大，支撑脚以脚掌外沿积极着地，踏在球的侧后方 20～25 厘米处，膝关节微屈，支撑脚脚尖指向出球方向，身体稍向支撑脚一侧倾斜。

在支撑脚着地同时踢球腿以髋关节为轴,大腿带动小腿由后向前摆,当大腿摆至与支撑腿接近同一平面时,小腿做爆发式摆动,此时脚尖外转、脚背绷直,脚趾扣紧,脚尖指向斜下方以脚背内侧部位击球的后中部(踢高球时,击球的中下部),击球后踢球腿及身体继续随球向前(见图3-17)。

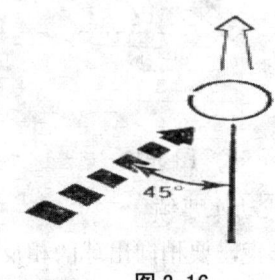

图 3-16

图 3-17

2. 脚背内侧踢弧线定位球动作要领

踢弧线球时,脚背内侧部位击球的后中部,摆腿的方向不通过球心,沿弧线前摆,在踢球的瞬间,踝关节用力向内转并上翘,使球侧旋沿一定的弧线运行(见图3-18)。

图 3-18

3. 脚背内侧转身踢球动作要领

助跑的最后倒数第二步，要稍向出球的相反方向，即向球的侧前方跨出。在助跑最后一步蹬离地面时，略微跳动，同时身体转向出球方向，支撑脚以脚掌外沿着地，脚尖指向出球方向，上体侧前倾，膝关节弯曲。在支撑脚着地的同时，踢球腿以髋关节为轴，大腿带动小腿由后向前摆。当膝盖摆到接近球的内侧上方的一刹那，小腿作爆发式前摆，脚稍外转，脚面绷直，脚趾扣紧，脚尖指向斜下方，用脚背内侧部位击球的后中部，踢球腿随球继续前摆（见图3-19）。

图 3-19

4. 脚背内侧踢凌空球动作要领

根据来球速度、运行轨迹，选好击球点及时移动到位，身体侧对出球方向，用来球方向的异侧脚支撑，支撑脚脚尖指向出球方向，身体向支撑脚一侧倾斜，展腹。支撑脚站位后，大腿带动小腿由后向前摆动，当大腿摆至接近与击球点成一直线时，小腿作爆发或摆动，用脚背内侧击球的中部。同时身体向出球方向扭转，眼睛始终注视球。击球后，踢球腿顺势前摆以维持身体平衡。

5. 脚背内侧踢反弹球动作要领

根据来球的落点及时移动到位，在球离地（反弹）的瞬间踢球，其他的动作要求与踢定位球相同。这种踢球方法多用于踢侧方或侧前方来的空中下落的球。

6. 脚背内侧搓踢过顶球动作要领

动作方法基本上与踢定位球相同。只是支撑脚踏在球的侧后方，踢球脚不要过于绷直，踢球的后下部，并稍有下切的动作，使球向前上方飞起并回旋。踢球脚不随球前摆。

7. 脚背内侧踢球易犯错误

（1）踢定位球时，支撑脚的位置偏后，踢球时上体后仰易把球踢高。

（2）踢球脚尖外转不够，接触部位不正确。

（3）没有直向出球方向摆腿，形成划弧动作以至出球点偏外。

（4）踢弧线球时，在于踝关节用力过大或过小。

（5）踢球时击球部位过薄，造成出球没有力量。

（6）踢球时击球部位过厚，造成出球的旋转速度差、旋转弧度过小。

（7）踢球时没有沿球面弧形摆动，影响球的旋转效果。

（8）转身踢球时，支撑脚的脚尖没有指向出球方向。

（9）转身和踢球动作不连贯，在转身的同时，摆动腿没有积极跟随前摆。

（10）转身时，上体没有前倾。

（11）踢凌空球时摆腿过早或过晚，造成漏踢。

（12）支撑脚尖没有对着出球方向，限制了身体的扭转。

（13）上体倾斜不够，造成踢球时腿朝斜上方挥摆，击在球的中下部，出球偏高。

（14）踢反弹球时，判断来球落点不好，支撑脚的站位不当。

（15）摆动腿过早或过晚，造成踢球部位不正确。

（16）击球点靠前或靠后。

（17）身体重心前移不够，上体后仰。

（18）搓踢过顶球踢球脚没有插进球底部，造成脚触球部位不正确。

（19）击球点不在球的后下部，使球不能产生回旋。

8. 脚背内侧踢各种方向来的地滚球时应注意的问题

（1）根据来球的速度、运行路线，选好击球时的位置并及时移动到位。

（2）在选择支撑点时应根据来球的情况和摆腿的速度，球与脚的相对位置要保持动作要领要求，以保证脚击球的正确。

9. 脚背内侧踢球练习方法

（1）徒手模仿练习，原地和上一步踢球模仿练习，主要体会支撑脚的位置、摆腿的方向、正确的脚型。

（2）助跑踢球的模仿练习，主要体会助跑的方向，摆腿的路线、方法及两腿的配合。

（3）原地轻触踢实心球练习，体会脚触球的部位。

（4）两人一组，一人踩球一人踢球，体会踢球部位。

（5）定位踢球。两人相距8～10米踢定位球，逐渐加大距离。

（6）利用球墙，距离由近到远练习踢准，体会踢球时控制球的力量。

（7）脚背内侧踢活动球，结合射门练习。

（8）脚背内侧踢弧线球两人相距8～10米，中间设一旗杆，踢弧线球绕杆练习，逐渐加大距离。

（四）脚背外侧踢球

是用脚背外侧第三、第四、第五跖骨部位接触球的踢球方法（见图3-20、3-21）。其特点是它除具备脚正面踢球的特点外，脚背外侧踢球可踢出直线和弧线球，以及弹拨球、削球，适用于各种距离传球和射门。由于它具有踢球时脚腕灵活性较大和摆腿方向变化多隐蔽性和突然性的特点，所以它的实用价值较高。

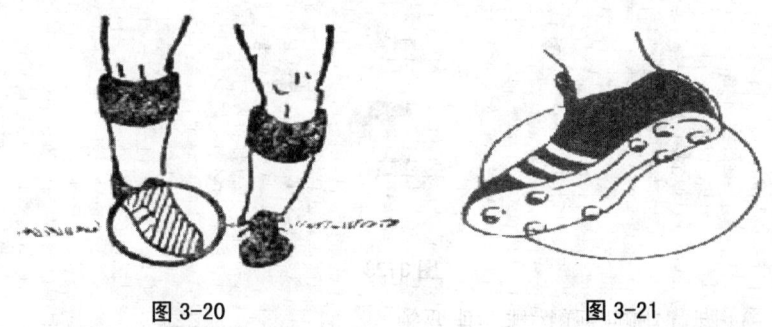

图 3-20　　　　　　　　　　图 3-21

1. 脚背外侧踢球动作要领

踢定位球（平直球）时，助跑、支撑脚的位置和踢球腿的摆动基本上与脚背正面踢球相同。只是用脚背外侧接触球。在踢球腿的膝盖摆到接近球的正上方的一刹那，小腿作爆发式前摆时，膝盖和脚尖内转，脚面绷直，脚趾用力下扣，以脚背外侧部位踢球的后中部，踢球腿随球继续前摆（见图 3-22）。

图 3-22

2. 脚背外侧踢弧线球动作要领

支撑脚踏在球的侧后方约 15~20 厘米处，踢球脚的脚腕用力，并以脚背外侧踢球的后中部，摆腿的方向不通过球心，并向支撑脚一侧

的前方继续摆动,以加大球的旋转。该动作易犯错误在于踢球脚的脚腕用力不够,摆腿方向靠球心轴较近(见图3-23)。

图 3-23

3. 脚背外侧踢弹拨球动作要领

踢球腿以膝关节为轴,快速侧摆或侧前摆。击球时,踝关节快速转动将球弹出,踢球脚快速收回。运用这种踢法可将球快速弹拨到踢球脚的外侧或侧前方(见图3-24、3-25)。

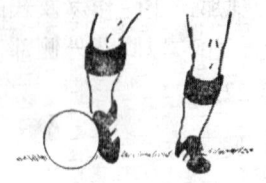

图 3-24

图 3-25

4. 脚背外侧踢球易犯的错误

（1）踢定位球踢球时，膝盖和脚尖内转不够，造成接触球部位不正确。

（2）支撑脚靠后，造成踢球时身体后仰，踢球的后下部，以致出球偏高。

（3）没有直向出球方向摆腿，形成划弧动作以至出球点偏外。

（4）踢弧线球时，踢球脚的脚腕用力不够，摆腿方向靠球心轴较近。

（5）踢球时膝盖和脚尖内转不够，造成脚触球的部位不正确。

（6）身体左（右）转，小腿的摆动不够，造成直腿用脚背外侧去推球。

（7）踢球时击球部位过薄，造成出球没有力量。

（8）踢球时击球部位过厚，造成出球的旋转速度差，旋转弧度过小。

（9）踢球时没有沿球面弧形摆动，影响球的旋转效果。

（10）踢弹拨球时，踢球时摆腿方向不是向斜前方摆腿，而是向横向处摆腿。

（11）踢球时击球动作不是用脚踝关节摆动击、拨球，而是用摆腿的动作踢球。

（12）踢球时过于摆大腿，使动作僵硬。

5. 脚背外侧踢球练习方法

（1）徒手模仿练习，原地和上一步踢球模仿练习，主要体会支撑脚的位置、摆腿的方向、正确的脚型。

（2）助跑踢球的模仿练习，主要体会助跑的方向，摆腿的路线、方法及两腿的配合。

（3）原地轻触实心球练习，体会脚触球的部位。

（4）两人一组，一人踩球一人踢球，体会踢球部位，一人踩球一人踢球。

（5）定位踢球，两人相距8～10米踢定位球。

（6）利用球墙，距离由近到远练习踢准，体会踢球时控制球的力量。

(7) 脚背外侧踢活动球，结合射门练习。

(8) 脚背外侧踢弧线球两人相距 8~10 米，中间设一旗杆，踢弧线球绕杆练习。

### (五) 脚尖踢球

它是用脚尖部位接触球的踢球方法。脚尖踢球特点是：踢球腿的摆幅大，摆速快，踢球的着力点集中，出球快而有力，这种踢球方法具有出球突然、快速、有力等特点，一般只在场地泥泞、球过重或几个人同时争抢时使用，但因脚尖与球的接触面小，出球的准确性较差。

#### 1. 脚尖踢球动作要领

脚尖踢球与脚背正面踢球动作大致相同，支撑脚踏在球的侧后方。击球时，支撑腿跳跃上步，腿屈膝前跨，髋关节尽量前送，两臂上摆协助身体向前，小腿前伸，脚尖翘起，趾踝关节紧张用力并保持稳固以脚尖击球的后中稍偏下的部位（见图 3-26）。如遇支撑脚离球过远时，可采用脚尖捅球动作。脚尖捅球时，踢球腿要屈膝前跨，髋关节往前送，两臂向上摆，在踢球脚落地前，用脚尖捅球的后中部（见图 3-27）。

图 3-26

图 3-27

2. 脚尖踢球易犯错误

（1）击球点部位不正确，出球方向偏离目标。

（2）踢球时，踝关节不够紧张。以至出球无力，而且容易受伤。

（六）**脚跟踢球**

脚跟踢球：它是用脚跟的跟骨部位，将球踢到身体后面的踢球方法。脚跟踢球的出球方向是向后，脚跟踢球能突然改变方向，变换进攻路线，适用于回传球的短传配合，隐蔽性强，具有突然性；但出球力量小，只适用于近距离向后传球。

1. 脚跟踢球动作要领

脚跟踢球时，根据人与球的不同位置采用不同的踢法。

（1）当球在支撑脚内侧时，踢球腿自然提胯到球的前方，然后以膝关节为轴，小腿突然快速后摆，踝关节在后摆过程中紧张用力，以脚跟触球的前中部，把球向后踢出（见图 3-28）。

图 3-28

(2)当球在支撑脚外侧时,踢球腿先自然前摆。当摆过支撑脚时,立即向支撑脚一侧成交叉后摆,踝关节紧张用力,以脚跟触球的前中部把球向后踢出(见图3-29)。

图 3-29

2. 脚跟踢球易犯错误
(1)支撑脚的位置踏点不准确,造成击球点不正确。
(2)跑动中踢球动作不协调,踢球脚与支撑脚相绊。
(3)击球时间过早或过晚,传球效果不好。

## 三、接球

接球是指运动员有目的地用身体合理部位把各种运行中的来球停接在自己的控制范围之内,以便能更好地衔接传球、运球或射门。接球是为下一个技术动作服务的,接球质量的好坏直接影响下一个动作的顺利完成。比赛中来球性质、状态不同,所以接球应根据不同情况,采用不同的动作方法。

接球的方法有,脚内侧接球、脚背内侧接球、脚背外侧接球、正脚背停接球、脚底接球、大腿接球、胸部接球。根据球的活动状态可分为接地滚球、接反弹球和接空中球。接球技术动作结构是由以下四个环节组成:

1. 观察和移动:为了更好地完成接球动作,要注意观察判断来球的情况,使自己能处于做接球动作时所需要的最佳位置。
2. 选择接球的部位和接球方法:根据来球以及临场情况和下一步

动作的需要,合理选择接球的部位与接球方法。

3. 缓冲来球力量和改变来球方向:根据来球力量大小和接球实际需要,可采取加力或减力(缓冲)以及不同接球的部位,来改变来球的力量和方向。

4. 接球后快速跟随移动:身体随接球动作迅速移动,紧密衔接下一个动作。

(一)脚内侧接球

脚内侧接球是运用脚内侧停球的技术。接球时因支撑脚和接球脚身体姿势比较协调,身体重心移动小,动作自然,脚接触球的面积大,故比较容易掌握接球动作。比赛中经常使用这种技术接各种地滚球、平球、反弹球、空中球。

1. 脚内侧接地滚球动作要领

脚内侧接地滚球时支撑脚正对来球,膝关节微屈,接球腿提膝,大腿外展,脚尖微翘,接球脚底基本与地面平行,接球脚内侧正对来球并前迎;当接球脚内侧与球接触的一瞬间迅速后撤,以缓冲来球的力量,把球接在脚下,控制在衔接下一个动作需要的范围内(见图3-30)。

图 3-30

如果需要将球接到自己的侧后方,在接球脚撤到支撑脚的侧方时,再继续以髋关节外转和腿后引的动作将球引向侧后方,同时支撑脚提踵,以支撑脚脚掌为轴使身体转向出球方向(见图3-31)。

图 3-31

脚内侧接地滚球时还可用切压法。当球运行到支撑脚的侧方或侧前方时,接球脚以脚内侧切压球的后上部,同时稍下膝。切压球的力量大小要随来球力量大小而有所增减;来球力量大,切压力量要小些;来球缓慢,切压力量可稍大些(见图 3-32)。当需要将球接到支撑脚外侧时,接球脚的脚尖稍向前,脚内侧切压球侧后上部,同时脚尖里转,支撑脚以前脚掌为轴,身体转向出球方向。

图 3-32

2. 脚内侧接反弹球动作要领

脚内侧接反弹球:根据来球的落点,及时移动到位,支撑脚与球落点的相对位置在球的侧前方,支撑腿膝关节微屈,身体向接球后球运行的方向偏移。接球腿提起小腿且放松,脚尖微翘,脚内侧对着接球后球运行的方向并与地面成一锐角,当球落地反弹刚离地面时,大腿向接球后球运行的方向摆动,用脚内侧部位轻推球的中上部。用这种方法接球时,也可在触球时使球产生旋转以达到接好球的目的,但应注意球的旋转并及时加以调整(见图3-33)。

图 3-33

3. 脚内侧接空中球动作要领

根据来球的速度及运行轨迹,及时移动到位。若为抛物线较小的平空球则应根据临场的实际情况选择适当高度的接球点,将接球腿抬起,使脚内侧部位对准来球的方向并前迎,脚在接触球的一瞬间后撤,并将球接在所需的位置上(见图3-34)。

图 3-34

4. 脚内侧接球易犯错误

(1)触球时,接球脚的踝关节过于紧张,不利于缓冲,球停得离身体过远。

（2）接地滚球时，脚离地过高，使球从脚下漏掉。

（3）接反弹球时，没能很好判断球落点和反弹后球的运行路线，接球漏过或停不稳。

（4）接空中球时，因判断不好球在空中运行路线，而举腿过早或过晚造成漏接。

（5）接旋转球时，因判断不好球的旋转速度和运行路线及旋转球的特点，造成接球时间和接球落点失误。

（6）因判断不好球的运行路线和球的落点，接球时将球卡在接球点上。

（7）没能将球接到预想的位置上，影响下一个动作的衔接。

（8）接球后身体不能及时随球移动，以致不能很好地控制球。

5. 脚内侧接球练习方法

（1）各种接球的模仿动作练习。重点体会接球的动作方法和要领。

（2）两人一组一球相距离10米左右，一人传地滚球，一人迎球用脚内侧把球接在体前。

（3）将人分成两组，面对面或纵队站立，相距15～20米，用一球依次做传接球练习，传球后跑到本组队尾。

（4）两人一组，相距10～15米，一人向两侧传球，另一人跑动按技术动作要领要求部位接球，接球后再用同样方法回传。二人依次反复进行。

（5）三人一组，进行接球转身练习，三人站成一条直接，每人相距10米左右。甲传球给乙，乙用脚内侧或脚背外侧向两侧或转身停球，然后传给丙，丙再回传给乙。反复练习，做够规定的次数后，互换位置。

（6）个人练习，个人向空中抛球，活动中练习用脚底接停反弹球。

（7）利用足球墙练习，个人向足球墙上抛或踢球，球反弹回来后迎上去用脚底接停反弹球。

（8）两人一组，相距5～8米。一人抛弧度下落球，另一人迎上用脚底接停反弹球。

(9) 两人一组，相距 15～20 米对面传过顶球，接球队员迎上用脚底接停反弹球。然后再传回去，依次反复练习。

(10) 两人一组，相距 20 米。一人传球一人向侧面接停反弹球或接停反弹球转身。

(11) 两人一组相距 5～8 米，互抛互接停空中球。

(12) 两人一组相距 8～10 米，互抛逐渐改变球的动行弧度、落点。由原地逐步过渡到在活动中接停空中球。

(13) 两人一组相互传半高球，练习接停空中球。

(14) 两人一组活动中相互传半高球，练习在活动中接停空中球。

(二) **脚背正面接空中球**

1. 脚背正面接空中球技术动作要领：接球前，判断来球方向，身体面对来球，接球时身体重心放在支撑脚上，膝关节微屈，接球腿屈膝抬起，小腿前伸，接球脚提起，脚背正面对准来球主动迎球，用脚背正面接触球的底部；当脚背触球前的一刹那，小腿下撤以缓冲来球的力量，同时膝关节和踝关节放松，将球停留在体前适当的位置（见图 3-35）。

图 3-35

2. 脚背正面接空中球易犯错误

（1）触球时，踝关节过于紧张，球停得离身体过远。

（2）球接触脚背的后上部，缓冲不了来球力量。

（3）接球脚下撤太晚，使球不能随脚下撤。

3. 脚背正面接空中球练习方法：

（1）自抛自接，自己用手将球抛向空中，用脚背正面接空中来球。

（2）两人一组，互抛互接空中来球。

（3）两人一组，互传并变化空中球的高度，在活动中练习接停空中球。

### （三）脚外侧接球

1. 脚外侧正面接地滚球技术动作要领

支撑腿膝关节微屈，将接球点放在接球腿一侧，接球脚稍提起屈膝，膝关节和脚内转，脚内翻使小腿和脚背外侧与地面成一定角度，以脚外侧正对来球，脚离地面约半个球左右的高度，在支撑脚的前侧接触球的侧后方（偏支撑脚的一侧）。接触球时，大腿要向接球后球运行的方向推送，脚外侧轻拨，把球停在侧前方或侧方，同时身体随球移动。

2. 脚背外侧接反弹球技术动作要领

面对来球根据球的落点及时移动到位，支撑脚站在来球落点的侧后方，膝关节微屈，接球脚稍提起，脚内翻，使接球腿的小腿与地面成一定角度，踝关节放松。当球刚反弹离开地面时，用脚外侧触球的侧上部，把球停在体侧（见图3-36）。

图 3-36

3. 脚背外侧接球易犯错误

（1）接地滚球时球从脚下漏过。主要原因是未掌握好脚的触球部位距离地面的高度。

（2）接反弹球时，球从脚下漏过。原因是未能准确判断球的落点和从地面反弹的路线。

（3）接球时将球卡死在接球点，影响下一个动作的衔接。原因是触球的部位过高。

（4）接球后，未能将球接在理想的位置上。原因是缓冲、加力或触球时所形成的反射角不当。

（5）接球后身体不能及时跟上，影响控制球。

4. 脚背外侧接球练习方法：

（1）利用足球墙进行练习：采用足球墙练习脚背外侧接地滚球，个人相距足球墙 5～8 米左右，踢地滚球球弹回来，用脚背外侧接地滚球，由开始原地接逐渐过渡到迎上去接。

（2）两人一组对面站立，相距 8～10 米左右，一人踢地滚球，一人用脚背外侧接地滚球练习；由开始原地接，逐渐过渡到迎上去接，再逐渐过渡到向两侧接球。

（3）个人将球踢高，然后进行接反弹球的练习（或用手抛起后进行练习也可以）。

（4）两人一组对面站立，相距 8～10 米左右，一人抛地高球，一人用脚背外侧接反弹球练习，由开始原地接逐渐过渡到迎上去接，再逐渐过渡到向两侧接球。

（四）**大腿接球**

一般运用于弧度较大的高空下落球，或平行于大腿高度的来球。

1. 大腿接弧度较大的高空下落球技术动作要领：

面对来球，判断球的落点迅速移动到位，接球腿大腿抬起，以大腿中部对准下落的球，肌肉适当放松。在大腿与球接触的瞬间，大腿迅速撤引接球，使球落于衔接下一动作的需要位置（见图 3-37）。

图 3-37

2. 大腿接低平球技术动作要领

面对来球方向，根据来球高度，接球腿大腿微屈送髋前迎来球；当球与大腿接触瞬间收撤大腿，使球落于衔接下一动作的需要位置（见图 3-38）。

图 3-38

3. 大腿接球易犯错误

（1）停球腿过于紧张，不能较好地缓冲来球力量。

（2）停球腿下撤过早，使球不能随腿下撤。

4. 大腿接球练习方法

（1）两人一组对面站立，相距 8～10 米左右，一人抛地球，一人用大腿接球。

（2）两人一组对面站立，相距 10～15 米左右，一人传球，一人用大腿接球，根据传球不同高度，采取不同接球的方法。

（五）胸部接球

由于胸部接球部位较高，加之胸部面积大、肌肉较丰满有弹性等特点，易于掌握，因此是接高球的好方法。胸部接球可分为挺胸式接球（一般为接高球）和收胸式接球（一般为接平直球）两种方法。

1. 挺胸式接球技术动作要领

一般用于接高于胸部的下落球。接球时，面对来球，两脚前后开立（或左右开立），两膝微屈，重心落在两脚之间，上体后仰，下颌微收，两臂自然张开，维持身体平衡。当球运行到与胸部接触的瞬间，两脚蹬地稍上挺，膝关节伸直，同时展腹，上体稍后仰，用挺胸动作轻托球的下部，使球弹起改变运行路线然后落于体前（见图3-39）。

图 3-39

2. 收胸式接球技术动作要领

多用于接齐胸高度的平直球。接球时，面对来球，两脚前后开立（或左右开立），两臂自然张开，重心前移，挺胸迎球，当触球瞬间重心迅速后移，收胸、收腹缓冲来球力量，臀部后移将球接在体前。若需将球接在身体左（右）侧时，则触球瞬间并用同侧胸部触球向左（右）侧转体将球接在转体后相应的一侧（见图3-40）。

图 3-40

3. 胸部接球易犯错误

（1）停球时，球在空中的位置选择不准，未能用正确部位接触球。

（2）收胸停球时，收胸和收腹过晚，未能缓冲来球力量。

（3）没有收下颚。身体过于紧张不能很好控制球。

（4）收胸接球时，收胸和收腹过晚，未能缓冲来球力量。

4. 胸部接球练习方法：

（1）两人一组互抛互接练习，根据来球方向迅速跑动，用正确部位触球。

（2）互抛平直球进行反复练习，体会收胸收腹时机。

（3）两人一组相距 15~20 米互传互接练习，根据传球不同情况，分别采用挺胸式或收胸式方法接球。

**（六）腹部接球**

在激烈的比赛中为了抢点控制球，根据比赛的需要也使用腹部接球。

1. 腹部接反弹球技术动作要领：接球者的身体正对来球方向跑动，判断好球的落点，身体前倾，腹部对准落地反弹的球，腹直肌保持紧张，推压球前进，也可在触球瞬间身体侧转，将球接向所需要的侧面（见图 3-41）。

图 3-41

2. 腹部接平空球技术动作要领：来球较突然且于腹部同高时，应先挺腹，在腹与球接触瞬间迅速含胸收腹，将球接下来。

3. 腹部接球易犯错误

（1）对球的落地时间判断不准，停不到球。

（2）停球没有主动前挺推球，影响跑动速度和衔接下一个动作。

4. 腹部接球练习方法

（1）两人一组互抛互接练习，根据来球方向迅速向前迎球跑动，用正确部位触球。

（2）互抛反弹球进行反复练习，体会收腹时机。

（3）两人一组相距 15～20 米互传互接练习，根据传球不同力量和落点体会腹部接球技术。

（七）脚底接球

1. 脚底接地滚球技术动作要领

身体正对来球方向，移动前迎，支撑脚踏在球落点的侧后方，脚尖正对来球方向，膝关节微屈。同时接球脚关节自然弯曲，脚尖翘起高过脚跟（脚跟离地面稍低于球），踝关节放松，用脚前掌触球的中上部下压住来球。在触球瞬间接球脚可轻微跖屈（前脚掌下点）将球停住，也可根据需要在接球同时将球推向前方或拉向身后（见图3-42）。

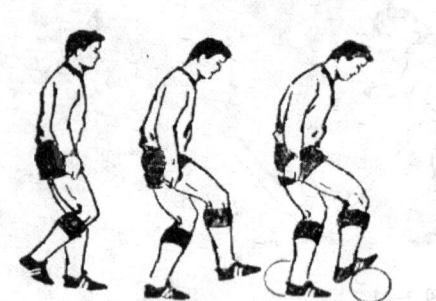

图 3-42

2. 脚底接反弹球技术动作要领

判断好来球的落点，及时前移迎球，支撑脚站在落点侧后方，脚尖正对来球方向，当球落地瞬间，用脚前掌对准球的反弹路线，触球的后上部。将球停到自己的控制范围内。若需接在身后则应在触球瞬间继续屈膝，将球回拉，并以支撑脚前脚掌为轴旋转使身体转体90～180度将球接到所需要位置上（见图）。

图 3-43

3. 脚底接球易犯错误

（1）停球脚抬起过高，用脚掌踩球，使球漏过或停球不稳。

（2）踝关节过于紧张，停球不稳。

（3）停反弹球时，落点和落地时间判断不准确，使球漏过。

4. 脚底接球练习方法

（1）利用足球墙，自传自接地滚球。

（2）两人一组，相距 10～15 米，一人传地滚球，一人用脚底接地滚球。

（3）两人一组，相距 10～15 米，一人抛高球，一人用脚底接反弹球。

（4）两人一组，相距 15～20 米，一人传高球，一人用脚底接反弹球。

由原地逐步过渡到活动中接地滚球、接反弹球。

## 三、头顶球

头顶球是指运动员有目的地用前额将球击向预定目标的动作。足球比赛中不仅要处理各种各样不同形式和不同性质的地滚球，同时也要处理各种空中球。当遇到胸以上部位不能触及或规则不允许触及的一些球时就需要用头部来处理，因为人体头部在人体生理结构位置上恰恰解决了这个问题。人体额骨部位较为平坦，只要掌握顶球技术，顶出的球就会有力。现代足球比赛中对时间与空间的争夺异常激烈，头顶球技术的使用不仅使运动员占据空间，又能争取时间，所以头顶球是处理高空球的最重要手段。使用头顶球技术，不仅可以进行传球、抢断球、高球射门，而且利用鱼跃头顶球可以扩大运动员的控制范围。防守时抢险头顶球是足球运动技术中的一种，指运动员用头的某一部位顶击球。用于进攻中的传球、射门和防守中的抢断，头顶球可用头的正额面或额面侧，可原地顶或跳起顶；由判断移动选准顶球点、蹬地上体摆动击球、击球时间和击球部位等环节组成。

### （一）判断与选位

判断与选位是正确完成头顶球动作的前提。它直接影响到顶球时间、方向、力量和准确性。判断是选位行动的依据。二者息息相关，因此选位前必须对球的性质、运动路线、弧度进行敏锐的观察，做出准确的判断。选择的位置一般在以球飞行自然弧线与两眼正视来球的视线直接相遇为宜，有的由于来球高度和弧线大小不同，在选位时适当调整身体姿势，如腾空跳或屈膝下蹲。

### （二）蹬地与摆动

蹬地在顶球时有两个作用：一是通过单脚或双脚起跳动作，利用有力蹬地产生的反作用力，以助于身体向上腾起。二是通过单脚或双脚有力后蹬，加速身体的向前摆动，从而增大头部击球力量。摆动是头部击球力量的重要来源。

### （三）时间与部位

头部击球时间直接影响到摆体击球作用的发挥。一般情况下，当身体前摆即将恢复到直立状态时击球较为合适，这时身体重心稳，摆体击球速度较快。头顶球部位与击球部位与踢球技术相似。

1. 头顶球技术动作要领

头顶球技术是传球、射门、抢截的有效手段，特别是争高空球时头顶球技术更为重要。头顶球技术的特点是争取时间，不需要等球落地就可以在空中直接处理球，因此它可以争取时间上的优势和主动。顶球一般分为前额正面顶球和前额侧面顶球两种（前额正面顶球头接触球部位见图3-44、3-45）。

图 3-44

图 3-45

2. 前额正面原地头顶球技术动作要领

面对来球使身体正对来球方向两脚前后开立，膝关节微屈，重心放在两脚上。顶球前，两腿前后开立腰部前挺，胸部上提、下颌平收、两臂自然张开，上体先后仰，重心移到后腿上，两臂自然摆动，保持身体平衡，两眼注视来球。顶球时后脚迅速用力蹬地，两腿迅速伸直，上体由后向前快速摆动，借助腰腹及颈部力量，用前额正面将球顶出。击球过程中劲部肌肉保持紧张，身体重心从后腿移到前腿。两眼注视出球方向（见图 3-46）。

图 3-46

3. 原地双脚起跳顶球技术动作要领

身体正对来球，两脚左右开立约 15～20 厘米，脚尖稍内转，膝关节微屈，上体稍前倾，两臂屈肘后伸，身体重心平均落在两脚上，两眼注视来球。起跳时，两臂由后向前上方振臂，同时弓身、提胸、收下颌、两脚积极用力蹬伸，在跳起上升过程中挺胸展腹，两臂自然张开，两眼注视来球，当跳起最高点准备顶球时，身体成背弓，当球运行到身体垂直部位前的一刹那，快速收腹，折体前摆并且甩头，用前额正面将球顶出，顶球后两腿自然屈膝，屈踝落地（见图 3-47）。

图 3-47

#### 4. 单脚起跳顶球技术动作要领

可做3～5步助跑，在助跑过程中判断来球运行路线和起跳方向。起跳时最后一步踏跳时步幅要稍大些，起跳脚要迅速用力蹬地，另一腿屈膝上摆，两臂自然上提，使身体向上跃起，身体腾起后上体随之后仰。顶球时，上体由后向前摆动，借助腰、腹和颈部力量将球顶出。然后两脚自然落地（见图3-48）。

图 3-48

#### 5. 前额侧面头顶球技术动作要领

前额侧面顶球的部位是前额的两侧（见图 3-49）。其优点是动作突然，能变换出球方向，特别是前锋队员在门前得边锋传中球射门时威力更大。

图 3-49

#### 6. 前额侧面原地顶球动作要领

顶球前与出球方向同侧腿向前跨出一步，两膝微屈，身体重心放在后脚上,上体和头稍向异侧倾斜并转体约 45°,两眼斜视来球,两臂自然张开。顶球时,后脚蹬地,上体和头向出球方向迅速扭转,屈体甩头,在与出球方向同侧肩的前上方,用额骨侧面击球的后中部(见图 3-50)。

图 3-50

7. 前额侧面跳起顶球动作要领

一般用单脚起跳。起跳动作与前额骨正面顶球的单脚起跳动作相同。在跳起上升的过程中,上体侧屈,侧对来球。在跳到最高点顶球时,急速转体、甩头,用额骨侧面将球顶出。顶球后,两膝微屈缓和落地(见图 3-51)。

图 3-51

8. 跳起向后顶球动作要领

起跳动作与正面顶球单脚或双脚起跳动作相同,起跳后身体向上伸展，当球运行到头顶上方时，挺胸、向后扬头，用前额击球的底部，将球顶出（见图 3-52）。

图 3-52

9. 鱼跃头顶球动作要领

对于离身体较远的低空球来不及移动到位处理，为了急取时间射门或解救门前危险必须抢点击球时，可以运用鱼跃头顶球技术。当判断好来球的路线和选择好顶球点后，以单脚或双脚蹬地，身体呈水平状态向前跃出，两臂微屈稍前伸，两眼注视来球，利用身体向前跃起的冲力，以前额骨正面顶球。顶球后，身体成背弓形，两臂屈肘前伸两手着地，接着以胸部、腹部和大腿依次着地（见图 3-53）。

图 3-53

10. 头顶球易犯错误

（1）顶球时闭眼、缩头、缩脖，不敢主动迎击球，球与头接触的部位不对。

（2）顶球时"耸肩"。

（3）顶球点选择的不正确，顶不到球或只是蹭击球。

（4）击球的用力摆体动作过早或只用颈力，顶出球无力、顶不远。

（5）跳起顶球或跑动顶球时，判断不好球的运行路线和球的落点，击球时间掌握不好。

（6）侧额顶球时容易顶在头的侧面。

11. 头顶球练习方法

（1）做各种顶球模仿练习。

（2）两人一组，一人双手举球至对方头高，另一人用额正面、额侧面顶球。领会顶球时接触部位和击球点。然后逐渐加大顶球力量。一方面消除惧怕心理，另一方面养成注视来球和顶球前不闭眼的习惯。

（3）顶吊在吊球架上的球。每次顶后，将球稳住再顶。逐渐练习连续顶球，以提高接触部位和击球点的准确性和身体各部位关节肌的协调用力。

（4）自抛顶球。自己向空中或对墙抛球，待球下落或弹回时对墙顶球，体会击球时间和击球部位。

（5）两人一组，一人抛球一人顶，互抛互顶，重点为摆体、甩头击球动作。

（6）三人一组相互抛球，练习前额侧面顶球。

（7）跑动中正面顶球射门。练习顶球队员持球站在罚球弧附近，掷球队员站在球门内或球门侧面，该队员用手抛球至罚点附近，顶球队员跑上顶球射门。

（8）原地或跑动中前额侧面顶球射门。顶球队员站在球门区或罚球区角附近，另一人由其正前方抛球，顶球人原地或跑上去用前额侧面顶球射门。

（9）跳起顶球。做各种跳起顶球模仿动作。

（10）做原地或助跑起跳顶吊球练习。体会起跳动作和跳起腾空时腰、腹用力和甩头动作。

（11）两人一组，相互站立。一人抛球，另一人原地跳起顶球。也可做上步或退步跳起顶球。

（12）三人一组，练习方法与原地互抛顶球相同。体会判断选择击球点和跳起顶球时间。

（13）传高球顶球。两人一组，一人传高球，另一人助跑跳起顶球。也可三或四人一组练习，前额侧面顶球。

（14）顶边路传中球。中间插上做原地、跑动中或跳起前额正面、前额侧面顶球练习。

## 四、运球技术

运球是用脚连续控制球的技术。运球技术动作连贯，方向、速度变化多，而且经常与过人技巧连接起来，在比赛中运用的合理，将会取得以多打少的人数优势，突破防守创造射门得分的时机。

运球技术动作通常是由运球方法的选择与准备、跑动中间断触球、为下一动作的连接作好准备这三个环节组成。

（一）运球方法的选择与准备：这一环节的进行是根据临场情况瞬间做出的，而且随时根据需要改变运球方法，所以这一环节仅仅指开始实施运球技术时所应进行的。

（二）跑动中间断触球：这一环节是运球技术的最关键部分，当开始实施运球技术后根据临场情况的需要使用适宜部位去间断触球，并使球始终处在自己的控制范围内，为了达到这个目的，必须注意如何避开（或越过）对手，注意触球时的力量及球运动的方向。运球跑动要自然、重心低、步幅小、频率快。这些要求是根据比赛的实际提出的。协调自然的跑动能使得动作自如，变向、变速较易进行。重心低便于突停突起、变换方向，而且不易在对抗中失去平衡。频率快是为了利于动作随时变换，并能随时触到球以保持对球的控制权。运球过程中眼睛不要只注视在球上而应注意周围情况，这样才能在临场情况发生突然变化时迅速采取措施，并将球控制到所需要的位置上去，为下一动作的连接作好准备，这里主要是指运球的任务已经结束，接着需要传球和射门时，球所处的最佳位置，以及身体应处于何种状态更有利于下一个动作。这就需要在运球即将结束时迅速作好上述准备，这种准备应在运球过程中自然协调地进行，从而使得运球与传球（射门）一气呵成。

常用的运球技术有脚内侧运球、正脚背运球、外脚背运球。外脚背运球不仅可做直线运球也可做曲线运球。正脚背运球技术多用于直线运球，快速推进，尤其是在甩掉防守者，前面又有较大空当或直逼球门时，多采用正脚背快速运球。脚内侧运球多用在变向运球和掩护运球时采用。

1. 脚内侧运球技术动作要领

脚内侧运球前进时支撑脚向前跨，踏在球的侧前方，支撑脚始终领先于球，肩部指向运球方向，支撑腿膝关节微屈，上体前倾向里转，重心放在支撑腿上。运球脚提起屈膝，用脚内侧推球的后中部前进，然后运球脚着地。在改变方向运球时，经常是用两只脚交替拨球。由于肩部指向运球方向，身体侧转，虽然移动速度较慢，但身体前倾有利于将对方与球隔开，因而这种技术多用在运球寻找配合传球时，或有对方阻拦需用身体做掩护时（见图3-54）。

图 3-54

2. 脚背内侧运球技术动作要领

脚背内侧运球身体稍侧转并自然协调放松，上体稍前倾并稍向运球方向转动，两臂自然摆动，步幅要小些。运球腿提起外展，膝微屈外转，脚跟提起，脚尖稍外转，使脚背内侧正对运球方向，在运球脚落地前用脚背内侧向前侧方推拨球，使球向前侧方曲线或弧线随身体运行。

由于身体稍侧转，不能采用正常跑动姿势，因而不适用于高速运球。但由于接触部位和支撑位置的特点易于完成向支撑脚一侧的转动，故多用于向支撑脚一侧的转动变向运球。

3. 脚背正面运球技术动作要领

运球时身体持正常跑动姿势，上体稍前倾，步幅不宜过大，运球腿提起，膝关节稍屈，髋关节前送，提踵，脚尖下指，在着地前用脚背正面部位触球后中部将球推送前进。

由于脚背正面运球时身体持正常姿势，故可以发挥出较快的速度，因而这种技术多用在运球前方一定距离内无对手阻拦时。

4. 脚背外侧运球技术动作要领

脚背外侧运球时，身体持正常跑动姿势，支撑脚保持在球的侧后方，上体稍前倾，步幅不宜过大，运球腿提起，膝关节稍屈，髋关节前送；运球脚抬起时，脚跟抬起，脚尖稍内转，使脚背外侧正对运球方向，在运球脚落地前用脚背外侧推拨球的后中部。向前跑动时身体自然放松，上体稍前倾，两臂自然摆动。

脚背外侧运球时，身体姿势与正常跑动时相同，因而可以发挥出较快的速度。另外，利用脚腕的动作可以很快改变脚背外侧面所正对的方向，故在运球脚一侧改变方向时也多采用这种运球方法。这种方法能用身体将对手与球隔开，故掩护时也常使用（见图3-55）。

图 3-55

5. 运球用时常用的技术动作：拨球、扣球、拉球、挑球等

（1）拨球：是用脚踝的扭拨动作，以脚背内侧或脚背外侧触球，使球向侧方或侧前方运动。用脚背内侧拨球的动作称"里拨"，脚背外侧拨球称"外拨"。在比赛中一般遇到对方从正面抢劫时，可先快速运

球接近对方,在对方伸腿抢球时,运球队员用拨球动作向"里拨"或向"外拨",从侧面越过对方(见图 3-56、3-57)。

图 3-56

图 3-57

(2)扣球:是指运用突然地转身和脚腕急转扣压动作,以脚背内侧或脚背外侧部位触球,将球向侧后方停下或改变方向运行。用脚背内侧扣球的动作称"里扣"(见图 3-58);用脚背外侧扣球称"外扣"(见图 3-59)。扣球改变方向运行后,应快速推拨运球摆脱对方。

图 3-58

图 3-59

(3) 拉球：是指用脚掌将球由前向后或由左（右）向右（左）拖拉球的动作（见图 3-60、3-61）。

第三章 足球教学与训练

图 3-60

图 3-61

（4）挑球：一般是指用脚背（内侧或外侧）与脚尖翘起上挑的动作，使球向前上方运行，从对方的身体侧面或头上越过。在比赛中一般在对方争抢反弹球、球在运行中跳动时采用挑球方法过人。挑球时，挑起的球不宜过高，否则球在空中运行时间过长，易被对方抢劫或被破坏掉。

6. 运球时易犯错误

（1）脚内侧运球时，只是低头看球，不能随时观察场上情况，以致不能及时完成传球或射门。

（2）运球时不是推拨球而是击球，使球失去控制。

（3）脚背内侧运球时，只是低头看球，不能随时观察场上情况，以致不能及时完成传球或射门。

（4）运球时不是推拨球而是踢、击球，球离身体过远，失去控制。

（5）支撑脚离球过远，身体后仰。触球后，身体重心不能随球前移。

（6）脚背正面运球时，只是低头看球，不能随时观察场上情况，以致不能及时完成传球或射门。

（7）运球时不是推拨球而是捅球，球离身体过远，失去控制。

（8）支撑脚离球过远，身体后仰。触球后，身体重心不能随球前移。

（9）脚背外侧运球时，身体重心过高或臀部后坐。

（10）脚尖不内转，脚触球的部位不准确。

（11）运球时动作紧张，不是推拨而是踢球。

7. 运球技术动作练习方法

（1）在慢速中用单脚推或拨球前进，做直线运球练习，初步掌握之后进行双脚交替运球。

（2）两人一组一球，做直线运球练习。运球距离15~20米，第一人用右脚，脚内侧（脚背正面、脚背外侧等部位交换运球）向前直线运球15~20米，返回时改用左脚。到达起点时，第二人交换运球。

（3）慢跑中单脚交替用脚背内侧和脚背外侧运球沿折线运行。

（4）队员按教师手势做左右变向运球，或按信号做变速运球。

（5）运球绕障碍练习，间距2~3米插若干个标志杆，学生依次运球绕过各标志杆障碍。

（6）沿中圈做弧线运球，用脚内侧、脚背内侧、脚背外侧沿中圈线，做顺时针、逆时针运球练习。队员分成二组，成一路纵队面向圈外站立。各组第一人按顺（逆）时针沿圆圈运球前进。到起点时将球交给本组第二人，依次进行。

（7）中圈内（或一定区域内）变向自由运球。队员在圈内运用各种运球技术进行自由运球，相互间尽量闪开。听到教师哨声后要高速向外运球（或看教师手势并随时报出教师手指的数）。

（8）扣拨球练习。在一定范围内自由运球，按手势用一只脚做支撑，另一只脚用脚背内侧扣球或脚背外侧拨球绕支撑脚做圆周运球，两脚轮流练习。

（9）拉球练习。在一定范围内自由运球，听哨音后用一只脚做支撑脚，另一只脚用脚前掌触球顶部，拉球绕支撑脚，做圆圈运动。一步一步拉球。

（10）扣球转身变向运球练习。在一定范围内自由运球，听哨音后用一只脚支撑，一脚用脚背内侧做扣球，使球改变方向应在90度以上，身体随其转动，沿改变后的方向继续运球。

（11）扣拨组合练习。每人一球沿折线（可摆放数个标志物做折线点）向前运球，运球中用右脚脚背内侧扣球，扣球后用右脚支撑，接着左脚脚背外侧立即向斜前方拨球，然后右脚支撑，左脚脚背内侧向右斜前方扣球后成左脚支撑，接着用右脚脚背外侧向斜前方推拨球，依此进行。进行这种练习应注意扣球方向能保证运球路线沿折线行进，扣球变向的角度不可太大，扣球后另一只脚应立即用脚背外侧拨球。

（12）扣推组合练习。运球中，右脚脚背内侧侧向（或侧后向）扣球，左脚脚内侧推直线球。依此交替进行。

（13）运球接力赛，队员分成两组进行运球接力比赛，运球距离25～30米。第一个队员快速运球到折返点，绕过标志物在快速运球返回，将球交给下一个队员，依次反复进行。

（14）二人一组，一人运球，另一人做消极退防。运球人要多做变向、变速，防守者退守要快，运球者要有节奏。

（15）运用各种运球方法快速运球过人射门。设一个防守队员做消极退防，其他队员做快速运球过人射门练习。

## 五、抢截球

抢截球技术是指运动员在规则允许的范围内，使用身体的合理部位将对手的控球权夺过来或破坏掉。

抢截球技术的动作结构是判断选位、实施抢截动作、实施抢截动作后与下一动作紧密衔接三个环节组成。

（一）判断选位

包括对对方控制球情况和接应队员情况的观察以及对对方意图的分析判断。根据观察、分析和判断，及时移动到实施抢截球最有利的位置上。以达到抢截球的成功。

## （二）掌握抢截时机，果断实施动作

在实施动作时，时机是最重要的因素，过迟过早都会影响抢截的效果，甚至造成失败。一般说，抢截的时机可分为两种：一是对个人控球企图越过防守时的抢截时机，这种情况多是在控球者做触球动作后，触球脚即将落地或重心已移至即将落地的触球脚时，此时实施抢截动作，持球者已无法再改变球的运球路线。另一种为对方传球过程中的抢截时机，这种时机都是在对方将球传出后未被同伴接到前，抢先出击截获球。时机的选择与选位直接有关，而使用的抢截动作又与时机的选择有密切的关系。

在实施抢截动作后，应迅速使身体恢复到下一个动作所需要的状态和位置。抢截技术需要在不同情况下使用不同的抢截动作，有时在实施抢截动作时会使身体呈现各种状态，可能不利于下一个动作的连接（例如倒地铲球后身体已失去正常状态），为保证与下一动作的紧密连接，应使身体恢复到所需要的状态和位置。

### 1. 正面抢截球技术动作要领

正面抢球动作是对手运球从正面而来时所采用的方法。抢球者两脚前后开立，迎着运球者而站，两膝微屈，身体重心下降并置于两脚间，面向对手。当抢球者与运球者间的距离缩小到一定范围（即抢球者上前跨一大步可能触及球），运球者脚触球后，即将落地或刚刚落地时，抢球者后脚用力蹬地并跨步向前，抢球脚以脚内侧对正球并屈膝向球跨出，以脚内侧去堵截球；当已堵住球时，另一只脚应迅速上步，上体前倾保持身体平衡，把球控制住。若抢球脚堵住球，同时对手也堵住球时，则抢球者应将另一只脚迅速前移做支撑脚，抢球脚在不脱离球的情况下迅速向上提拉，使球从对手脚面滚过，身体重心也迅速跟上并将球控制好（见图3-62、3-63）。

图 3-62

图 3-63

## 2. 侧面合理冲撞抢截球技术动作要领

侧面抢球是对手快速运球推进时,防守队员与之平行跑动或从其背后追上成平行跑时所采用的抢球方法。当形成与对手并肩跑动时,身体重心稍下降,靠近对手一侧的手臂紧贴身体,当对方靠近自己一侧的脚离地时,用肘关节以上部位适当冲撞对手同样部位,使对方向外侧倒斜而暂时失去身体平衡又离开了球,乘机将球控制住(见图3-64)。

图 3-64

3. 侧后抢截球

侧后抢截球这是抢截技术中较困难的一种，多是在对手突破情况下进行回追反抢。由于位置上的劣势，为争取时间主动，通常采用倒地铲球；一般分为脚掌铲球和脚背铲球（脚尖铲球）两种。

4. 脚掌铲球技术动作要领

当双方在跑动中都不能用正常的动作触球时，防守者应根据与球的距离，同侧脚用力蹬地使身体跃出，异侧脚向前沿地面对着球滑出，脚底将球铲出，然后小腿外侧、大腿外侧、手依此着地；或铲出球后身体向铲球腿一侧翻转，手撑地后立即起身，使身体恢复到与下一动作衔接的状态和位置（见图 3-65）。

图 3-65

5. 脚背（脚尖）铲球技术动作要领

防守者在跑动中根据双方离球的距离作出判断，不能立即触球时，用异侧脚用力蹬地，使身体向前方跃出，同侧脚沿地面向前滑出的同时向外摆踢（脚踝应有向外的动作），用脚背外侧将球踢出或用脚尖将球捅出，接着向对手一侧翻转，手撑地迅速恢复到下一个动作所需要的位置（见图3-66）。

图 3-66

在激烈的比赛中，由于铲球可以更大限度地争取时间和扩大控制面而被广泛地运用到踢球、接球、抢球、射门技术中去，因此这项技术应引起高度的重视。

6. 抢截球时易犯错误

（1）正面堵抢时，易产生堵抢触球部位不准确造成失误。

（2）身体重心不能及时移向抢球脚上和抢球脚的踝关节不够紧张，抢球无力而徒劳。

（3）支撑脚没有迅速跟上，影响衔接下一个动作。

（4）抢球的时机掌握得不好，出脚稍早或稍晚而抢球失败。

（5）当双方同时接触球时，未能及时提拉球而被对方抢先提拉球，造成堵抢失误。

（6）抢球脚抬得过高，造成犯规。

（7）侧面抢球冲撞时，冲撞动作不正确造成犯规。

（8）冲撞时机选择不当，不是在对方靠近自己一侧的脚离地时进行冲撞，因而没有效果。

（9）冲撞时用手或肘、肩推对方造成犯规。

（10）铲球时不是侧后方或侧方铲球，而是从正后方铲球。

(11) 铲球脚离地面超过球的高度,易伤害对手造成犯规。

(12) 动作不协调造成失误或扑空。影响下一个动作的衔接。

(13) 由于铲球时机选择不当,出击时机与动作配合不当,造成失误。

(14) 着地动作不正确,动作不连贯容易摔伤自己。

7. 抢截球技术练习方法

(1) 两人一球,用脚内侧做抢球的模仿练习。

(2) 两人一球相对站立,相距3~4米将球放在中间,听信号后,两人同时上前伸脚拼抢。

(3) 两人一球,相距6~8米,一人向前运球,另一人上去做跨步抢球。

(4) 练习者分成两组,分别站在中圈的两侧,教师站在中圈内向球门方向踢各种球,两组第一人快速起动追抢,抢到球者做控球运球等,没抢到球的人设法将球从另外一个人脚下抢下。

(5) 一人一球,将球放在身体前方某一位置,练习者选择适当位置站立,原地蹬出做铲球练习,体会和学会铲球技术动作。逐渐过渡到对滚动的球进行铲球动作。

(6) 一人直线运球,另一人由后追赶至适当位置抓住时机进行铲球,要求运球者给予适当的配合,使铲球者能在对手运球过程中体会铲球的方法。

(7) 一对一进攻与防守练习,重点是防守综合练习,防守队员根据进攻队员控制球情况判断,采取抢截的方法。

## 六、掷界外球技术

由于掷界外球时接球人不受越位规则的约束,因此,不仅用于恢复比赛,而且可以为进攻创造有利条件。尤其是在前场30米内掷界外球,将球直接掷入门前,可以给对方造成很大威胁。随着足球技术的不断发展,掷界外球技术已成为足球比赛中的重要进攻手段。

(一) 掷界外球技术更全面,现代足球的掷界外球不仅重视远距离掷球,而且把远距离掷球与近距离掷球结合在一起。同时也重视多人的整体配合。从而有效地提高了掷界外球的成功率。

（二）利用前场掷界外球组织有效进攻，进攻队员在前场可以及时快速将界外球掷给自己同伴，快速发动进攻，不给对方回撤防守的机会。利用前场掷界外球组织有效进攻，还表现在队员之间的默契配合和掷球队员掷球的准确性。

（三）界外球掷得更远，现在的规则允许脚跟提起和双脚在地面上滑动。从而为提高掷球的远度创造方便条件。

1. 原地掷界外球技术动作要领：两手手指自然张开，持球的后半部，两拇指靠近，虎口相对；两脚前后或平行开立，膝关节稍屈，将球举在头后，身体重心放在两脚上，上体后仰；掷球时，两脚蹬地，收腹屈体，两臂同时快速前摆，身体重心前移，摆臂带动甩腕，用力将球掷出（见图3-67）。

图3-67

2. 助跑掷界外球技术动作要领与原地掷界外球相同，只是增加若干米左右的助跑。跑时，两手持球放在胸前，在迈出最后一步时（两脚要前后站立），将球上举至头后。然后将球掷出，同时后脚从地面上向前滑进，但不得离地。

3. 掷界外球易犯错误

（1）近距离掷球时，易出现动作不连续而造成违例。

（2）远距离掷球时，易出现两臂不均匀而形成单臂掷球的错误动作。

(3) 掷出的球弧度过大从而影响球的远度，出球无力。

(4) 掷界外球时，双脚跳起离地，而造成违例。

(5) 掷界外球时，双手持球没有过头，而造成违例。

(6) 助跑掷界外球时，易出现动作脱节和掷球后身体过分随前形成单脚离地。

4. 掷界外球练习方法

(1) 持球方法和准备姿势的练习。

(2) 持球模仿掷界外球动作练习，要求动作必须正确。

(3) 近距离掷球。两人一组一球相距5～7米进行互掷球练习，重点体会用力顺序及方法，逐渐提高动作的协调性和连续性。

(4) 二人一球，在近距离内进行对掷界外球练习。要求出球高度适宜、落点准确。注意单双脚均不得离地。

(5) 二人一球，在相隔较远的距离内进行助跑掷界外球练习。两人一组相距15～20米进行互掷球练习，重点解决在不违例的情况下，提高掷球远度的问题。注意单双脚均不得离地。

## 七、守门员技术

守门员技术分为无球技术和有球技术两大类。无球技术主要有，准备姿势和移动动作。有球技术主要有：接球、扑接球、拳击球、托球、掷球和踢自抛球等。

### (一) 守门员无球技术动作方法

1. 准备姿势：两脚左右开立，约与肩同宽，两腿自然屈膝并稍内扣，脚跟稍提起，身体重心落在脚前掌上，上体稍前倾。两臂自然屈肘置于体前，手指自然张开，掌心向下，眼睛注视来球（见图3-68）。

图 3-68

2. 移动步法：为了尽早截获对方向球门前传来的球或接住对方射来的球，守门员必须根据比赛中的球和队员的位置变化，而随时调整自己的位置。向左右调整位置的移动，一般采用侧滑步或交叉步这两种步法。

（1）侧滑步移动：从准备姿势开始，两脚顺序向斜侧方移动，两脚与球门线成 60 度角左右。侧滑步移动多用于扑近侧来球（见图 3-69）。

图 3-69

（2）交叉步移动：移动时，两脚交叉向斜侧方移动，两脚与球门线呈 60 度左右。多用于扑远侧来球（见图 3-70）。

图 3-70

3. 选位：选位对守门员非常重要。应根据射门队员与球门角度以及距离选择位置（见图3-71）。

图 3-71

4. 接球手形：守门员能否将球接牢，接球手形是关键（见图3-72）。

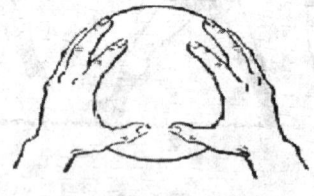

图 3-72

（二）守门员接球技术动作要领

接地滚球技术动作有直腿式和单腿跪撑式两种动作。

1. 直腿式接地滚球技术动作要领：准备接球时，两腿直膝自然开立,脚尖正对来球,上体前屈,两臂并肘前迎,两手小指相对靠近,手掌对球,在手触球的刹那,随球后辙并屈肘屈腕,两臂靠近把球抱于胸前(见图3-73)。

图 3-73

2. 单腿跪撑式接地滚球技术动作要领:准备接球时,身体正对来球,两脚左右开立,一腿深屈支撑身体,另一腿膝盖内转似跪撑,膝盖接近地面并靠近深屈腿的脚跟,上体前屈,手臂下垂,两手小指相对,手掌对准来球并稍前迎;在手触球的刹那,两手随球后辙并屈肘,屈腕,两臂靠近将球抱于胸前,然后起立(见图3-74)。

图 3-74

3. 接平直球技术动作要领:身体正对来球,两脚左右开立,上体微屈,两臂稍下垂并肘前迎,两手小指相靠,手掌对球。当手触球的刹那,两臂随球后撤并屈肘,顺势将球抱于胸前(见图3-75)。

图 3-75

4. 接高球技术动作要领

包括不跳起接球和跳起接球。

（1）原地不跳起接高球技术动作要领

面对来球，两臂上伸；接球时，两手自然张开，两手拇指相对成八字型，手指微屈，手掌上端轻微触球，触球部位以手指为主（掌心不能触球）要接触球的中后部；当手触球的瞬间，手指、手腕适当用力将球接住，并顺势屈肘，下引，转腕将球抱于胸前。接两侧高球时，判断好球的运行路线，快速移动，两臂上伸迎球；接球时，手、臂弯曲，将球抱于胸前（见图3-76）。

图 3-76

（2）跳起接球分双脚起跳和单脚起跳

双脚起跳接球多用于接正上方的高球。接球过程可分为判断、踏跳、腾空、接球、落地五个步骤。最后将球收至胸前。

单脚起跳接球应用范围较广，而且接球点比较高，多用接远侧高球、高吊球、传中球等。接球步骤与双脚起跳接球相同，只是用单脚起跳。跳起接高球技术动作要求基本与不跳起接高球技术动作要求相同。

跳起接球时，应选好起跳点，掌握好起跳时机，保持身体在空中的平衡，跳至最高点时，伸臂展体将球接住，落地时，注意屈膝缓冲（见图 3-77）。

图 3-77

### 3. 扑接球技术动作要领

扑球常常是守门员在通过移动无法及时接到球的一种补救方法。扑球是守门员技术中的难点，但作为高水平的守门员必须掌握的一项技术。扑球时，守门员应尽可能地把球接住并控制好。扑球的动作方法有倒地侧扑球、跃起侧扑球和鱼跃扑接侧面平高球。倒地侧扑球，其特点是没有腾空动作，倒地速度快，适用于扑接离守门员身体较近而速度较快的低球，或者是出击扑对方脚下球。跃起侧扑球，其特点是有明显的腾空，适用于扑救距离守门员身体两侧较远的球。

### 4. 倒地侧扑地滚球技术动作要领

倒地扑球动作要领是做好准备姿势，两眼注视来球；扑球时，异侧脚内侧侧蹬发力，同侧脚屈膝迎球跨出，上体顺势压扑以加速重心的前移倒地，双臂同时迎出接球，腕关节稍内扣，用手掌挡压控球；

触球后屈臂收球于胸前,并快速抱球起身;侧倒过程以小腿、大腿、臀部、肩和手臂外侧顺序缓冲着地(见图3-78)。

图 3-78

扑脚下球时,重心降低出击迎球,在对手起脚射门的瞬间,快速倒地侧扑封堵球路,将球接住或挡出,随即做屈膝团身动作进行自我保护。

4. 跃起侧扑球技术动作要领

跃起侧扑球的技术要领:首先判断球离身体的距离,以判断移动时是采用侧滑步还是交叉步。当身体重心倾移至同侧脚时,用脚外侧蹬地发力,使身体呈水平状向球腾空跃出;手臂伸出迎球,身体充分伸展,接球手型成半球形,靠压腕和手指用力将球控制住接稳;随重心的落降,开始落地缓冲,落地时,两手按球随即屈肘,以前臂、肩部、上体侧面、臀部、大腿和小腿依次着地,并要注意屈膝团身护球,再抱球起身。如果没有把握接住球,同样用双手或单手将球推击出球门(见图3-79)。

图 3-79

5. 鱼跃扑接侧面平高球技术动作要领

身体重心移向靠近来球一侧的脚上,该脚用力 蹬地向侧面跃出,身体展开，两臂向球伸出，两拇指靠近，手指自然张开，手掌对球；当手触到球时，以扣腕动作将球接住；落地时，两手按压住球，前臂、肘、肩部、上体侧面和下肢依次着地，同时屈肘，转腕将球抱于胸前，并屈膝团身（见图3-80）。

图 3-80

6. 拳击球要领

拳击球一般用于出击时的防守。当门前出现高球，并有对方队员争顶，守门员为了避免接球脱手，在没有把握接住球时，常采用拳击球。拳击球可分为单拳击球和双拳击球两种方法。

单拳击球技术动作要领：先判断球的运行路线并确定击球点，在起跳上升阶段，击球臂位于肩侧，屈肘握拳，体稍侧后转；当跳起接近最高点即将触到球前的刹那，身体快速回转，迅速冲拳，用拳面将球击向预定的目标（见图3-81、3-82）。

图 3-81　　　　　　图 3-82

双拳击球技术动作要领：双拳击球时，先判断球的运行路线并确定击球点，在起跳上升阶段，双臂于胸前屈肘握拳，两拳靠拢，拳心相对；当跳起接近最高点即将触到球的刹那，双拳同时快速冲击，以拳面将球击向预定的目标（见图3-83、3-84）。

图3-83　　　　　　　　　　图3-84

### 7. 托球要领

托球一般用于临近球门的防守。对那些力量大、角度刁、弧度较大、贴近球门横梁和球门柱，守门员跳起接球把握不大的球，可采用托球。托球技术动作要领：跳起准备托球时多采用单臂，以提高动作速度和触球点的高度。首先判断球的运行路线并确定托球点，向后跃起，全身伸展成背弓，靠近球一侧手臂伸出迎球；触球瞬间，手腕后仰，掌心稍向上，用掌跟部顶推发力触球的下部，将球向侧或后方托出，使球越出球门横梁（见图3-85）。

图3-85

### 8. 发球要领

发球是守门员组织发动进攻的技术手段。发动进攻的基本要求是：能快则快，不能快则缓，以快为主，保证稳妥。守门员的发球包括踢发球和抛掷发球两类。

踢发球技术动作要领：踢发球常用的方法有踢定位球，踢高抛球和踢反弹球三种。踢发球的力量大，距离远，方法灵活多变，适用于各种发球的需要。踢定位球技术动作要领与脚背内侧踢定位球技术动作要领相同，但守门员发出的球需要一定高度，所以在踢球摆腿时，前摆可适当大一些，用力方向再往上一些。踢高抛球、踢反弹球：踢高抛球、踢反弹球是守门员把获得的球传给远距离的同伴常用的技术动作。踢高抛球和踢自抛反弹球的技术动作要领与脚背正面踢空中球和踢反弹球的技术动作要领基本相同，但是，由于要求把球踢得远，守门员都是向前方踢球，踢高抛球（见图3-86）。

**图3-86**

抛掷发球要领：为了争取时间组织快速反击，守门员经常把获得的球用手掷给同伴。抛掷发球出球快，准确性高，但力量较小，适用于中短距离的快速发球需要。抛掷球有单手低手抛掷球、单手肩上抛掷球和勾手抛掷球等三种。单手低手抛掷球技术动作要领：单手低手持球于体侧，两脚前后开立，两膝弯曲，掷球臂后撤引球，身体随之侧转，重心移至后脚；掷球时，利用后脚蹬地、转体、送臂和甩腕拨球的连贯发力将球掷向目标（见图3-87）。

图 3-87

单手肩上抛掷球技术动作要领：两脚前后开立，两膝弯曲，单臂屈肘持球于肩上，持球臂后摆引球，身体随之侧转，重心移至后脚；掷球时，利用后腿蹬地、转体、挥臂和甩腕的力量将球掷向目标（见图 3-88）。

图 3-88

勾手抛掷球技术动作要领：身体侧对出球方向，两脚前后开立，持球臂屈肘后引，身体侧转，身体随之侧转，腰部扭紧，重心移至后脚；掷球时，后脚用力蹬地，并快速转体，持球臂顺势由后经体侧向上呈弧线形抡摆，摆至肩上方时，持球臂继续前摆的同时，甩腕拨球，将球掷向目标（见图 3-89）。

图 3-89

9. 守门员技术易犯错误

（1）接地滚球时屈臂收球不夹肘，使球从臂间漏掉。

（2）引撤缓冲时机不好，缓冲效果差。

（3）接平球时，手臂没有前伸引撤，球直接触击胸部。

（4）接球时手指过分弯曲，手型太小，接球不稳。

（5）接高球时肘外张，影响接球手型。

（6）接球手型后仰，拇指间距过大，接球脱手或漏球。

（7）跳起接球时，时机掌握不好，影响接球效果。

（8）侧扑地滚球迎球侧跨步时，上体不做压扑动作，影响倒地速度。

（9）接球手臂伸出不一致，影响接球手型，接球不稳。

（10）倒地时肘关节外展，导致受伤并影响控球的稳定性。

（11）鱼跃扑接侧面平高球，侧蹬发力时，身体重心侧移速度慢，影响蹬离速度，腾起效果差。

（12）腾空后团身，落降速度快，影响腾空接球动作的完成。

（13）接球手型不正确，接球不稳或脱手。

（14）拳击球时用手掌前部托球，力度不够。

（15）伸臂和顶托动作脱节，影响动作发力。

（16）双拳击球时，起跳时机把握不好，不能准确击球。

（17）冲击拳面不正或出球点没掌握好，影响击球的力量和方向。

（18）发球时引球侧身转体不够，影响抛球力量。

（19）出球时缺乏甩腕投球动作，控制不好出球方向。

（20）踢高抛球时击球时间掌握不好，击球部位不正确，踢出的球达不到理想位置。

10. 守门员技术练习方法

（1）准备姿势徒手练习，按照准备姿势技术动作要求做练习。要求动作幅度到位。

（2）按照教练手势做向左、向右、向前、向后的移动练习。移动时身体重心不要起伏太大，保持随时出击的准备。

（3）接同伴抛来或踢来的各种地滚球，做直腿和单腿跪撑接地滚球练习。要求体会动作要领，技术动作做到位。

（4）做接平直球和高空球练习，接同伴踢来的各种平直球和高空球。开始可做接距离较近，力量较轻的球，体会技术动作要领和手型；逐步过渡到距离拉大、加大力量的球。

（5）做移动中接同伴踢来的地滚球、平直球、高空球等练习，体会在移动中完成接各种不同性质来球的技术动作要领。

（6）两脚屈膝左右开立，上体稍前倾，双手举球倒地，做扑地滚球模仿练习。

（7）在垫上做各种扑球练习，扑接同伴手抛的两侧地滚球。体会扑接地滚球技术动作要领和要求。

（8）在足球场地上做各种扑球练习，扑接同伴脚踢的两侧地滚球，力量由小到大，体会扑接地滚球技术动作要领和来球的速度不同时所选择的到底时间。

（9）接同伴抛或踢来的两侧平直球，做跃起扑接两侧平直球，体会技术动作要领及接球时的手型和身体依次着地顺序。

（10）拳击球和托球练习，助跑起跳，单手、双手拳击吊球练习。

（11）助跑起跳，单手、双手拳击同伴抛来的高球。体会单手、双手拳击球的技术动作要领。

（12）助跑起跳，单手、双手拳击同伴抛来的高球，除体会单手、双手拳击球的技术动作要领外，更重要的是练习判断球的运行路线、落点和击球时间。

（13）同伴手抛高球，守门员练习向后起跳托球。

（14）踢角球、任意球时，守门员在人丛中练习拳击球或托球。体会对抗情况下的出击时间。

（15）按照踢发定位球、踢发高抛球和踢发自抛反弹球的技术动作要领练习各种踢发球。要求技术动作正确，踢发球准确到位。

（16）按照手抛单手低手抛掷球、单手肩上抛掷球和勾手抛掷球技术动作要领练习各种手抛掷球。要求手发球动作准确，发球准确到位。

## 八、假动作

假动作是指运动员在比赛中，为了隐蔽自己真实动作意图，利用各种动作的假象，来调动迷惑对方；使对方对其动作产生错误的判断或失去身体重心，造成对自己有利的形势，从而取得时间、空间位置的优势，达到自己真实动作的意图。假动作技术是指运动员实施假动作与真动作的衔接过程中，所采用的各种技术手段。假动作渗透在各项技术中，几乎所有的技术动作及战术配合中都含有假动作。

假动作是足球运动技术的一种。指有球技术中或无球时的下肢、上体、头部的虚晃，眼神的变化和突然变速、变向等动作。运用各种动作的假象迷惑和调动对方，从而更好地实现自己的真实意图，借此战胜对手。带球过人中，真假动作已融为一体；无球跑位时，运用突然起动、突然变速变向可摆脱对手的看守；防守时运用虚晃、变向等动作，能使抢断更有成效。动作中须假中有真，真中有假，真假难辨，才能收到预期效果。由于假动作技术贯穿比赛的始终，技术动作比较复杂。所以，从形势上一般分为两种，既有球技术假动作和无球技术假动作。

### （一）有球技术假动作

有球技术假动作是指运动员正在或者已经控制球的情况下，为了摆脱、突破对手的紧逼防守和抢截所做的各种假动作。

1. 传球前的假踢：如传球前为了使堵住传球路线的对手闪开空当，可先向一方做假动作，当对手去堵假踢的传球路线时，突然改变踢球脚法将球从另一方向传出。

2. 接球前的假接：如对手在体侧紧逼的情况下，可先向一侧做假接球动作，当对手重心发生不适当的偏移时，突然改变向另一侧接球。

3. 接球前的假顶：接高度在胸或头部的空中来球，对手迎面上来准备在自己接球后立即抢截，接球者可做出假顶的动作，迫使对手减速或停下，远离自己准备截获顶出之球，此时突然用头或胸将球接在自己控制范围。

4. 头顶球与胸接球假动作技术的假接：当队员面对高空来球，准备接时，对手迎面逼近准备抢截，此时接球的队员做出胸或头、接或顶的假动作诱使对手立定，以假当真，在其封堵接、传路线时，突然改变动作，用头或胸将球顶出或接住。

5. 抢球假动作：作为防守者，当对手运球向自己跑来时，如果防守者能调动进攻者，就可以变被动为主动，而抢截假动作就是达到此目的的一种手段。如先使用假动作去堵截某一方向，使进攻者不敢从这一方向出球或运球，而从另一方向出球或运球，却正是抢截真动作实施的方向，就可将球截获。

6. 运球过人假动作：运球过人假动作技术在比赛中是最常见的，它不仅用来突破正面对手，而且可以用来摆脱来自侧面和后面的对手。

（二）无球假动作技术

在比赛中，运动员大部分时间是在无球的情况下，摆脱、跑位及掩护同伴完成接球、传球、射门等技术动作。

（三）几种运球过人假动作技术动作要领

1. 正面左晃右拨运球过人。对手迎面跑来抢截球时，可用右（左）脚的脚背内侧扣拨球动作结合身体的虚晃动作，诱使对手的重心发生偏移，然后用右（左）脚的脚背外侧向同侧方向拨运球越过对手。

2. 侧面变速运球过人。对手从侧面来抢截球时，先做快速向前运球动作，诱使对手紧追，这时突然减速伴做停球假动作，当对手上当时，再突然起动加速推球向前甩掉对手。

3. 人球分过。这种方法主要是利用防守者注意力集中在球上，并认为可以触到球的心理，达到过人的目的。因此当防守者出脚抢球时，运球者抢先将球推（拨）到前方，而防守者的抢球脚未触到球着地时，身体重心也移过来了，这时运球者迅速从防守的另一侧越过去控制球。

4. 当对手在侧后追抢时，运球者上前用异侧脚向前从球上跨过，诱使对手堵抢，然后用同一脚脚背外侧将球向另一侧扣回（或用另一脚脚背内侧将球扣回），甩掉对手。

5. 防守者从正面迎上准备抢球，运球者用一只脚假做向另一侧前方踢球，诱使对手上前堵截，此时改假踢脚为支撑脚，用另一脚内侧将球向另一侧推出或向对手胯下将球推出，接着迅速绕过对手运球前进。也可用脚背外侧做假踢将球从对手胯下拨过，运球继续前进。

（四）假动作易犯错误

1. 假动作不够逼真，易被对方识破。
2. 实施假动作的目的不明确。既在假动作实施的过程中，不知该向哪个方向做假动作，哪个方向做真动作，以至造成动作的盲目性，错过良好的时机。
3. 在实施假动作时，真假动作脱节和做假动作时的时间距离掌握不准，亦即时机掌握不住，以至没有骗过对手，失去机会。
4. 真动作衔接太慢不易收到意想的效果。
5. 缺乏观察判断和随机应变能力，不善于真真假假迷惑对手。
6. 由于自身的协调性和灵活性差，对球的速度判断不准确，以至在做动作时，自己也失去重心。
7. 自己在控球时不能准确地观察和判断对手及周围的情况，不能完全把眼睛"解放"出来，以至失去良机。

（五）假动作练习方法

1. 队员每人一球，前、后、左、右相距2米，听口令，做脚背外侧拨球、跨球及晃动假动作。
2. 队员每人一球，前、后、左、右相距2米，做向左或向右的运球动作；然后口令，做前交叉假动作，用另一只脚的脚内侧或正脚背运球，再重复前面的动作。
3. 做正脚背或脚背外侧的直线运球，听到口令时，立即用运球脚的前脚掌将球急停至身后，然后，双脚从球上越过接转身运球；注意做该动作时，转身后哪只脚在前哪只脚就是运球脚。
4. 队员每人一球，左、右相距2米，向右（左）假踢，向左（右）拨球前进练习。
5. 队员每人一球，左、右相距2米，向右（左）假拨，向左（右）拨球前进。
6. 队员每人一球，左、右相距2米，向右（左）假踢触球，瞬间改用前脚掌将球拉回，再向左（右）推拨球前进。
7. 队员每人一球，左、右相距2米，向右（左）跨过球，向左（右）

拨球前进。

8. 队员每人一球，个人颠球，将球踢高然后练习做下肢或身体虚晃假动作接球，接球部位用头、胸、腿、脚均可，假动作与真动作的方向可完全相反，也可有一定的角度。

9. 三人或四人一组，一人控球，另外的人相对站立，相距 5~7 米；控球者在他们之间做运球、假踢或假传动作，然后做扣、拉球动作转身再运，再将球传给其他队员依次反复练习。

10. 两人一组，其中一人进行消极防守，两人轮流进行假动作练习。

11. 在掌握一定的假动作技术基础上可结合传球和射门进行假动作后的传球、假动作后的射门练习，也可利用 3 对 3 或 4 对 4 的传抢练习或用小比赛进行假动作的练习。

## 第三节　足球基本战术

足球运动是一项对抗性的运动项目，它是由进攻和防守这对矛盾所组成的。足球战术是指比赛双方为了充分发挥个人与集体的特长，进攻对方弱点，取得比赛胜利所采用的手段和方法。根据攻防的基本特点，足球战术可分为进攻战术、防守战术和比赛阵型三大部分。在进攻和防守战术中，又分别包括个人、集体与全队的攻防战术。

### 一、进攻战术

为了最终实现射门得分，场上队员有意识地传球和跑位所组成的战术方法，称为进攻战术。

#### （一）进攻战术原则

1. 宽度原则，指进攻者尽可能利用场地宽度（边线与边线之间距离），使防守队员被迫扩大横向防守，拉开和制造更多的空当便于进攻。这一原则要求进攻队既能发动边线进攻，又要善于中路突破，边线和中路进攻变换使用，始终针对对方防守薄弱环节组织进攻。

2. 渗透原则，这是指横向拉开对方防线后的纵向进攻。在中前场稳妥地向前推进时，伺机采用快速渗透性传球，造成射门得分机会。掌握好快慢相间的比赛节奏，是一个优秀足球队成熟的标志。它是足球比赛的艺术，是在长期训练与比赛中逐步形成的。成功的战术配合是建立在多变和突然性基础上的，稳步推进中暗藏着杀机，一旦拉开空当，突然攻击，使对方措手不及造成失分。

战术运用要灵活多变，变换速度、方向和进攻的节奏，还要创造性地发挥个人特长，造成更多的射门机会。一个优秀足球队要掌握几种比赛节奏，不等对方完全适应，就又改变了进攻节奏，使本队永远控制场上的主动权。

（二）进攻战术方法

1. 按进攻方向可分为边路进攻和中路进攻。

边路进攻一般是指进攻的最后阶段发生在前场禁区线以外区域的进攻。边路进攻主要目的在于利用宽度原则，拉开防线，创造中路包抄射门得分的机会。

中路进攻一般是指进攻最后阶段发生在前场中间区域的进攻。中间地带正对球门，一旦突破防线，便可直接威胁球门。但这一区域又是对方重兵密集保护地区，突破中路要比边路突破难度大。这里由于射门角度最大，是攻守争夺最激烈地区。

2. 按进攻推进速度分为快速反击和层次进攻。

快速反击是指积极拼抢中一旦得球，趁对方立足未稳，把球快速、准确地输送给处于有利位置的中、前场队员，迅速发动进攻。从前场发动的首先要考虑中路反击，这样能尽快插入对方的腹地，抢先射门得分。

层次进攻是指有组织有步骤，层层推进的一种进攻方式。这是经常采用的打法，当从后场得球，对方又很快地退守回防时，就只能稳妥地处理球，逐步布阵发动层次进攻。这种打法成功的要素是讲究比赛节奏，充分利用进攻的宽度，把握渗透原则，打法讲究细腻，并需具备优良的身体素质。

（三）进攻战术

1. 个人：跑位、摆脱、传球、射门、运球突破、接球、掷球。

2. 局部配合：掩护配合、传切配合、二过一配合及三人配合等。
3. 全队：边路、中路、转移、反击等。
4. 定位球：开球、角球、球门球、任意球、掷界外球、罚球点球。
5. 战术阵型："4—2—4"式；"4—3—3"式；"4—4—2"式；"3—5—2"式；"5—3—2"式；"1-3-3-3"式等。

### （四）个人进攻战术

个人进攻战术是指个人在比赛中配合全队攻守战术而采取的动作和方法。

1. 跑位

比赛中无球队员不断进行有目的的跑位，对完成全队的战术配合起着极其重要的作用。跑位是为完成全队的战术配合服务的；根据不同的战术目的，跑位分为接应跑位、拉扯跑位、切入跑位等。不论哪种跑位，都要掌握好跑位的时机、方向和地点。跑位时机要恰到好处，若跑得早，同伴可能传不出球或看不到，同时易被对方识破，起不到应有的战术作用。所以跑位要在同伴可能传球时，突然摆脱防守及时跑位。跑位的方向有三个，向前跑、向后跑和向两侧跑。向前跑是主要的、积极的，首先考虑能否向前跑，加快推进速度；其次才是向后、向两侧跑，接应控球或拉扯空当。在中后场控球，队员要积极向前跑位，向前传球是可取的。在前场距门40米左右，跑位则是在球前面的队员向后跑位拉出防守队员，制造空当，在球后面的队员则突然插入空当接传球，突破防守。跑位方向要因场区而异，不可千篇一律。跑位地点同样注意不要几名队员跑一个方向一个地点。跑向对方球门是最有威胁的。所以在跑位时要注意协调配合，几名队员跑位要注意先后次序，跑位要有层次，防止跑向一个地点，一个方向。另外，每名队员不应只做一种一次性的跑位，而是要根据比赛实际不断调整，改变跑位的目的、方向和位置。跑位在足球比赛中的地位至关重要，跑位是拿球的前提，如果没有好的跑位，队友是不会将球传给你的，即使得到了球也不可能很好的组织进攻，同时整个队伍也不会形成一个完美的进攻阵型。

2. 足球中的基本跑位方法

(1) 套边跑：就是跑位队员从持球队员身后插入外侧的跑动。这种跑动方式常常被用在边前卫和边后卫的配合中，当边前卫拿球时，边后卫利用对手上前防守背后留下空当的时机，从边前卫身侧后插入助攻。此战术在注重边路进攻的球队中经常可以看到。

(2) 身后跑：就是进攻队员插向防守队员的身后。这种跑位方法在中路配合进攻时经常被前锋队员利用。当前锋插向防守队员身后时，中场队员看准时机将球塞给前锋队员，前锋就此直插对方防守要害，给对方以致命打击。由于中路是各个球队的防守要地，每个球队都会囤积重兵防守，所以这种具有危险性直塞成功的传插配合，需要跑、传队员之间很好的默契。

(3) 斜线跑：是指近似球场对角线的跑位。斜线跑分向外斜线跑和向内斜线跑。向外斜线跑的主要目的是在一边进攻无法进行的情况下，将球转移至防守薄弱的另一边。向内斜线跑主要是在反击中跑位队员向拿球队员靠拢时所采用的战术。

跑位战术对队员的意识要求要远远强于对队员的技术要求，它考验的是球员阅读比赛和操控比赛的能力。所以，要想提高自身的跑位水平，不仅要提高自己的技术，更要提高自己的战术意识。跑位意识包括摆脱、插入空当、传球接应等。

摆脱，常常作为跑位的前奏而与跑位联为一体。摆脱一般指进攻队员为避开对方防守队员盯防而采取的各种有目的的身体动作。如虚晃、突然起动、变向跑、折返跑等，都是构成有效跑位的重要条件。现代足球中跑位更是指无球队员在本队进攻时为自己或同伴创造更好的接传球、射门等机会所实施的有战术意识、战术目的的战术行动。在比赛中，只要本队获得控球权，就应及时地根据持球队友的位置、对方队员的布局状况和球所处的场区（也就是通常所说的阅读比赛），摆脱对手去积极地寻求进攻空当。

传球，是集体配合的基础，它是完成战术配合，创造射门机会的主要手段。选择传球目标、掌握传球时机和控制传球力量是传球的主要战术内容。传球按距离可分为短传（15米以内）、中传（15~29米）和长传（30米以上）；按传球的高度可分为地滚球、低平球和高空球；

按传球的方向可分为直传、斜传、横传和回传。

传球目标，一般可分为向脚下传和向空当传两种。比赛中向空当传，特别是向前方空当传可以增加进攻速度，能有效地渗透防守线，对对方威胁最大，是主要形式。但比赛实际也需要向脚下传和横传、回传。这些传球的目的是为了更好的控制球，掌握比赛的节奏，为有效地向前、向空当传作好准备。过多的向脚下传和横传、回传虽能控制球，但对对方威胁甚小；而单一的向前、向空当传虽推进速度快，却易被对方识破而降低进攻成功率。所以两者必须有机结合、灵活应用，才能达到最佳战术效果。

比赛中当控球者同时可向几个队员传球时，应传给对对方威胁最大的球员，一般向前、向空当跑的队员威胁较大，就应及时、准确地将球传向这些空当。

传球力量，应能既不利于防守队员的抢截，又有利于接球队员处理球。当向被对手紧逼的同伴传脚下球时，传球力量要大些；向空当传球时，由于要求球到人到，传球速度应与同伴到空当跑速相吻合；向前方空当传球时，若突破队员速度快，防守的补位队员也较远，对方守门员不易出击截球的情况下，传球力量可大些，以利发挥突破队员的速度。

3. 传球的时机

一般有两种情况：

（1）传球在先，跑位接球在后，即传球指挥跑位。这种传球主要是控球者通过传球，指挥接应者按传球路线进行跑位接球来实施战术意图。如转移进攻，当一侧边路进攻时，能吸引对方大量队员在该区布防，这时控球者突然又将球转移到异侧边路，异侧队员及时插向该空当进行快速进攻。又如快速反击，控球队员截得球后，快速将球传向防守队员身后空当，接球队员快速插向空当接球，实施射门。这种传球，一定要突然、快速，接球队员也应快速跑向传球点，否则易被对方识破，战术也难以奏效。

（2）跑位在先，传球在后，即跑位引导传球。这种传球主要是指数个接应者同时各自跑向空当，控球者应选择最有威胁空当进行传球。

如前卫队员在中场得球后，相邻前卫靠拢接应，边后卫从边路插上，中锋回撤接应，另一中锋插向该中锋拉出的身后空当，这时控球队员选择中后卫身后的空当进行传球。这种类型传球的最好时机，是在同伴疾跑将要超越对手的一刹那。若传早了，同伴还未靠近对手，则防守队员来得及转身先得球；若传晚了，则可能造成同伴等球，防守队员能及时转身截球，还会造成同伴越位。

以上两种传球，一般来说，第一种属单点单线，隐蔽性较差，但只要传球突然、快速、准确，仍有一定的威胁。第二种传球属多点多线，传球者有充分选择的余地，有较大的隐蔽性，防守者不易防守，战术成功率较高，是主要传球形式。

4. 运球突破

运球是突破进攻战术中极为重要的个人战术。当今世界足球运动日益发展，对足球技术、战术要求越来越高，各种技、战术的完成都是在高速度、强对抗的情况下进行的。运球技术在足球运动中始终占有很重要的地位，它在比赛中可以变换进攻速度，掌握比赛节奏，在对方密集防守时，可以用运球技术摆脱对手，强行突破，破门得分或造成对方犯规获点球。另外，运球过人可形成局部的以多打少的局面，突破对方的防线，打乱对方的阵型，寻找到有利的空当射门得分。运球过人技术是足球基本技术，也是在比赛中最常采用的技术，随时出现在比赛的进攻和防守之中；特别是在对方门前作战，面对对方严密防守和贴身盯防，运球过人技术熟练合理的运用尤为重要。运球过人突破防守的方法有强行突破、假动作过人突破、人球分过突破等。

5. 射门

足球比赛的最终目的是射门进球。任何进攻，不论组织的如何漂亮，但没有把球射进球门，也就失去了任何意义。队员应该明白，一个队比赛的取胜，只有通过射门，才有可能变成现实。

射门次数是射门成功率的重要前提条件，射门成功，更多地还依赖于把握良好的射门机会以及射门准确性和力量，就射门质量来看，准确、突然、有力是其最核心的三要素。准确是射门的前提，在准确的基础上，要射得突然。它往往能使对方守门员猝不及防。射门力量也是很重要的一个因素，尤其在远射时，力量更能显示威力。

**（五）集体（局部配合）进攻战术**

集体战术是指两个或两个以上队员在比赛中，为了完成全队攻防任务而采用的局部协同作战的配合方法。个人战术是集体战术的组成部分，集体战术是一系列个人战术的综合。它包括"二过一"战术配合、"三过二"战术配合和反切配合等进攻战术。

1. "二过一"战术配合

顾名思义，"二过一"是两个进攻队员通过传球配合突破一个防守队员。"二过一"配合是集体配合的基础，可以在任何场区、任何位置上运用这种方法来摆脱对方的抢截或突破防线。"二过一"配合是进攻的两个队员之间相距10米左右，进行一传一切的配合。要求传球平稳及时，一般多用脚内侧、脚外侧等脚法，传地滚球为主。传球的位置，尽可能是接球人脚下或前面二三步远的地方。

比赛中在任何地区、任何位置都可以运用"二过一"配合摆脱抢截或突破防守，它是通过队员传切配合，在局部地区以多打少的基础战术配合。常用的"二过一"配合有：

（1）斜传直插"二过一"配合。斜传直插配合，进攻队员作斜传，接球队员直接插到对方的身后空档接球，突破对方的防守（见图3-90）。

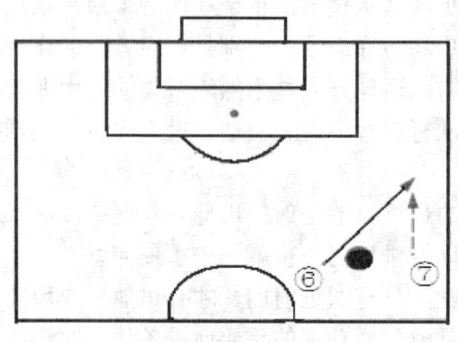

图 3-90

(2) 直传斜插 "二过一" 配合。直传斜插配合，进攻队员直线传球，接球队员从对方防守队员的内线空档斜线插入到他身后空档接球（见图 3-91）。

要求：持球队员用运球或其他动作诱使防守者上前阻截，这就为传球创造了条件。插入的队员用突然快速起动接球。但要注意起动时间，避免越位。

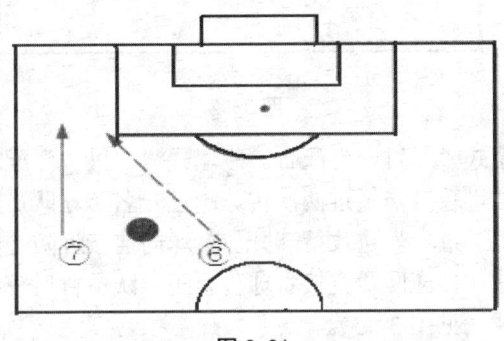

图 3-91

(3) 回传反切 "二过一" 配合。回传反切 "二过一"，进攻队员回撤接球，防守队员紧逼，持球队员将球传给接应队员，回撤队员接球后再回传给持球队员或直接回传给持球队员，立即返身切入防守队员身后空档接球（见图 3-92）。

对持球队员的要求：运球至接球队员 8~10 米处传球，向接球队员脚下传球，传球力量稍大，接回传球后立即将球传到防守队员身后空档。

对反切队员的要求，回撤接球要逼真，以引诱防守队员实施紧逼，回传的球应向持球队员脚下传球，传球力量稍大，回传后迅速转身插向防守队员身后空档。

运用回传反切 "二过一" 时要有一定的纵深距离，特别是在罚球区前中间地区更要估计到守门员可能出来断截的情况。

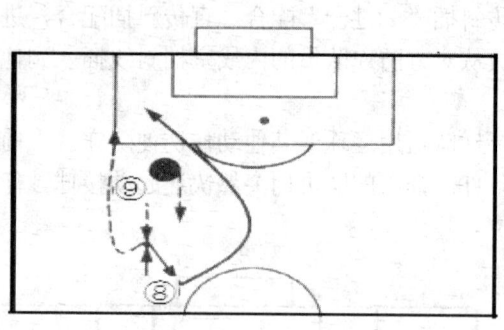

图 3-92

（4）踢墙式"二过一"配合。踢墙式"二过一"配合方法是在局部地域，两名进攻队员通过两次传球越过一名防守队员的战术手段。

踢墙式"二过一"进攻持球队员带球向前接近防守队员后向接应队员脚下传球，接应队员直接将球传至防守队员背后空档，持球队员快速切入接球（见图 3-93）。

对控球队员的要求：带球逼近防守队员 2~4 米处传球，最好传地滚球，力量要适度，球要到位，传球后立即快速切入，准备接球。

对做墙队员的要求（即接应队员）：控球同伴带球逼近防守队员时，做墙队员要突然向侧后方摆脱防守者，并侧对进攻方向，以利于传球；一次触球，力量适度，传球到位，尽量传地滚球。传球后立即跑位，寻找再次进攻的有利位置。

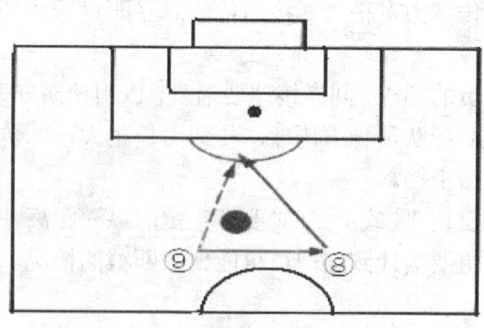

图 3-93

(5) 交叉掩护"二过一"配合。进攻队员持球向内线横斜向运球，防守队员紧逼。接应配合队员向进攻队员运球方向跑动靠近，在进攻队员与接应配合队员交叉时，进攻队员通过运球和身体的掩护将防守队员挡住，接应配合队员突然启动并接过进攻运球队员脚下球，在进攻队员掩护下带球切入突破防守（见图3-94）。

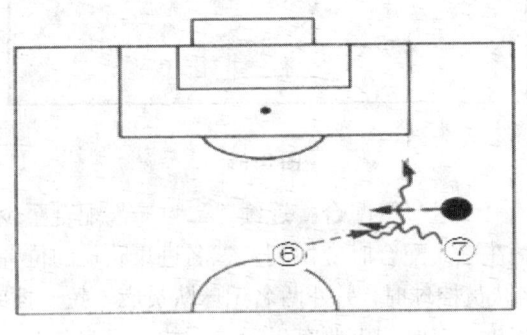

图 3-94

2. "三过二"战术配合

三人进攻配合，一般指在局部区域由三名进攻队员攻击两名防守队员（即"三打二"）的战术配合方法。它与两人进攻配合相比，因进攻面广，传球的点与路线一般有两个以上，所以战术变化比二人配合要多，对防守的威胁也较大。因配合是由三人组成，其复杂性和困难程度比两人配合大，对队员的要求也更高。三人进攻配合战术，一般可分为第二空档、连续"二过一"配合。

(1) 第二空档，是指当一名进攻队员跑向一个有利的空当（第一空当）并牵制一名防守队员时，使原区域出现了空当（第二空当），第二个进攻队员迅速插向第二空当与控球队员利用传切配合战胜另一防守队员，突破防守（见图3-95）。

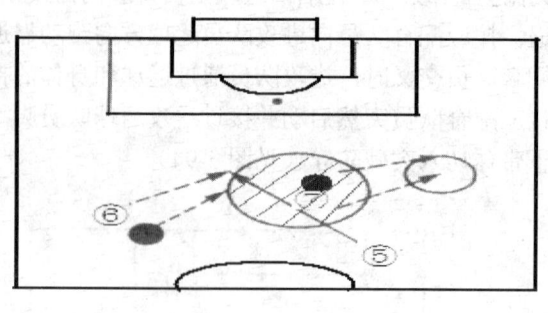

图 3-95

(2)连续"二过一"配合:连续"二过一"配合至少由两组二过一配合组成。在三人配合时应做到,三名进攻队员的位置基本上呈三角形。当一名队员控球时,另外两名无球队员应一拉一插或一接一插,不能重叠插和接,在时间上要有先后,不能一起跑向同一个点造成位置重叠。控球者在传球前应注意观察,选择最有威胁的进攻配合点(见图 3-96)。

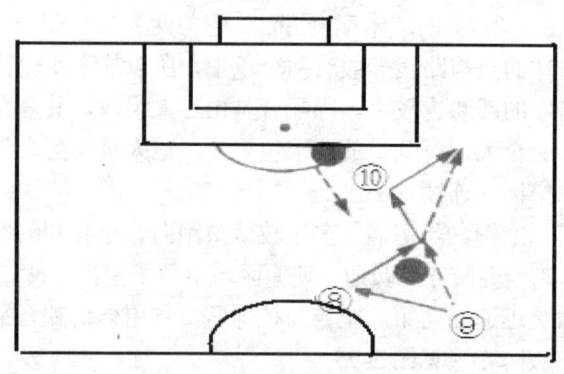

图 3-96

3. 集体(局部配合)进攻战术练习方法

(1)两人一组,徒手模仿斜传直插"二过一"配合、直传斜插"二过一"配合、回传反切"二过一"配合、踢墙式"二过一"配合、交叉掩护"二过一"配合的传球、插上跑动、接球、运球等几个环节的运行路线。

（2）两人一组，做结合球的斜传直插"二过一配合"、直传斜插"二过一"配合、回传反切"二过一"配合、踢墙式"二过一"配合、交叉掩护"二过一"配合的传球、插上跑动、接球、运球练习，演练这几个环节的运行路线。熟悉掌握传、跑、接路线和传接球力量的控制。

（3）两人一组，做固定防守（标杆）"二过一"战术配合练习。两人相距10米左右，进行斜传直插"二过一"、直传斜插"二过一"、回传反切"二过一"、踢墙式"二过一"、交叉掩护"二过一"的传接球配合练习。

（4）做有防守队员（防守队员要消极防守）的斜传直插"二过一"、直传斜插"二过一"、回传反切"二过一"、踢墙式"二过一"、交叉掩护"二过一"等几种方式的"二过一"战术配合练习。

（5）徒手做"三过二"战术中第二空档传接配合跑动路线练习。队员三人一组听口令，按照第一跑动人、第二跑动人的顺序作熟悉跑动路线练习。

（6）三人一组，结合球做"三过二"战术中第二空档传接配合练习，前卫在中场附近拿球，前锋第一人在前场罚球区右侧附近，前锋第二人在前场罚球区左侧附近。前锋第一人向回跑动准备要接前卫传球，前锋第二人向前锋第一人跑动扯出的空当插上准备接前卫的传球，前卫拿球假传给第一接应人，待第二接应人插上时，将球快速传给第二空档插上的队员。

（7）做有防守队员（防守队员要消极防守）的，"三过二"战术中第二空档传接配合练习。方法同练习6相同。

（8）连续"二过一"配合练习。三人组，①持球②③为固定传球者，相距10米左右站在一条直线上。①相距②直线距离10米，横向距离8~10米运球，②迎球接应，①传给②，②横斜向①跑动，传球给①做二过一配合，①再直接将球传给③，③横斜再传给①做连续二过一配合，依次反复练习。

(9) 有防守的"二过一"配合射门练习，三人一组，两人进攻一人防守，进攻者根据防守者的位置练习"二过一"配合并结合射门。

(10) 有防守的"三过二"配合射门练习。五人一组，三人进攻两人防守，进攻者根据防守者的位置练习"三过二"第二空当战术配合并结合射门。

(六) 全队进攻战术

是指比赛中一方获得球后，通过队员之间的传递配合达到射门的目的而采用的配合方法。与局部进攻战术相比较，全队进攻战术的进攻面比较广，参加进攻的人员和传球路线更多。

1. 边路进攻：利用球场两侧地区发起进攻的方法叫边路进攻。边路进攻是全队进攻战术的主要形式之一，其主要特点是有利于发挥进攻速度，打破对方防线制造缺口；包括前场局部边路进攻和全场全队边路进攻（见图 3-97、3-98、3-99）。

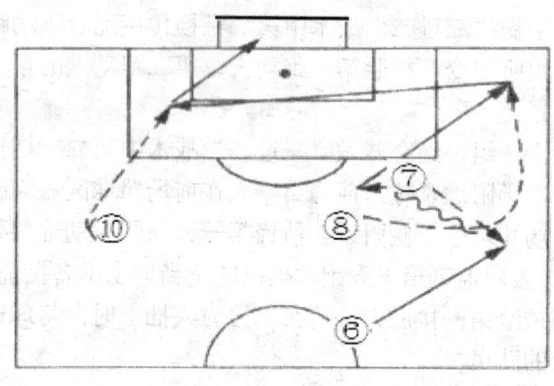

图 3-97

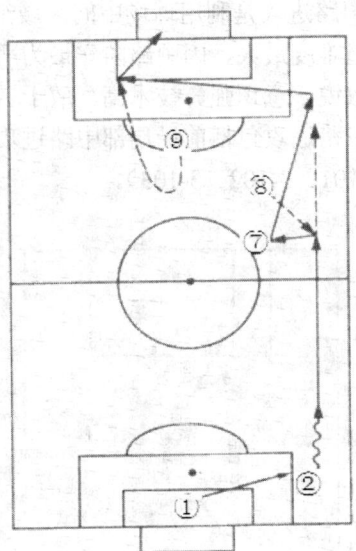

图 3-98

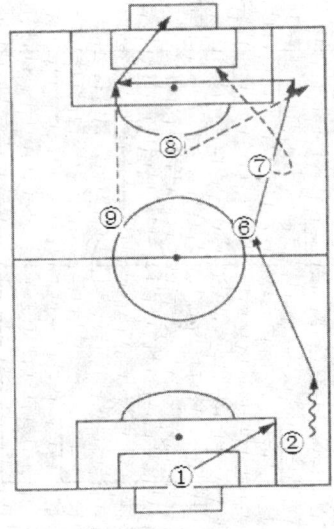

图 3-99

2. 中路进攻：中路进攻是利用球场中间区域组织的进攻。这种进攻虽能直接射门，但难度最大，因中路防守最为严密，前面的攻击队员必须是反应极其敏锐、意识强、技术高、敢于冒险、速度快和善于跑位策应的队员。中路进攻包括前场局部中路进攻和全场全队中路进攻（见图 3-100、3-101、3-102、3-103）。

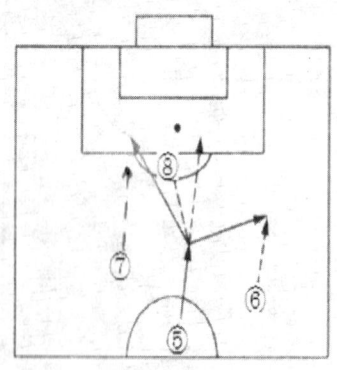

图 3-100

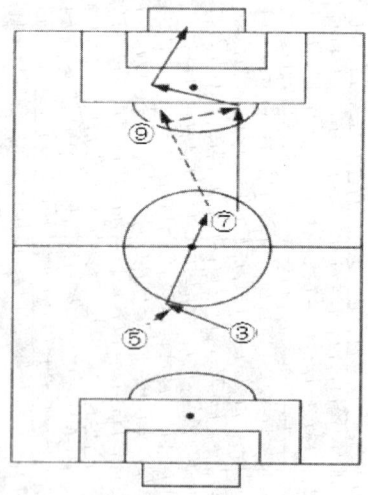

图 3-101

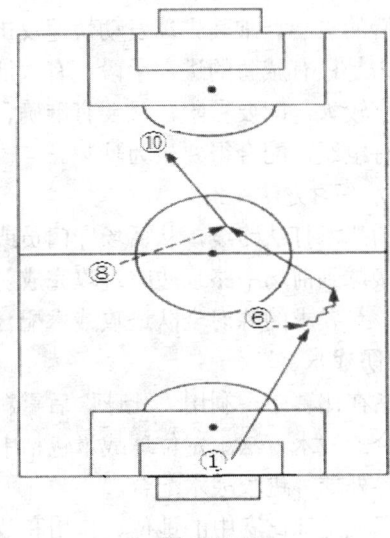

图 3-102

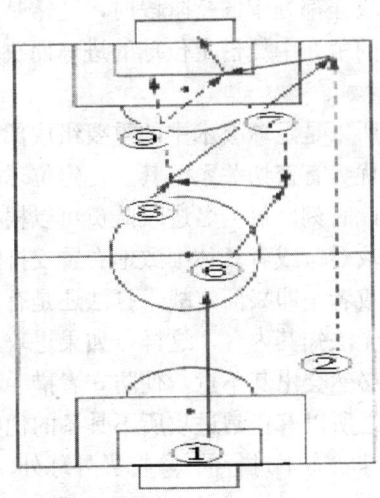

图 3-103

3. 快速反击：比赛中当攻方进攻时，后卫线往往压至中场附近，防守人数也由于插上进攻和助攻而相对减少,此时如能抓住对方防区空隙较大和回防较慢的机会,乘其失球发动快速反击,往往能取得良好的效果。快速反击是最有威胁的进攻手段,有效地进攻在于突然快速地反击,但其难度较大,即要冒险,又要有准确、快速的传切配合技能。快速反击要有组织,配合得要极为默契。

4. 全队进攻战术练习方法

(1)按照规定的战术打法路线,从后场守门员或后卫线开球发动进攻,经过前卫传接球到前场中路或边路进攻完成射门,反复练习。

(2)分队比赛,有要求的练习全队进攻战术配合。

(七)**定位球攻防战术**

定位球战术是指在比赛中,利用"死球"后重新开始比赛的机会组织进攻与防守配合的战术方法。定位球战术包括中圈开球、角球、任意球、点球、掷界外球等进攻战术配合。

定位球战术在现代足球比赛中的地位、作用和效果已经显得越来越重要了;任意球和角球往往左右赛势与胜负。在许多比赛中我们可以看到,在双方的攻守都处于僵持阶段时,经常是定位球影响场上局势;而在两支强队的争夺中凭借定位球的进球而决定最终结果的战例也屡见不鲜。

定位球战术之所以是足球战术中的重要组成部分之一,这与定位球战术的本身特点优势有密切关系。其一,定位球战术在开球前有充足的准备时间,在此时刻,每一名进攻队员可以根据对手情况随意灵活地选位和商量进攻对策或者具体细致地布置安排既定的进攻战术计划。其二,无论进攻者是即兴商定战术打法还是有目的地执行既定战术计划,防守者都无法知其内容,这样,如果进攻者能准确如愿地执行这些战术配合,必然会出其不意,使防守者措手不及,易于取得成功。其三,定位球之所以有正常进攻所不具备的优势,原因在于:执行定位球均是在死球状态下进行的,除掷界外球外,对手至少距球 9.15 米以外,防守者没有办法对罚球者进行紧逼盯防,所以进攻方可以按照事先演练的一些战术进行有效的进攻;由于定位球均是在死球状态下进行的,所以进攻方可以有更多的球员投入到进攻中去,这给对方防守施加了更大的难度；此外，随着现代足球运动技战术的发展，球员可以踢出更高质量的弧线球，这也是定位球的得分率有了很大提高的一个重要原因。

定位球技战术愈来愈被世界足坛所重视，特别是角球和罚球区附近的任意球战术，具有更大的进攻威胁，因为比赛的结果常常以一个定位球决定了关键性比赛的胜负。据不完全统计，比赛中40%左右的进球源于定位球。在比赛实战中可以看到，在定位球进攻战术配合上，简练的一次配合创造射门机会，往往奏效，战术配合越复杂成功率就越低。因此必须重视定位球攻防战术的训练，才能在比赛中取得好的效果。

1. 任意球攻防战术

任意球进攻，特别是前场任意球进攻，是当今足坛破门得分的最锐利的武器之一。在比赛中常用的进攻方式，一是直接射门（直接任意球），二是两人配合射门，三是三人或三人以上配合射门。

任意球进攻战术的选择，主要取决于队员特点和场上的具体形势。一般来说，在发任意球时应遵循几个原则。

（1）前场任意球特别是罚球区附近的任意球机会在高水平比赛中非常难得，在组织进攻战术时必须考虑周密，认真对待，力争成功。

（2）在执行任意球进攻战术时，罚球队员只要有可能直接射门的就应该果断直接射门，能作简单战术配合的尽量作简单战术配合，不作复杂的或过于复杂的战术配合，避免贻误战机。

（3）任意球进攻过程应尽可能快速，特别是在前场获得任意球时，在防守队员不影响罚球时，持球队员在防守队员还没有站好防守位置时尽快罚球，直接射门或直接传给插进的同伴，以最短的时间创造得分战机。

（4）罚任意球前，每一队员应根据场上站的位置、个人特点和赛前布置及时到位，做到既有计划准备，又能随机应变。

（5）前场任意球失败后，距球较近的队员应尽快靠近持球队员，就近进行抢截，阻止对方进攻速度。其他队员必须迅速回撤到位。形成防守布局。

一般说来，战术配合简练，成功的可能性就会大些。能对对方构成较大威胁的是发生在罚球弧处的任意球，但是比赛的实际告诉我们，这个地域的任意球机会较少，而罚球区两侧的任意球机会较多。

2. 任意球直接射门进攻战术

无论在场地中间或两侧获得任意球的机会时，只要有可能射门，最好的办法就是直接射门，随着防守队排墙人数的增加，直接射入对方球门变得更加困难，因此，主罚队员更需要掌握高超的射门技术和踢弧线球的技术；同时进攻队队员常采用在对方人墙的两侧或中间"夹塞"的办法，或者在罚球点自行排成人墙，来遮挡守门员的视线，使其看不清罚球队员动作，而在射门时这些队员迅速让出空当，使射出的球通过空当，射向球门。任意球直接射门进攻战术战例（见图3-104、图3-105、图3-106、图3-107）。

如（图104）6号队员主罚，8、9号队员分别排在人墙的侧前面。在9号队员射门前，8号队员起阻挡守门员视线的作用。射门时8号和9号队员迅速离开人墙，球从8号、9号离开的空隙中穿过，射至近角，使守门员难以防守。当然这种射门的难度比较高。

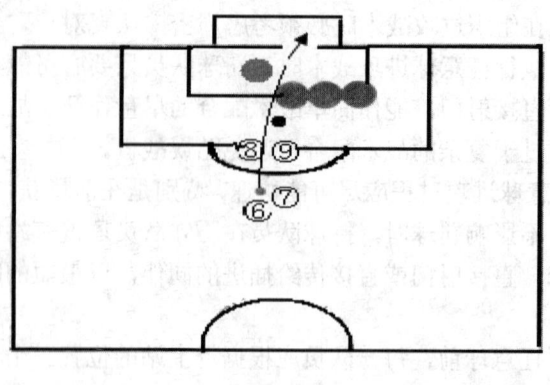

图 3-104

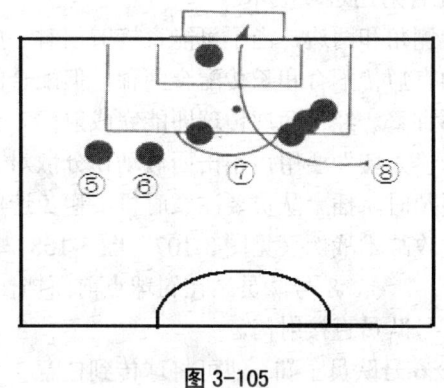

图 3-105

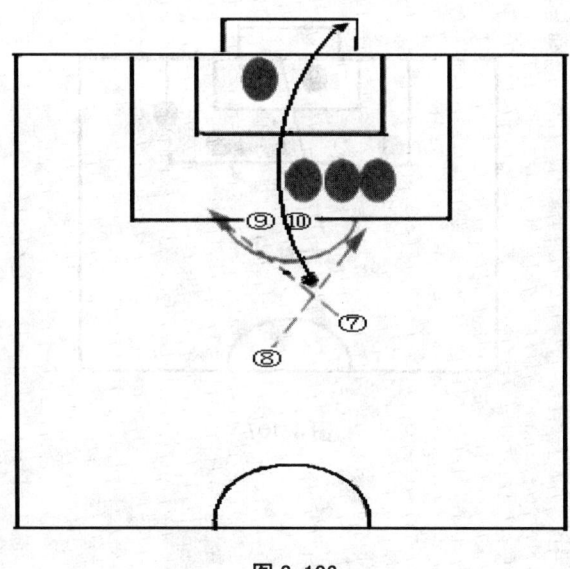

图 3-106

如（图 105）8 号队员主罚直接弧线球射门。如（图 106）7 号、8 号队员都站在罚球点附近，使对方不知道会由谁来主罚任意球，可利用错觉获得射门成功。图 3 发任意球方法是 7 号、8 号其中有一队员假踢真跑,转移防守队员的注意力,另一队员紧接着直接射门。

3. 任意球配合射门进攻战术

在罚球区的侧角和两边,当不可能直接射门时,则应进行配合射门。经常采用的有短传配合和长传配合两种,但配合的传球次数宜少不宜多,宜简不宜繁。经一两次传球即能完成射门。传球和射门配合要默契。为避开"人墙"要用声东击西假动作分散对方注意力争得射门机会。传球要及时,插上队员要注意时机,避免造成越位犯规。任意球配合射门进攻战术战例(见图 3-107、图 3-108、图 3-109)。

如(图 107)7 号、8 号队员站在罚球点前面挡住守门员视线,4 号队员传球给 5 号队员直接射门。

如(图 108)6 号队员主罚,他可将球传到任意一个点使其同伴插上射门。

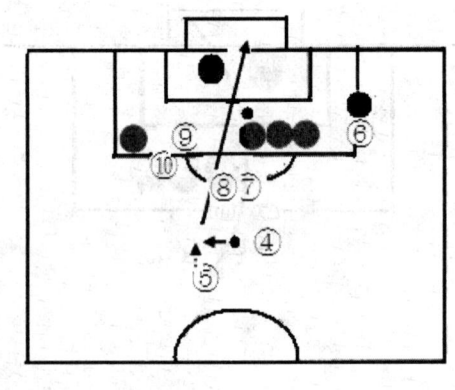

图 3-107

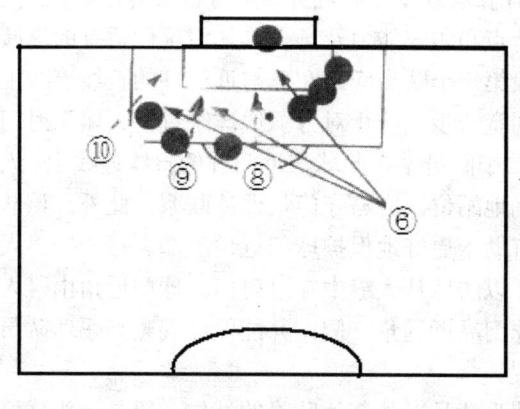

图 3-108

如（图 109）6 号队员主罚将球传给 7 号队员，7 号队员传中，其他队员在中路、边路包抄射门。

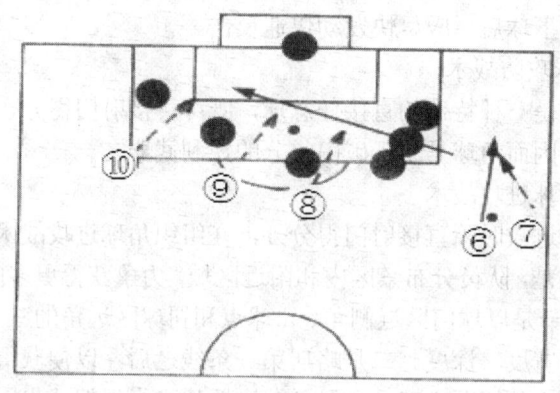

图 3-109

4. 任意球防守战术

当对方在中后场罚任意球时，防守队员需要很好地组织和站位。如果在前场罚任意球，则必须要排"人墙"；排"人墙"队员的人数取决于球所处的位置。一般来说，球在球门正中方向，排六名队员；球与门成 70 度左右位置。排五名队员；球与门成 40 度左右位置，排四名队员；球与门成20度左右位置，排两名队员。每个队员也可根据攻守双方队员特点和防守能力及场上具体情况做适宜的增减。在排四名队员时，一般第一个队员应站在球与近门柱的直线连线上，然后向外侧横跨与肩同宽一步以防止对方弧线球绕过"人墙"射门。也可指定"人墙"的第二个队员站在此球与近门柱的直线连线上。人墙的第一个队员为能精确地站位，应与守门员保持联系。此外，该队员的身材应高大些，这有助于更好地保护球门近角上端。每一排"人墙"队员必须贴紧站立，以防球从人缝中穿过射门。球门近角由"人墙"封堵，守门员站在球门靠近远角一侧，并能保证观察到踢球队员及其附近队员活动的位置。

排"人墙"队员以外其他队员的站位一般是：头球好的防守时盯住对方空中争顶能力强的队员；中锋盯住对方插上的盯人中卫或拖后中卫；其余队员盯住自由进攻者，或站在墙的侧后起保护作用；另外派一名速度较快且运球能力较强的队员站在中线附近准备反攻。一旦防守成功抢下球后，应尽快发动快速反击。

5. 角球攻防战术

角球也是一种特殊的直接任意球，既可直接射门得分，又可组织配合射门，因而角球是易于破门得分的锐利武器之一。

（1）角球进攻战术

发角球进攻时除直接射门得分外，在组织角球进攻战术中，站位的基本原则是，队员分布禁区内和附近区域，力争获得更多的进攻点。站位形式：一是以球门区近侧角、罚球点和罚球区远角的三点所构成，形成进攻的宽度、深度。二是略居第一条线之后，以便获得同伴回传球和对方顶出的短距离球。有时角球进攻战术中根据战术需要，角球区附近也站一名队员，他或为短传配合或为诱惑防守者，分散中路防守的注意力。角球进攻的方式通常有四种：一是内弧线球至近球门柱或远球门柱。二是外弧线球至近门柱或远门柱。三是低平球或高吊球至近球门柱或远球门柱。四是短传配合。

在选择采用以上角球进攻方式时，首先需考虑的是对方队员和本方队员特点以及对方站位形式。一般来说，当防守者具有强于本队的空中争夺能力或队员集中于门前时，最好避免直接长传至门前。此外，角球进攻战术方式还需要考虑到阳光、风力等气候因素。特别值得提出的是，角球进攻战术应尽可能有变化，因为只有不断地变化，才可造成守方防不胜防，措手不及。在各种长传球至门前时，如果没有直接顶或射门的机会，触球者应通过头或脚把球传给位置较佳的同伴创造更好的射门机会。由于角球进攻时大多数队员在前场参与进攻，因此，当对方从角球进攻中抢断得到控球权时，进攻的每一队员要及时回撤到位，以防对方快速反击。

随着足球技术的不断提高和角球的战术的发展，已使角球进攻的威胁大增。角球进攻战术可分为：短传角球战术配合和长传角球战术。角球进攻战术战例（见图3-110、图3-111）。

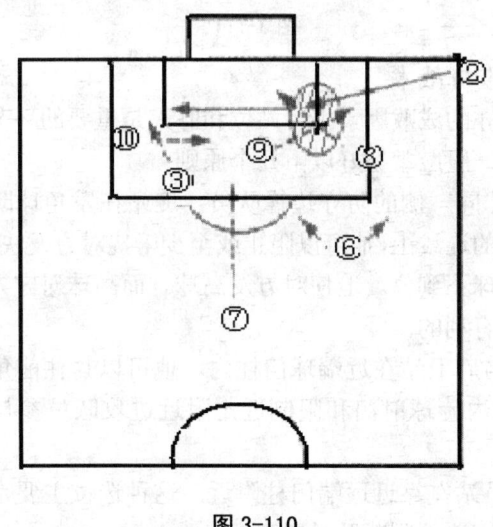

图 3-110

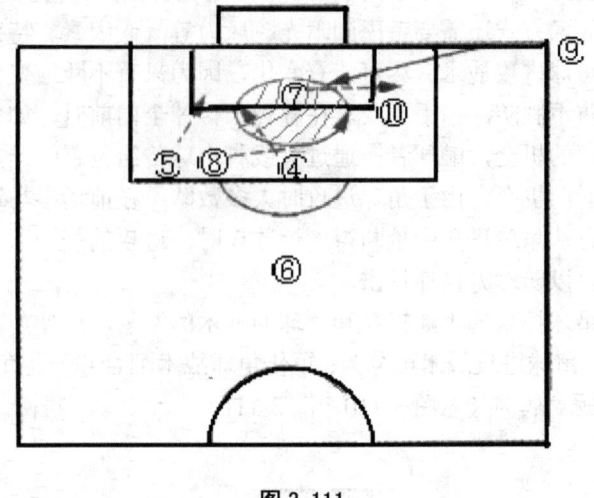

图 3-111

（2）角球防守战术

在角球防守的成败因素中，站位和盯人是重要的环节之一。对角球站位和盯人一般应掌握好以下几个原则：

1）发角球同一侧的防守边锋队员，应站在发角球队员的前面、角球区和球门的连线上，他可以阻止或至少干扰对方发快速的低平球，使其发出的角球不到位。迫使对方发高球。而高球对守方队员，包括守门员是极为有利的。

2）有一名后卫站在近端球门柱内，他可以封住前角。防止进攻发角球队员发内旋球射门和限制近角附近进攻队员参与进攻战术行动。

3）守门员站在靠近远端门柱附近。这种选位主要是便于观察场上情况，作出正确的判断及时出击。

4）空中争顶能力强的防守队员盯住头球好的进攻队员，把对方重点队员和头球好的队员一定要看好盯死。

5）禁区内一定要每人盯一人，最好是拖后中卫不盯人，随时随地补应。

6）中场布置快速反击队员。将一个快而运球技术好的队员布置在中线边上，他的主要任务是在本方抢下球后作为"目标人"接球，在对方防守没有组织好之前，发动快速进攻。

7）其余队员根据本队防守战术思想要求和进攻者的站位情况，分别选位和盯人。

8）防守队员始终站在被防队员和球门线中点的连线上，而且要既能看到球又能看到人，要干净利索地把踢来的角球踢出罚球区。

掌握好正确的站位和盯人的原则是有效防守的基础，但为了保证站位和盯人的实际效果，角球防守时还应注意以下几点：

1）每一盯人者与被盯者的距离应保持适当。一般说来，他应尽可能站在既能观察到对手和球，同时又能先于对手接触球的位置。

2）当对方发球时，每一防守者切勿把目光集中于球上而忽略了被盯者的行动。

3）由于角球攻守中，门前攻守队员较多，防守队员在触球时应尽量干净利索地处理球，以免因控制球失误而给球门造成危险。

4）在门前争夺中，防守队员既要勇猛，但又要小心，以防犯规而造成罚球点球。

5）在抢下球后，拿球队员应尽快发动进攻，其余队员应迅速压上。

## （八）掷界外球攻防战术

1. 掷界外球进攻战术。足球比赛中掷界外球的次数很多，掷界外球进攻战术明显效益通常表现于前场，它已接近了角球对双方所产生的影响和效果。由于掷界外球时接球队员不存在越位问题，进攻者灵巧的跑位加之快速、娴熟的配合，常常能造成防守阵脚混乱，取得良好的进攻效果。因此，在定位球战术中，掷界外球进攻战术也是人们极为重视的战术内容之一。

2. 掷界外球进攻的方式主要有四种：一是接球队员直接接球、运球或直接同伴配合下底传中。二是接球队员接球后直接长传转移或与同伴配合长传转移。三是接球队员接球后与同伴配合推进。四是掷球队员将球掷于门前、球门区或罚球区附近，接球队员用突然的变速变向摆脱防守、接应或插入接球，创造直接射门或威胁球门的进攻配合机会。

队员在掷界外球时，选择进攻方式和发动进攻应尽可能快，这有助于在时间上瓦解对方防守。对于接应者来说，由于对方盯人很紧，一是摆脱能力和对周围局势的洞察力要强，二是决定运用个人运球突破还是与同伴配合方式等，战术思维速度和行动要快。一般来说，掷界外球进攻的效益，主要是由正确的战术方式选择、配合过程的技战术熟练程度以及进攻队员即兴应变力所左右的。掷界外球进攻战术战例（见图3-112）。

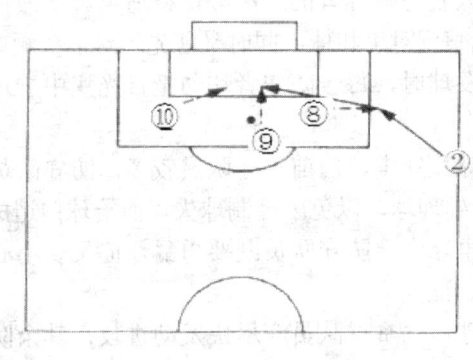

图 3-112

3. 掷界外球防守战术。在前场掷界外球时，除一至两名队员在中场准备反攻外，其余防守队员都应回位防守。由于掷界外球进攻的方式多样，合理选位是特别重要的。一般来说，掷界外球异侧的防守队员应适当向中路靠拢些，以便给向掷界外球一侧靠近的中路防守队员提供保护和减小相互间的空当距离。在防守中，在掷球局部要紧逼，特别是有可能接球队员，要死盯。对掷球队员附近的进攻队员和门前队员应盯紧，严格限制其行动范围，特别应防范对方向门前掷球的进攻配合，应注意安排头球好的队员盯住对方争顶空中球能力强的队员。对比较危险的地域和有可能出现空当的位置要重点防守和保护。

### （九）中圈开球攻防战术

1. 中圈开球进攻战术，一般对防守队球门构成的直接威胁不大，这主要是因为中圈开球时防守队有足够时间的准备。

中圈开球进攻的形式通常有两种，一是有组织配合的层层推进，利用开球进行控制球、倒脚，寻找进攻机会。这主要运用于对方防守阵脚稳定，布置严密的形势下。二是长传快攻突然袭击，这一般是在利用比赛刚开始防守者注意力不集中、站位不好、布局有漏洞，出现明显空当时采用的长传突袭，使对方措手不及。这种战术即使不能成功，也会给对方造成心理上的压力。

2. 中圈开球防守的战术，一是全队思想集中，防守者应利用充分的准备时间，选好位置，细致谨慎的部署防守，严防对方偷袭；当对方采用短传推进时，按防守原则行动，力争尽快地夺得控球权。二是在思想上要严阵以待，随时准备断抢进攻者发动的任何进攻球，尽快夺回控球权。

### （十）球门球攻防战术

1. 发球门球进攻战术在比赛中的进攻效益不太显著，这主要是由球门区域的位置特点所决定的。球门区战术进攻的形式通常有三种：一是与守门员配合后由守门员发动进攻。二是通过中短传，由两翼或中路队员组织进攻。三是长传快攻。对于以上形式而言，长传快攻威胁最大。长传快攻的运用抉择主要依赖于守方队员的回位速度。一般来说，它是在防守队员回位较慢或组织不稳且进攻队员已居于前方的形势下而采用的。要想成功运用这一进攻战术，主要的是发球门球队员传球的及时性和准确性，其次是拿球队员快速运用个人突破，一旦受阻，迅速调整寻找同伴利用快速简单战术配合突破对方防线。

2. 发球门球的防守战术：当对方发球门球时，防守的主控任务是迅速组织阵脚，每一队员要根据自己的防守任务，分别盯住对方相应位置队员或站好自己的位置。在整体位置布置中，须注意各线间的适当距离和位置间的相互保护措施。在发球门球时，有时几个防守者也可站在禁区外附近，干扰进攻者的推进或发球配合。

## （十一）罚球点球的攻守战术

任意球中也包含罚"球点球"，在罚"球点球"时，进攻队员应注意补射，守门员应注意脱手或碰球门柱反弹后的第二动作，其他防守队员应注意在守门员脱手或碰球门柱反弹回来后冲上解围。

1. 主罚队员

（1）以射准为主，以力射为辅，射球门的底角和上角为最佳位置，但要留有余地。

（2）心理要稳定，有必进的信心。

（3）先看守门员位置，决定射门方向，不能轻易改变决定。

2. 守门员防守

（1）应有必胜的信心，心理要稳定，因为对方主罚队员更紧张，守门员守不住不会受到更多的指责。

（2）可以采用故意放大一侧的方法，或者用假动作迷惑干扰对方。

（3）掌握对方射手惯用的脚法和射门方位等特点，有针对性的防守。

## （十二）防守战术

防守战术是指在控球方丢球后即刻开始的转攻为守战术方法。防守战术是建立在个人防守战术和局部防守战术基础上的整体防守战术配合，称防守战术。

防守战术在比赛中的具体运用，往往表现出一定的被动性，即受进攻战术的牵制。但就其目的而言，防守战术是扼制对方进攻并设法夺回对球的控制权。因而，其主动性仍然是极其明显的，防守战术的主动性通常体现在战术原则主动运用方面的积极抢断。为了掌握好防守战术，防守队员必须掌握好下面几个原则：

1. 延缓原则：就是延缓阻碍对方的进攻速度，为本队组织严密的防守布局争取时间。延缓原则常用于进攻失球后的即刻，完成这一任务的队员一般是离球最近的锋线队员。一般说来，锋线队员失球后的唯一战术职责就是作为防守的第一道障碍线，阻止对方有组织的快速反击。当然，在条件许可的前提下，这一队员也可以见机行事，主动积极地抢断球。做为初学者必须清楚地了解延缓的目的、原则与灵活性常常是战术奏效的不可分割的因素，而两者恰到好处的随机掌握，则来自于队员对具体赛势的分析以及整体战术意识和应变力。

2. 平衡原则：主要是指防守队员在人数上至少与进攻队员保持等量。在同伴延缓对方进攻速度时，每一防守队员应根据自己的位置职能要求，迅速回撤到自己的防守位置上并在整体布局上形成相互保护的合理站位。一般说来，初学者在练习实施这一原则时，总是要求防守队在防守人数上尽可能多于进攻队。在执行平衡原则中，延缓进攻速度的防守队员可以灵活地断截球。对于防守的队员来说，这一有助于迅速恢复控制球权的机会切不可放过。当同伴在运用延缓原则时，其他防守队员决不可把延缓作为减慢回撤速度的理由，相反每个队员都应尽可能快的回位。

3. 集中原则：是指防守队员在回位后，把注意力专注于每一位进攻者，面对进攻者要因时制宜地采取积极性的反抢行动。在执行该原则时，要以近球者紧逼，远球者适当保持一定距离为基本思想。集中防守的成败，从个人角度讲，每一队员的抢截、铲球、破坏球技术，良好的起动断抢速度以及防守意识、临场经验等起着十分重要的作用。就整体配合而言，成败更取决于队员间的保护、补位、夹击以及围抢的配合能力。

4. 控制原则：通常是针对于后场区的防守而言。其基本内容是，基于球门前面是防守区域的咽喉地带，为了确保球门安全，防守队员必须采用盯人方法，以控制对手在此区域的一切行动。盯人可采用人盯人与保护的方式，也可运用区域盯人的方式，这主要取决于本队和对方队员的具体攻守特点。但无论采用何种形式，牢牢控制对手的根本目的是不能掉以轻心的。在完成这一战术任务过程中，防守队员所运用的技术手段可包括限制进攻者靠近球、封堵控球者脚下球；抢截和追逼进攻者等等。总之，防守者必须竭尽全力阻拦和扼制进攻队员任何可能的射门机会。在执行该原则中，每一名防守队员的主要任务在于控制进攻者的一切行动，但每一名防守队员也应始终在头脑中留有随时准备反攻的意识；因为一旦抢下球就意味着进攻的开始，如果防守者能在防守中孕育着进攻的动机，那么，抢下球后必然会寻求快攻，而快攻则必然有助于进攻的威胁性。

（十三）防守战术基本因素

防守战术如同进攻战术一样，在比赛中始终是以整体意识支配着个人行动。体现着整体防守打法特征。每个队员的战术行动，都是整体打法的有机组合成分。因此，防守战术也可分个人防守战术、局部防守战术和整体防守战术，每种形式的防守战术都含有下列基本因素。

1. 选位因素：选位一般是指由攻转守后的防守队员根据自己的位置职责和当时赛势的具体情况，在整体意识的支配下，有目的地选择恰当的防守位置。选位的基本原则是，每一名防守队员在本方失球后应尽快回位并应站在进攻者与本方球门线中点的连接线上。合理的选位不仅有助于个人防守行动的效果，而且它也密切联系着整体布局的合理程度，对防线的稳固性起着重要作用。选位的基本要求是，由攻转守的选位必须及时快速，每一防守队员之间必须根据对手情况保持适宜的横向和纵向联系，提供保护和有效补位的基本条件。选位合理性对一个队员的能力要求是多方面的，而最关键则是由攻转守意识和整体防守意识。选位合理性与选位基本原则是不可分的，但它更取决于防守队员的灵机运用。一般来说，只要善于把握原则而又不受原则的束缚时，才有可能在该方面运用得十分成功。

2. 堵缓因素：堵缓一般是指且战且退，以积极主动干扰封堵对方，缓解对方进攻速度，达到化解对方快攻意图和赢得同伴防守布局的时间。堵缓是一种防守技巧，它既要求防守队员对持球者有攻击性，牵制对方行动，同时又要求必须善于洞察持球者的心理动态，保持适度，以免因攻击性较强而导致堵缓意图的失败。当然，堵缓并不排斥有效地抢截，如果在堵缓中，对方持球失控，这一机会决不应错过，但堵缓中的抢截必须慎重小心，必须拥有绝对成功的把握才可行事。堵缓战术一般运用于以少防多的局面。比如在局部攻守对垒中，由于某个或几个防守同伴被对方突破而形成以少防多时，即可运用堵缓手段扼制对方快速推进，给其他防守队员回撤争得时间。但堵缓又不是以少防多战势所独有的手段，比如由攻转守时，尽管防守人数未必少于攻者，但为了避免进攻一方长传反击和确保本队形成更稳妥地防守布置，同样可以运用堵缓手段。

3. 盯人因素：盯人是现代足球比赛中的重要防守技巧之一。盯人的基本含义是，防守者通过各种方法，紧紧跟随并看住自己的对手。其基本目的在于严密控制对手在种种战术形势下的有效行动，诸如接球、运球、传球、射门等。盯人方式主要有紧逼盯人和松动盯人两种。紧逼盯人一般适用于禁区地带或盯接近球的进攻队员。松动盯人一般是适用于盯离球较远的队员。 在运用盯人时应注意的几个问题：

（1）防守队员应该根据球的位置站在位于被盯进攻队员与本方球门线中点之间的连线上，并根据比赛情况，保持与球的适当距离。

（2）防守队员在盯人中注意力要高度集中，能够洞察周围局势，以便提前有准备地干扰被盯进攻队员接球或处理脚下球。

（3）防守队员盯人通常在固定的被盯人员或相对稳定的区域范围。为了防止盯人的漏失，每一盯人防守队员除了完成自己的任务之外，还应具备补漏意识和补漏能力，以便在同伴防守失败后仍能保证整体防守的有效性。

（4）防守盯人队员应当具备随机应变能力，当同伴防守吃紧时可见机采用夹击、围抢，当周围有球可断截时，应善于主动出击。各负其责是盯人成功的基本条件，而同伴间灵活、主动积极地协作，更能提高盯人防守的效益。

（5）防守盯人队员盯人时，在运用抢截技术时，必须谨慎小心，因为一旦失误，往往会给本队带来以少防多的被动局面，给同伴增加压力。如果抢截失误，该队员应立即回追。

（6）盯人防守对体力的要求比较高，盯人队员应根据自己体力状况，采用合理盯人方法。当体力不支时，可适当地减少盯人中的争抢，多采用盯堵方法来达到防守目的。

4. 抢截因素：所谓抢截，通常是指防守队员有意识地运用各种争抢动作，主动地向持球者发动进攻，把球抢过来、破坏掉或者是把持球者的传球断下来。它与其他防守手段的区别在于攻击性和主动性。

抢截动作在常见的抢截过程中有以下三种形式：

（1）在对手接球前断截球。这种抢截方法不仅主动、干净、利索，而且也可使防守方立即转入快速反击或迅速组织进攻。

（2）在对方接球的一瞬间抢断球。由于对方接球瞬间注意力主要倾注于球上，因此，在这种情况下抢截很容易于成功。

（3）在对方拿好球后抢截。由于对方已控制好球，所以，在这种情况下抢截成功的难度相对较大，要求抢截队员要格外的谨慎行动。

抢截成功与抢截动作的运用情况是有一定联系的。无论在哪种情况下抢截，都应在实施抢截动作运用中做到：在抢截前对周围攻守队员情况有清晰了解，并能对持球队员和对方的其他队员下一步行动有初步判断；在抢截中应该准确把握好实施抢截动作时机，以免因抢截动作过早或抢截动作过晚造成抢截失败，一旦抢截失败，必须及时追抢或迅速回到替自己补位的同伴位置上去。抢截过程中的许多失败战例是由抢截者的犹豫不决所致，因此，每一个防守队员在抢截时应注意，在没有把握情况下不可轻易拼抢、出脚，一旦看准时机，就应该坚决果断出击。

5. 补位因素：补位的主要意义是它不仅可以解脱处于某一防守困境中的同伴之危，填补由此漏洞可能带来的整体防线受损或崩溃，而且全队每一队员的补位意识和能力，也将给每一位置身于防守争夺中的队员增强信心和勇气。补位常见的方式有，空当补位，如中后卫队员插上角球进攻失败后，对方发动快速反击，而此时中后卫队员又不可能及时回到自己位置；此时另一名中后卫或同侧边后卫乃至相邻前卫可根据场上情况，迅速补到空缺中后卫位置，互相补位。再如某边后卫被对方前锋突破，此时，同侧中后卫队员去补该边后卫队员位置去封堵阻拦对方传球或突破，该边后卫队员则迅速回补到中后卫队员位置。

补位的成功与否主要取决于：防守队员之间的站位是否具有一定的纵向、横向保护联系；防守队员的整体意识和默契配合；补位队员的补位意识、反应速度和补位的及时到位。

（十四）个人防守战术

个人防守战术就是指个人的防守战术行动，个人的防守行动体现着整体防守战术的特征，是整体防守战术的基础。个人防守战术包括选位与盯人、断球、抢球、封堵等。

1. 选位与盯人

这是个人防守战术的统一整体,选择正确的防守位置才有利于盯人,而有效的盯人就要有正确的防守位置。

选位应根据比赛实际不断调整防守位置,但应始终站在对手与本方球门中心所构成的直线上。在场地的任何位置防守,都要根据要里不要外、要中不要边、要后不要前的原则选位,并在选位的同时要做到人球兼顾。只顾球不盯人,或者只盯人不顾球,都是不对的。

盯人是紧逼盯人还是松动盯人,应根据场上的活动情况灵活运用。紧逼盯人是贴近对方,不给对方从容活动的余地;松动盯人是与对方保持适当的距离,以便随时上前抢断对方的球。

一般情况下,有球的一侧要采用紧逼盯人,无球的一侧要采用松动盯人。松动盯人的队员要注意人球兼顾,既要注意对手的活动意图,又要注意保护门前危险地区。以多防少或以少防多时,都要及时地跑位选位。

(1) 断球:断球是指把对方的传球从途中截下来或者破坏掉的战术行动。断球是转守为攻最主动、最有效的战术行动,能在对方来不及反抢状态下发动快速反击。

断球成功的关键是,在断球之前,要判断好对方的传球方向、落点和球速。断球时,要根据不同方向、高度和速度,使用头、胸、腹和脚等部位把球断过来,或者破坏掉。

比赛时,防守队不可能把每个球都抢截过来。为了不让对方掌握住球,在不得已情况下可以把球踢出界外,以破坏对方有组织的进攻。

(2) 抢球:抢球是指球在对方控制范围内或双方都有同等的抢球机会时进行的。抢球是将对方控运的球抢过来或破坏掉的防守战术行动,是个人防守能力的重要标志。实施抢球成功就应做到:①正确的站位。抢球首先要选择在持球人与球门中点之间站位,这是对方运球突破的必由之路。②保持合理的抢球距离。通过移动与持球人保持一步内的距离,这个距离是抢球最适宜的距离。③准确的抢球时机。要把握对方接球未稳或控运球两个动作衔接之间的时机,及时抢断球。

抢球时自己首先要站稳，不要被对方的假动作所迷惑，而盲目出脚被对方轻易突破。抢球时还可先向一侧假抢，诱惑对方向另一方运球而果断采取真抢行动。抢得球后要迅速发起攻击，抢球失败则需要及时换位回防。

（3）封堵：封堵是在没有把握抢夺球的情况运用的一种方法。特别是在以少防多的局面下，进行堵截可以减慢对方进攻的速度，使本方队员有充裕的时间进行回防。封堵是防守队员用身体某一部位挡住对方传球或射门，有正面封堵和侧面封堵之分。正面封堵是指对方射门时，正面迎上去用身体挡住射门角度，正面封堵要及时、准确和勇猛。侧面封堵则是指对方从边路突破时，防守球员快速回追奔跑中与运球对手形成同步位移，当对手传中时及时封堵传中球。

2. 实施个人防守战术时重点注意的问题

（1）密切注意传球后跑动接应的队员，不能松懈对他的防守，传球后立即跑位的队员往往是最危险的对手，特别在本方后场更要加强控制传球后即跑位的对手。

（2）向前抢截与补位时，应先考虑自己身后是否会出现空当被对方利用。

（3）在禁区附近防守时要站稳位置，切忌盲目乱抢，被对方突破。

（4）对方射门时，要坚决封堵，不可躲闪，否则会使守门员的视线受到干扰。

**（十五）集体（局部）配合防守战术**

集体（局部）配合防战术是指两个或两个以上队员在比赛中为了完成全队防守任务而采用的局部协同作战的配合方法，它包括补位战术、围抢战术、造越位战术等防守战术。

1. 补位战术

补位战术，是足球比赛中局部地区集体（局部）配合进行防守的一种战术方法。当防守过程中一个防守队员被对手突破时，另一个队员则立即上前进行堵封、保护与补位。

2. 围抢战术

围抢战术，是指比赛中在某局部位置上，防守一方利用人数上的相对优势（一般是两三个队员），同时围堵对方的持球队员，以求在短暂时间内达到抢断或破坏对方进攻的目的。

3. 造越位战术

造越位战术是利用规则设计的一种防守战术，是一种致对方进攻功亏一篑的打法，因而成为一种重要的防守手段。但由于其配合难度较大，掌握不好会造成被动或失利，让对手钻空子，因此造越位战术往往是被水平较高的球队所采纳，但在一场比赛中也不应多次运用。

（十六）全队防守战术

全队防守战术是指比赛中由攻转守时，为全队有效防守而通过队员之间的协同作战所采用的配合战术方法。与局部防守战术相比较，全队防守战术的防守面更大，参加防守的队员要多。

全队防守战术主要目的是保护球门不被攻破和随时转守为攻。要积极封堵，力争不给对方留有任何进攻的传球、战术配合空隙和任何射门机会，特别是在罚球区附近的射门机会。同时努力拼抢，争取在最短时间内夺回控球权并及时组织发动有效的快速反击。实施全队防守战术是应该做到，积极防御，争取以多防少，保持斜线防守，严格注意保护和补位，对持球人和离球近的人要紧逼盯死，对离球远的人则要松动，做到防里线、让外线，防身后、让身前。由攻转守时，离球近的人要积极封堵对方的第一次传接球，延缓推进速度，其余的人迅速回防，形成一个纵深整体防守战线。

全队防守战术可分为盯人紧逼（人盯人）防守、区域紧逼（盯人和区域相结合）防守、混合防守、密集防守等基本战术打法。盯人紧逼防守，即在规定的范围内盯人紧逼，不交换防守队员；区域紧逼防守，即现今比较流行的综合防守战术方法。紧逼和保护相结合，在个人防守区内紧逼对手，在运动过程中作交换防守。

防守最根本的原则是紧逼和保护。只有紧逼才能有效地主动断抢，压制对方技战术的优势而获取主动权，保护是为了更好地紧逼和控制空当。

盯人紧逼（人盯人）防守战术，是一种在防守时除自由人外，其他每一个防守队员都有固定防守对象的防守形式。这种打法突出的特点是，在全场攻守两阵对垒的每一时段的空间内，总是使每一进攻队员始终处于压力之中。攻转守时防守队员必须盯住固定盯守的进攻队员，要严密控制住被盯进攻队员的各种行动，迫使进攻队员的传球、接应发生困难，从而使进攻方的攻势减弱。而自由人的任务则是补位，并指挥防守队员移动和提醒防守队员补位。

人盯人防守有其自身的缺点，如一旦被突破，造成以少防多，会处于被动挨打的局面。另外，容易被对方有目的有意识的策动制造空当而进行攻击。现代足球比赛中，单纯人盯人防守已很少有人采用了。

在实施人盯人防守战术中要求每一队员必须具有较强的个人作战能力和相互协作能力，要求每一防守队员必须有较强的体力素质，因为在全场范围内，防守队员始终需要不停地奔跑和争抢。

区域盯人（盯人和区域相结合）防守战术的基本含义是：每个防守队员根据自己防守职责，防守住一个相对固定区域，当进攻队员进入该防区时，区域防守队员就应该对其进行积极防守，严密盯人，以控制进攻者在此区域的一切有效行动。实施区域盯人防守战术中，同样需要一个自由人中卫担负补位和指挥作用，这一自由人一般由中后卫担任；特别是在本方半场内防守时。区域盯人打法规定了每一名防守队员的明确任务，但同伴间仍需必要的协作，当某一区域盯人防守失败时，邻近区域队员应及时补位，被突破防守队员应及时地与他换位，以求得整体防守的有效性和稳固性。当一个队运用区域盯人防守打法时，须特别注意的是各区域之间交界处的防守。由于这一交界处常常因防守职责不明而给进攻方带来可乘之机，因此，在比赛中必须对各区域交界处的防守有明确的分工安排。

混合防守战术，是人盯人防守和区域盯人防守两种战术形式交织为一体的防守战术打法。它的最大特点是能根据对方进攻情况，灵活地将人盯人防守和区域防守战术的优点充分发挥和运用，以提高全队防守的效益。

混合防守战术通常运用的方式是，选择体力好，个人作战能力强的队员以人盯人防守盯住对方的核心队员，限制其行动自由，干扰和破坏该核心队员的传球、接应以及组织各种形式的战术配合，削弱其核心队员的作用。至于其他队员则多采用区域盯人防守。混合防守战术的运用方式是非常灵活的，这要根据进攻方队员的特点和主要进攻方向。比如对方的进攻主要靠两前卫组织和插上，这时防守队就可以用两个前卫紧盯，其余队员采用区域盯人。又比如对方进攻最有威胁的人物是中锋，混合防守战术打法就应重点派人紧盯该中锋，以遏制他发挥作用。

混合防守战术实施时应该使防守队员明确，防守对方重点核心人物的队员时，应尽最大能力贴近该队员，特别是在他没拿球以前，使他无法组织有效的进攻战术配合。在本方进攻时，该盯人防守队员，应当善于甩开被盯的对方，大胆参与进攻。在安排盯人防守队员时应尽量避免选用本队的核心队员，即使是位置对应也应该避免，因为核心队员是本队防守和进攻的组织者，如果担任盯人防守任务将限制他组织作用的发挥，影响本队攻防力量。混合防守战术打法是当今足坛采用最多的防守方法，也是比较奏效的战术打法之一。

密集防守战术是一种缩小防范区域、将防守主要力量放于本方门前危险区域内，而仅留一至两名队员于中场附近的防守形式。它的主要防范区域是门前的、罚球区附近。其防守打法的主要特点是，防守人数多，给对方可趁空间较小，使对方渗透性进攻配合较难，破门的难度也相对较大。但由于这一防守打法是绝大多数队员集中于门前，当由守转攻时限制全体队员有组织的进攻速度，因此，就一般情况而言，这种防守打法更多地用于那些只要求平局或少输，期望侥幸得胜的弱队身上。当然，有些以"稳固防守快速反击"为指导思想的队，尽管实力并非明显弱于或不弱于对手，有时也采用这种防守形式。这种打法的基本要求是，当由攻转守时，密集防守的队员必须迅速回撤，以布置和站好各自的位置，当由守转攻时，拿球队员应尽可能通过长传为前场队员送球，力求形成出其不意，攻其不备，以快制胜的战术效果。

## 第四节 比赛阵型与位置职责

### 一、阵型的演变和发展

所谓足球阵型，也称"比赛阵型"、"比赛阵式"。为了适应攻守战术的需要，全队队员在比赛时场上队员的职责分工和位置布局的表现形式。目的是为了适应攻守战术的需要，合理运用队员的力量，最大限度地发挥全队作用，称为比赛阵型。各阵型的名称是按队员排列的形状而定。自19世纪中期世界上有了第一个足球比赛阵型至今日的"4—3—3"式、"3—5—2"式、"4—2—4"式等战术阵型，以及某些国家所采用的"水泥式"、"锁链式"等战术阵型，都是沿着这一客观规律演变和发展的。（"一卫九锋"式阵型、"三卫七锋"式阵型、"四卫六锋"式阵型、"塔"式阵型、"WM"式阵型、"四前锋"式阵型、"4—2—4"式阵型、"4—4—2"式阵型"1-3-3-3"式阵型、"3—5—2"与"5—3—2"式阵型）。

足球阵型是现代足球运动发展中不可忽视的重要理论问题，一直受到国内外教练员们普遍重视，它的变化是随着比赛攻守矛盾的斗争与规则的改变，运动员技、战术水平和身体素质水平的提高以及训练科学性的不断的完善而改变。比赛阵型的变化始终贯穿在足球比赛运动发展过程中，而阵型的不断发展变化，又和比赛中双方争夺中场愈演愈烈，中场打法不断更新有着密切联系。阵型变化发展的一个突出特点就是中场队员越来越多，并且遵循着一定的规律向前发展。

19世纪中叶现代足球刚诞生的时候，场上的22名球员赶鸭子似的追着球满场跑，像狩猎一样乱哄哄的。随着足球运动的发展，球员们开始意识到组织一支进可攻、退可守的球队至关重要。人们开始考虑通过安排队员的场上位置和职责分工，达到攻守优化组合及其效率的增值，这就是战术阵型产生的最早契机。由于技术的不断提高、攻守战术方法的变化，比赛战术阵型也在不断地发展与演变，从而产生许多的战术阵型。

## （一）"1—9""九锋一卫"式战术阵型

对于19世纪的足球运动员来说，足球并不复杂。除了守门员外的10个队员在球场上象猎杀动物一样追逐皮球，没有科学的研究和严谨的战术为指导，大家的目的只有一个，就是将皮球踢入网窝。随后的球员逐渐发现足球运动的博大精深，足球学术的研究渗透入球场内，许多当时的足球队员都意识到了足球那无序的滚动和飞驰的速度比人的跑动要快，如果没有一个有组织和有结构的管理，比赛场上的队员们就会为此而消耗大量不必要的体力。于是，进攻和防守这一矛盾体出现了。最初的战术在现在看起来很不可思议，当"0—10"式战术阵型出现后，当时的许多球员都以为进攻就是最好的防守，球场上的进球非常频繁。"0—10"式战术阵型打法在初期，曾经是19世纪的球员的主流打法，但后来有人通过总结发现当10个前锋都在前场的时候，对手只要一个大脚解围到本方半场，本方就没有一个队员能够及时回撤，而不得不眼睁睁地看着对手一对一面对守门员轻松地将皮球踢入网内。1863年，英国足球协会引入了越位规则，规定进攻方"任何一名处在踢球队员前方的球员都是越位的，越位球员不得触球"。随之足球阵型出现了"1—9""九锋一卫"式战术阵型（见图3-113）。

一名进攻球员被拉回来作为中卫使用，以帮助略显孤单的守门员。此战术的最大特点是从原先的前锋线撤回一个防守队员，这在一定程度上遏制了对手的单刀球机会，但进球仍然是很频繁，守门员几乎形同虚设。足球在19世纪中叶在英国兴起，但到了20世纪才真正把足球当作学科来看待。作为现代足球的发源地，英国足球在足球运动的早期为现代足球发展作出了不可磨灭的贡献。当他们打"0—10"式战术阵型和"1—9"式战术阵型的时候，世界各国还对足球一片茫然。随着经验的增多，已经有不少人发现了足球比赛除了前场和后场，还有一个中场的承上启下，于是，新的战术体系发生了。当时有人将前场的9个前锋又进行了细划分，就好像国际象棋里的棋子一样，有的安排在前面，有的安排在后面，这是足球真正意义上的阵型，他和10个队员一字排开地平行站位然后一起向前冲的莽汉打法不同之处在于足球这一运动里出现了组织、战术和阵型……

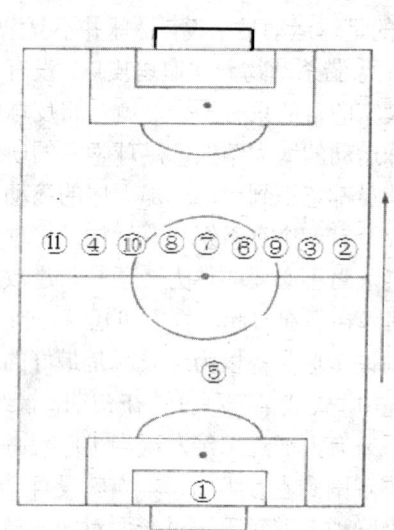

图 3-113

（二）"1—1—8"式战术阵型

随着技术水平的提高，一个后卫的防守难以阻挡九个前锋的攻击，1868年越位规则被修改为"在球（被队友）传出的时候进攻球员和球门线之间必须至少有三名对方球员"。此后球员的角色和职责划分得更加清楚，19世纪70年代出现了"1—1—8"式战术阵型，前锋减少为8人，增加了1名中场（见图3-114），"1—1—8"式战术阵型出现后，为了加强防守，又出现了"三卫七锋"式战术阵型。其间，越位规则发生变化，使无球队员可以跑到球的前面去而有利于进攻，促进了传递配合，进球增多，这样就暴露了"三卫七锋"式战术阵型的弱点。于是，1870年又创造了"四卫六锋"式战术阵型。

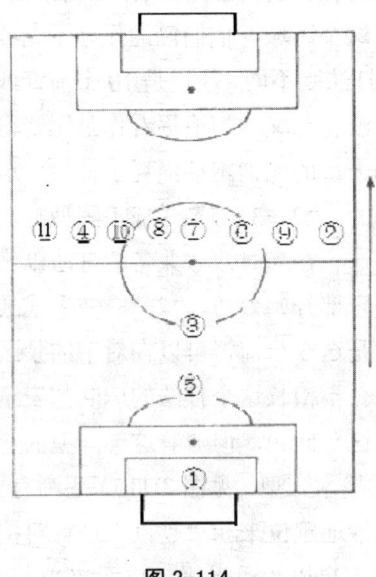

图 3-114

（三）"2—3—5""倒金字塔"式战术阵型

在 20 世纪初期，战术依然很混乱，有人还坚信 9 个前锋的打法，而另外的一批新兴力量则在不断通过摸索和实践将前场的 9 个前锋不断的减少。1900 年，英格兰布利队率先奠定了"2—3—5"式战术阵型，他们让前锋 5 个队员由始至终站在对方的禁区，迫使对方的前锋不得不兼顾防守，不敢贸然出击。在布利队的 5 个前锋的后面又有 3 个前锋，他们恰恰弥补了以前阵型上的脱节，牢牢卡住对手的要害位置，迫使对手被动埃打。在中场，别看只有 3 个前卫，由于对方的前锋攻击体系被本方的阵型给破坏了，他们就好像是最后一道关卡，对手根本无法突破他们就已经被拦截了。而两个拖后中卫以及守门员的后防线，偶尔遇到点威胁。这套阵容在当时经过了很多的争议和辩论后终于成功了，布利队凭借这一打法取得了当年的英国足总杯冠军。许多俱乐部纷纷研究这一打法的优越之处，得出的结论是布利队让球场上的每个角落都有自己的身影,他们早早地就被划分到他们的区域,所以等对手进入了这个区域,他们已经作好了充分的准备来破坏对手的进攻。而过去的打法则不同,他们是10个前锋或9个前锋一起追逐着皮球,许多队员没有意义地把追逐看作是比赛得分的唯一手段,而最后的结果是他们大量的无谓跑动消耗了体力,这和布利队的以逸待劳是有根本性区别的。"2—3—5"式战术阵型打法极大地推动了足球运动的发展,由于这一在当时攻守兼备的打法以优越的进攻和防守理论为基石,许多俱乐部开始效仿。"2—3—5"式战术阵型打法的布局给对手施加的压力是这5个前锋可以在对手的禁区来回游荡,极大地干扰了对手的部署。不擅长这个打法的球队都表示头疼和烦恼。起初的前锋没有意识到这一问题,但随着这一阵型的愈演愈烈,倒金字塔式的"2—3—5"式战术阵型(见图3-115)逐渐有了位置和责任分工。5个前锋学会了巧妙地跑位来和"越位"进行对抗,并且取得了新的特点。那就是当对手自以为可以用越位而放心大胆地向前的时候,5个前锋会如影随形地和对方的后防线保持一定的距离,一旦到了反击的时候,5个前锋会突然如潮水般地往对方的大门涌去,因此,"2—3—5"式战术阵型仍然无懈可击。乌拉圭队就是用它赢下了1930年的世界杯冠军。1934年,意大利国家队同样利用这一打法夺取了世界杯。这一阵型继续保持了进攻的活力,用两名边路球员给中间的三名前锋输送炮弹。但是,受制于当时的越位规则,这一阵型下进球仍然不太容易。由于加强了防守,基本上体现了攻守平衡,因而倒金字塔式的"2—3—5"式战术阵型几乎在整个欧洲大陆乃至世界足坛流行长达40年。

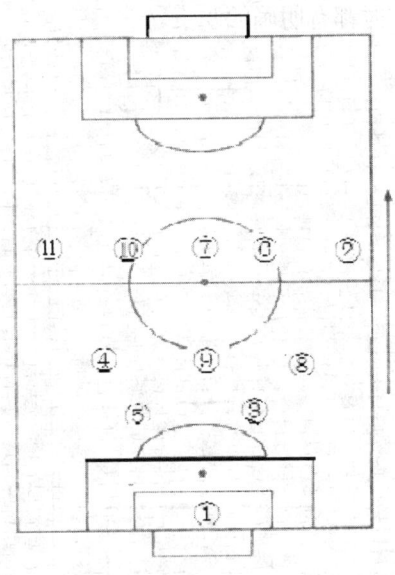

图 3-115

### (四)"WM"式战术阵型

1925 年,国际足联修改了越位规则,将进攻队员与对方端线之间对方队员不足三人改为不足二人时为越位,虽只改动了一个字,但对攻方极为有利,进球变得容易了,从而也丰富了战术内容。为了解决攻强守弱的矛盾,英国人契普曼于 1930 年首创了"WM"式战术阵型(见图 3-116)。这是在"2—3—5"倒金字塔式战术阵型基础上的产物,也是一个攻守平衡阵型。查普曼可以被看作是现代足球的后卫之父,他将原先三名中场球员中居中的一名后撤到两名后卫中间,再将原先五名前锋中最边的两人回收,置于剩下两名中场球员身前担任内锋,形成了 50 年代风靡一时的"WM"式战术阵型;这一阵型也可以看作是"3—4—3"战术阵型的早期版本。靠这一划时代的"三后卫"阵型,英格兰人在世界足坛领袖群雄长达二十余载。该阵型在进攻中采用中锋从中央突破,两边锋从边路突破沉底传中,防守时两个前卫防守对方两个内锋，三个后卫基本上采用人盯人防守对方三个前锋，每一名球员在进攻和防守时都有明确的职责。

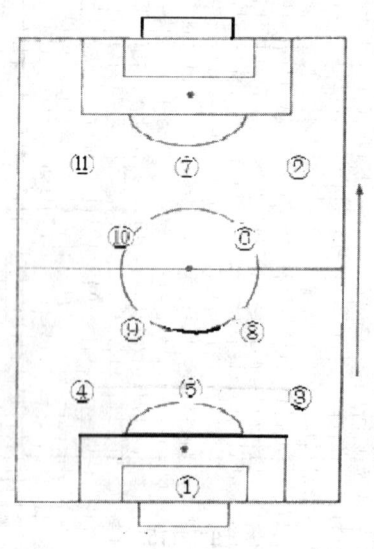

图 3-116

这个阶段里，意大利赢下了1934年和1938年两届世界杯冠军。他们在防守上采用了老式的"2—3—5"式战术阵型的方式，进攻上则采用了"WM"式战术阵型的方式。

英国人契普曼创造的"WM"式战术阵型是一种看似完美但却毫无特色的阵型。"WM"式战术阵型是一个分工明确、攻守平衡的阵型。进攻时主要中前卫助攻，两个内锋组织进攻，两个边锋外线吊中，进球得分则主要是通过高中锋中路突破进行的；防守经常采用紧逼盯人，两个防守型中场防守对方两个内锋，三个后卫则通过盯人防守对方三个前锋。英国球队自采用"WM"式战术阵型后曾一度称雄国际足坛，于是"WM"式战术阵型在国际足坛风靡一时。

### （五）"四前锋"式战术阵型

由于"W"型的三前锋很容易被"M"型的三后卫盯死，匈牙利人在五十年代初期向"WM"式阵型挑战，创造性的运用了"四前锋"式的战术阵型。从1950年至1954年四年间创造29场重大国际比赛不败的优异成绩，包括1952年获奥运会冠军。1953年在英国伦敦以6∶3的悬殊比分大胜英国皇家队，从而打破了英国队在本土保持90年不败的纪录。1954年，英国人带着"雪耻"的决心回访布达佩斯，匈牙利队再以7∶1大胜，从此"四前锋"制风靡全球。这种阵型的出现使原来攻守平衡阵型发展为攻强于守的不平衡阵型状态。使这一届世界杯赛创造了平均每场进球5.4个的纪录。匈牙利人尽管在第五届世界杯赛上未能夺得冠军，但是他们勇于进攻、敢于变革的创造精神为世界足坛所信服，他们的功绩永载足球史册。他们的功绩在于能利用四个前锋的人数优势攻击三个后卫的防守，在前锋线的每一局部地区，都能以准确的短传配合与频繁的交叉换位，有效地突破对方的防线。

随着足球比赛规则的合理化、球员整体素质的提高、技术、战术的创新，现代足球比赛阵型不断演变和发展。攻守人数排列平衡的"WM"式阵型，使球员有了位置感，减少了"扎堆"现象。这种看似完美但毫无特色的阵型，却对当时英国称霸世界足坛起了重要作用。20世纪50年代初，匈牙利首创四前锋阵型。1953年、1954年匈牙利队先后以6∶3，7∶1大胜英国队；1954年夺得第五届世界杯亚军。这说明"WM"式阵型没有把英国足球的优势、球员的潜能充分发挥出来。一时，"四前锋"式阵型风靡全球，被誉为足球的第一次重大变革。然而，"四前锋"式阵型带给匈牙利足球的辉煌是短暂的，1958年，巴西在瑞典世界杯上运用"4—2—4"式进攻型阵型，一举夺得第六届世界杯冠军，成为热带足球的代表。"4—2—4"式阵型也因此在世界足坛备受推崇，被誉为足球的第二次重大变革。

（六）"4—2—4"式战术阵型

50年代，匈牙利人来了一次巨大的改革。他们的足球不仅展现出了高超的传球技巧和控制能力，同时队员们在场上还不停地换位。在对方控球时，他们将"3—3—4"式战术阵型下的一名中场球员后撤，组成一条四人防线。前锋（特别是拖后前锋）会利用盯防队员身后的空间制造杀机。这一方法被1958年世界杯上的巴西队采用，不过巴西人用的是"4—2—4"式战术阵型（见图 3-117）。这一阵型创造了进攻和防守时人数上的优势（防守时他们会将两名边锋中的一人回撤到中场帮助防守），虽然增加了一名纯防守球员，但由于两名后卫不时参与进攻，进攻力量并没有被削弱。

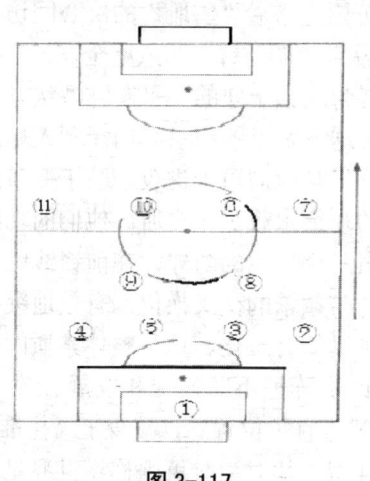

图 3-117

"4—2—4"式战术阵型是巴西人针对四前锋式攻守不平衡状态，于 1958 年在瑞典举办的第六届世界杯赛上成功地运用的战术阵型。"4—2—4"式战术阵型出色地解决了防守的弱点，用四个后卫防守四个前锋，又一次使进攻和防守达到了平衡，既保持了四前锋攻击力强的优点，又弥补了三后卫防守的不足，6 场决赛中进球 16 个，失球 4 个而荣获冠军。"4—2—4"式战术阵型被世界各国的球队所关注和仿效。"4—2—4"式战术阵型的特点是：

（1）攻守平衡，既保持了四前锋进攻锐利的长处，又弥补了三后卫防守单薄的不足。

（2）层次减少，便于锋卫联系，加快了进攻和防守的转换。

（3）边锋和边后卫协助控制中场，有利于夺取中场优势，取得比赛的主动权。

足球界人士充分肯定巴西人在阵型变革中的杰出贡献，更推崇巴西人卓越的个人技术,对足球技术的发展产生极深刻的影响,从而进入了以巴西为代表的攻势足球年代。

1953年,匈牙利人突破了"WM"式战术阵型的传统打法,创造了"3—3—4"式战术阵型,有力推动了当时的世界足球运动。1958年,巴西人在技术及技巧上有了新的发展,创造了攻守趋于平衡的"4—2—4"式战术阵型,并夺得6、7、9届世界杯赛冠军。

(七)"4—3—3"式战术阵型

60年代足球战术阵型不断发展和变革,继"4—2—4"阵型后,又出现了"4—3—3"式战术阵型。由于这种阵式攻守平衡,战术灵活多变,体现了技术、战术和身体素质全面发展的趋势,因而被誉为足球运动史上的第三次革命。

"4—3—3"式战术阵型被看作是"4—2—4"式战术阵型的延续。不失球的重要性以及链式防守的影响使得各支球队开始广泛使用更加注重防守的阵型,边锋也逐渐被牺牲掉。"4—3—3"式战术阵型的成功之处在于在四名后卫身前安排了一名中场的清道夫,同时安排了一名影子杀手。这一阵型需要队员在比赛中大量跑动,进攻时队员之间的相互策应也是必不可少的。

60年代,足球阵型可以说各有各的特点,但真正能够把理论结合成实际的仍然是巴西人。巴西队当时的教练莫雷拉觉得四前锋的打法很难给防守日趋严谨的足坛带来推进,与其这样,到不如增强中场的实力,来防范对手的反击。莫雷拉的战术思想,相信中场的力量雄厚可以既避免防线的危机,也可以在对手疲劳的时候让自己的前锋制造机会,这实际上是"4—2—4"式战术阵型的一个演变,其方法就是把过去的一个前锋后撤回中场,增加控制中场的力量,由"4—2—4"式战术阵型变成"4—3—3"式战术阵型(见图3-118)。新的阵型发挥了效应,"4—3—3"式战术阵型打法在世界足坛开始有了影响。巴西队的贝利当时因为受伤没有参加世界杯后面的比赛。1962年的巴西队是通过大小桑托斯、毛罗和佐济莫的后防线,济托、迪迪和扎加洛的中场以及加林查、瓦瓦和阿马多的锋线而最终夺取冠军的。实际上,这也是一个不得已而为之的招数。教练莫雷拉因为没有贝利这张胜利王牌，自然打起了稍微保守的足球，但利用前场加林查的反击速度，居然取得了同样的效果，夺得了第七届世界杯赛的冠军。于是，"4—3—3"式战术阵型当时在欧洲反而得到更好的评价，因为素来稳重的欧洲人相信只有攻守平衡才能夺取胜利！

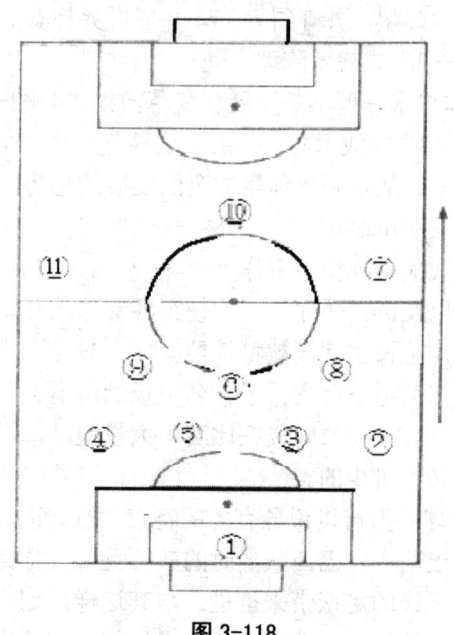

图 3-118

由于50年代匈牙利、巴西的攻势足球和卓越的个人技术所产生的威慑，迫使世界各国的球队不得不加强防守以遏制进攻，在整个60年代的近10年里，各种势在加强防守的阵式应运而生，清道夫式的中卫，锁链式、混凝土式等等的出现，导致了1962年第7届世界杯赛半决赛中只进三球的捷克斯洛伐克队获得亚军。整个60年代的足坛处于攻守平衡与不平衡的矛盾斗争中。这也是足球运动发展的规律。

直到1970年第9届世界杯赛才开始改变这种防守踢法的局面，巴西队努力贯彻进攻先于一切的指导思想，第3次获得世界冠军，并使该届平均每场进球又回升至3个。评论家们称这届比赛是"进攻型足球的胜利"。

（八）"4—4—2"式战术阵型

60年代中期英格兰队主教练拉姆塞将当时流行的"4—2—4"式战术阵型稍做调整，让两名边锋后撤又创造了绝妙的"4—4—2"式战术阵型。从此，经典的"4—4—2"阵型诞生了。英国人在1966年第8届世界杯赛上凭借加强防守伺机反击的"4—4—2"式战术阵型的创新打法获得成功，0：0战平乌拉圭，冲进决赛圈，最终获得了冠军，第一次登上世界杯冠军的宝座。时至今日，"4—4—2"式战术阵型仍然被广泛使用（见图3-119）。

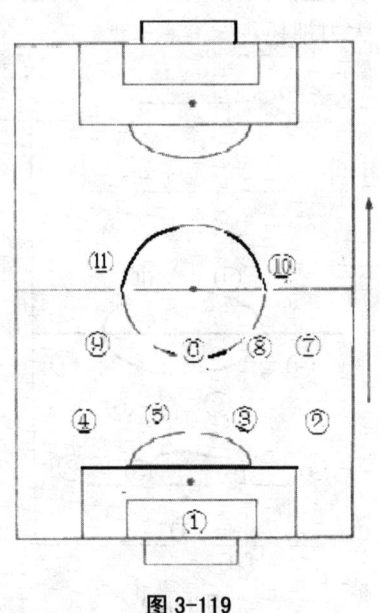

图3-119

虽说"4—4—2"战术阵型的创始者是英国人，但毫无疑问，"4—4—2"式战术阵型用得最如火纯青的球队，绝对非巴西莫属。1994年和1998年，依靠这套战术阵型，巴西获得一次世界冠军一次亚军，其轰动效益吸引了诸多世界球队的追捧。"4—4—2"式战术阵型的变化主要集中在中场，站位分双后腰"碟型"中场（见图3-120）、单后腰"菱形"中场（见图3-121）、正三角、倒三角等，变化非常繁多。有的主攻，有的主守，还有的攻守兼备。1994年世界杯冠军巴西队在吸取了80年代沉迷艺术足球的教训后改变了风格，主帅佩雷拉几乎将那支巴西队改造成欧洲球队。相比起80年代世界公认的足球艺术大师桑塔纳和出色的世界级球星济科、苏格拉底和法尔考构成的华丽中场，由邓加、马津霍、毛罗·席尔瓦和津霍组成的新中场更注重防守。铁腕队长邓加绵里藏针的球风让那支巴西队攻守更为均衡，来自拉科鲁尼亚的"抢断王"毛罗·席尔瓦负责扫荡对手残余的进攻，马津霍和津霍球风朴实稳健，很好地协助了边后卫尤尔津霍和布兰科插上进攻。和80年代四大天王的巴西队比起来，94年的巴西缺少了绚丽的艺术色彩，但却赢得了大力神杯。

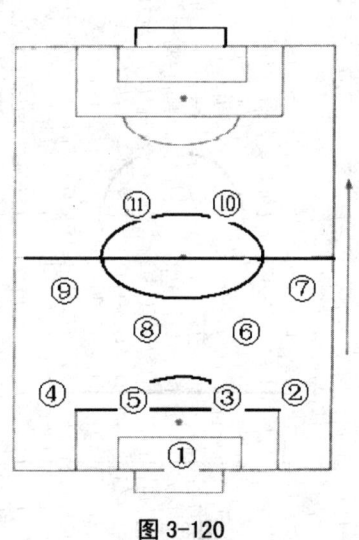

图 3-120

第三章 足球教学与训练 155

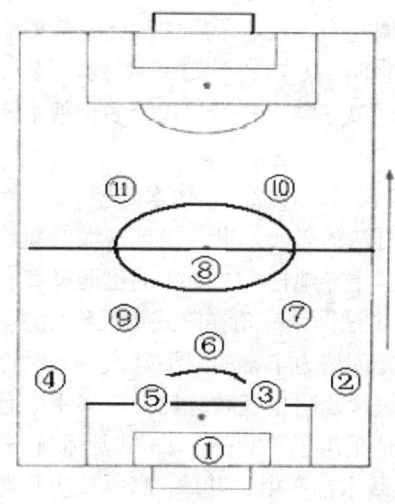

图 3-121

相比起 1994 年攻守平衡稳健为主的巴西队，1998 年的巴西队用"4—4—2"式"菱形"中场站位重新塑造了充满激情的桑巴足球，美洲杯横空出世的卡洛斯和上届世界杯决赛替补出场的卡福占据了左右两个边路，这两个边后卫包办了巴西队所有的边路进攻。中后卫一个是老将阿尔代尔，另一个是巴亚诺。队长邓加坐镇中场，是巴西队的攻防枢纽，而莱昂纳多和里瓦尔多在左前卫和前腰位置上轮番突击，再佐以桑帕约，就构成了最豪华最经典的"菱形"中场。加上锋线上的罗纳尔多和贝贝托，在老帅扎加洛的调教下，巴西天才们在 98 世界杯上的进攻可谓行云流水、绚丽多彩，直到决赛才败于引领全新战术革命的东道主法国队。

"4—4—2"式战术阵型在今天仍然是应用最为广泛的阵型之一，该阵型是在 1966 年世界杯赛中得到确认的。该阵型进攻特点是中场和边后卫队员频繁套边活动，以构成对方门前险情。另一常见进攻打法，是前锋扯边吸引防守队员，中前卫前插禁区制造机会，形成威胁。第三个常见进攻方式是利用两前锋速度快、技术好的特点，在抢断球后迅速长传发动快速反击。在防守上，该阵型主要强调队员回位和密集防守下的组织与协调配合。攻守矛盾的激化是阵型演变和发展的直接推动力。20世纪80年代以来，"4—3—3"式、"4—5—1"式、"3—4—3"式、"3—5—2"式"5—3—2"式等多种战术阵型也相继在绿茵场上亮相。

### （九）"3—5—2与5—3—2"式战术阵型

随着全攻全守打法的兴起，世界足球浪潮的新趋势是，夺中场者夺天下的理念占据了主导地位。1982年的巴西赫赫有名的四大中场和84年欧洲锦标赛得主法国铁三角在阵式上已经朝这方面发展了。但敢于向权威挑战的还是创造力丰富的阿根廷人，当时许多教练认为三后卫无疑是自杀式的表现，阿根廷教练比拉尔多手中有新球王马拉多纳这张王牌，他大胆地采用了"3—5—2"式战术阵型（见图3-122）。86年墨西哥世界杯基本都在中午开球，高原反应和炎热的天气导致欧洲球员难施其技，比拉尔多考虑欧洲球队多用两名前锋，所以他认为用两名盯人中卫和一名清道夫已绰绰有余。这样就可以释放一名后卫到中场，在后防稳固的同时，又加强中场的压迫力。五个中场的打法带来了最大的特点就是中场的齐全，前、后、左、中、右，中场的每个位置都有了具体分工，队员配备更完善。马拉多纳和巴尔达诺仍然打前锋，中场则由巴蒂斯塔打拖后，居斯蒂、奥拉蒂科切打两边，恩里克和布鲁查加在中前场负责牵头和策划，防守上则由布郎打清道夫，鲁杰里和库茨夫打盯人。一个构思精美的阵容诞生了，这个阵容当时在一定程度上让阿根廷人又同时发现了明星战术的好处，那就是所有的队员同时围绕马拉多纳展开行动，这让阿根廷夺取了当时的世界杯。"3—5—2"式战术阵型的打法同时也掀起了另外一个革命，它导致了防守比例的上升。别看比拉尔多使用的是"3—5—2"式战术阵型，实际上他很强调防守的作用，五个前卫里，两个边前卫充当了后卫和边锋的双重作用，所以在进攻的时候是"3—5—2"式战术阵型，而防守的时候则成了"5—3—2"式战术阵型（见图3-123）。进攻时将两名边后卫灵活地轮流进入中场以确保中场优势和主动，保证及时组织点多面宽的进攻；转入防守时，又能将对方的进攻扼杀或瓦解在组织和发动阶段。同时拖后中场的崛起让以后的比赛在进球上更为困难，几乎到了90年代，每个俱乐部都有一个类似阿根廷在1986年的大胡子巴蒂斯塔那样的拖后中场。"3—5—2"式战术阵型成为现代亚热带足球的发展模式。

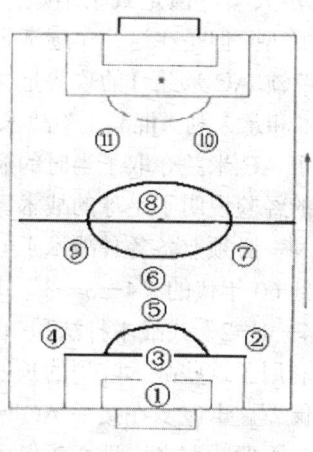

图 3-122

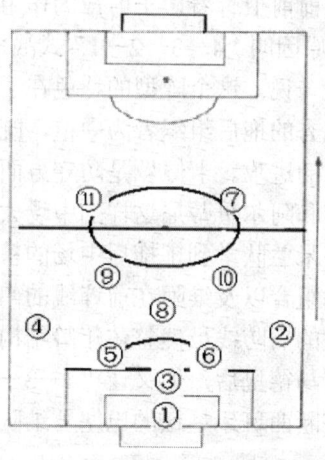

图 3-123

### （十）"4—3—2—1"（4—5—1）式战术阵型

到20世纪90年代，足球的战术研究到了极限，许多微小的战术改动都被认为是一次成功，足球战术阵型中便有了四位数字排列的概括描述。比如范加尔首度执教巴塞罗那时的"3—3—3—1"式这个激进的战术阵型一时名声大噪，但是效果不好；其后是意大利流行的"3—4—1—2"式战术阵型。但是在这几年逐渐走出了人们的视野被主流打法所代替，萨基带领AC米兰打的攻势足球，他将"明星"战术、荷兰"全攻全守"战术和意大利"混凝土"战术以及"自由人"战术，进行多种组合，造就了AC米兰夺取了当时的冠军。萨基没有什么真正的创造，但他总结的经验说明了足球的战术已经不可能是一招鲜吃遍天了，要想取得胜利，必须兼备各种战术于一体。所以当时萨基带领AC米兰队能够看到60年代的"4—3—3"式战术打法、"1—3—3—3"式战术打法、"4—4—2"式战术打法和70年代的"全攻全守"战术打法的长处，并利用了这些战术阵型的长处。但真正带来新思维的不是萨基，而是卡佩罗。卡佩罗在接手AC米兰队后已经发现了当时俱乐部的强悍基础，不费吹灰之力地率领俱乐部称霸当时的欧洲。荷兰三剑客离开俱乐部后，他研究出了新的战术阵型"4—5—1"式，因为前卫中的两个突前前卫有着影子前锋的作用，所以又有人根据其形状象"圣诞树"的原因叫"4—3—2—1"式战术阵型（见图3-124），也有"圣诞树"阵型一说。这个阵型的特色在于在后防线有巴雷西率领，还必须有一个优秀的拖后组织者为中枢，既能够和巴雷西协助防守，还能够参与全队的进攻。卡佩罗是防守方面的专家，他挖掘出了里杰卡尔德、德塞利和阿尔贝蒂尼这样的中场大师，即使是现在的阿森纳队的维埃拉也在米兰队学到了拖后中场的精髓。而在前场，更有巴乔和萨维切维奇的组合以及维阿在前锋线的鹤立鸡群。这个阵型保证了AC米兰队当时的后防线虽然整体年龄结构偏老，仍然取得了冠军。卡佩罗去了皇家马德里后，他又让"4—3—2—1"式战术阵型帮助马德里人战胜了垄断西班牙足坛的巴塞罗纳队。

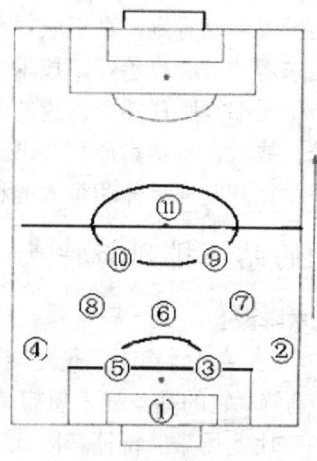

图 3-124

2000年后开始,"4—3—3"式战术阵型逐渐风行,在欧洲各豪门队中使用的范围之广泛实属空前,形成一波新的战术潮流。不过这些"4—3—3"式战术阵型都不是什么新发明,以荷兰为代表的双边锋还是延续了克鲁伊夫时代的阿甲克斯的老传统,以 AC 米兰为代表的"4—3—1—2"式战术阵型只不过是"4—4—2"式战术阵型的一种变种有时双边锋的后撤变成为"4—3—2—1""圣诞树"阵型。

随着时间的流逝,现代足球比赛在制定阵型时,需要更多地考虑球员特点、能力、双方实力、比赛时的天气气候条件、地理环境等因素,因而派生出一些适于本队的阵型。足球风格是环境的产物,足球阵型是足球风格的体现。一百多年的足球运动发展史,实际上就是一部足球运动与当地气候、环境相适应、相融合的历史。阵型无优劣之分,只有适合与不适合之别。但不同地区足球的基本理念、基本阵型不会有根本性的改变。

足球的战术阵型改革仍然在继续,但真正意义上的大变动已经不再有可能出现了。场上能够自由调动的只有 10 个队员,而这 10 个队员的布局无非就是为了取得最后的胜利,所以将来的足球发展会朝着更加实用的战术前进。那时足球将会拼抢更加激烈,攻防转换更加快速多变。从足球战术的发展可以看到,真正取得胜利的战术阵型一定要把握防守的重点,要求运动员能攻善守,技术、战术、意识能力更加全面,不论跑到哪个位置都能胜任那个位置的职能,也必然要求运动员的意志品质、技术、战术、身体素质和心理素质的全面化,从而达到实际上的攻守平衡,充分发挥集体和个人的积极性和创造性。

## 二、战术阵型的站位排列与特点

### (一)"1—9"式战术阵型

这种阵型产生于19世纪六七十年代,是足球比赛的起源阵型。其站位是一个后卫,九个前锋。它的基本战术思想是片面追求进攻,"一窝蜂"踢球和带球是当时比赛场景的特征。因此,就当时阵型的作用而言,没有明显组织队员的意义。

### (二)"2—3—5"式战术阵型

随着足球演变中传球的发展,场上队员的组织性日显重要,因此,就产生出"2—3—5"式战术阵型。其站位是两个后卫:左后卫、右后卫。三个前卫:左前卫、中前卫、右前卫。五个前锋:左边锋、左内锋、中锋、右内锋、右边锋。该战术阵型中,两个后卫基本居中,重点防守对方中路进攻。中前卫的主要职能是进攻,两个边前卫参与防守,主要防范对方的两边锋。五个前锋任务主要是在边路和中路进攻,担当负责得分重任。这一阵型基本思想进攻仍占主导位置。

### (三)"W—M"("3—2—2—3")式战术阵型

W—M式战术阵型是在1925年越位规则改变后,由英国兵工厂队的主教练查普曼所创造的。其站位是左边后卫、中卫、右边后卫,左前卫、右前卫,左内锋、右内锋,左边锋、中锋、右边锋。

该战术阵型试图通过牢固的防守瓦解对手进攻,首先考虑是"安全第一",趋于攻守平衡。这在足球史上具有重大的突破意义。他的特点就是5锋5卫,除守门员外其他10个人大约排成W和M两个字母形状,由于这一阵式问世后效果甚佳。因此,它不仅迅速被英国接受,而且在足球场上统治了二十多年。

该战术阵型防守的主要特点是区域与盯人不断转换，距球门近时人盯人防守，离球门远时则松动盯人。当发动进攻时，留下中前卫和两边卫防守。其进攻特点是两内锋稍后撤，作为进攻的重点组织者，中锋和两边锋担负攻门得分的主要任务。

### （四）"4—2—4"式战术阵型

该阵型使用4名后卫：右边后卫、盯人中卫、拖后中卫、左边后卫，2名前卫：右前卫、左前卫，4名前锋：右边锋、右内锋、左内锋、左边锋。该战术阵型是一种攻守队员排列较为平衡的阵型。在此阵型运用中，两前卫是承上启下的中坚力量。当进攻时，他们积极组织策应，当防守时，则迅速回防堵截。由于活动频繁，该阵型对两前卫的体力及技术的全面性有着特殊的要求 该阵型的弱点是中场力量相对薄弱。特别是当两前卫队员在体力不足时，就更是如此。这一阵型也要求锋线及卫线在攻守的不同阶段，积极策应中场的攻守。它与"4—3—3"式战术阵型的区别在于，撤回一个前锋至中场，加强中场人数的力量。

### （五）"4—3—3"式战术阵型

该阵型使用4名后卫：右边后卫、盯人中卫、拖后中卫、左边后卫，3名前卫：后腰（或前腰）、右前卫、左前卫，3名前锋：右边锋、中锋、左边锋。"4—3—3"式战术阵型的位置比较灵活，它要求每一位队员能根据战势灵活调整位置和打法，同时又保持其布局的整体性。"4—3—3"式战术阵型的攻守力量布局较为平衡，中场的防守较为稳固，在防守与进攻的阵型变换及兵力运用时较为机动灵活。但是，该阵型有自己的缺陷：当3前锋处于4后卫的逼抢下，攻击力相对减弱，尤其是突前中锋，身受双中卫夹击，势单力薄。这样"4—3—3"式战术阵型特别强调要求边后卫掌握时机突然插上，以增加进攻力量。"4—3—3"式战术阵型着重攻击型，在某些需要争取净胜球的比赛中，强队排出这个阵型的意思就很明显：本队准备强攻抢分。在落后情况下，一些本来处於劣势的球队迫不得已，也有由其他阵型变阵为"4—3—3"式战术阵型进行反扑的。

### （六）"4—4—2"式战术阵型

该阵型是在 1966 年世界杯赛中得到确认的。当时英国队教练拉姆塞因缺乏世界级的优秀边锋，便拉回一个边锋队员组成"4—4—2"式战术阵型。该阵型使用 4 名后卫：右边后卫、盯人中卫、拖后中卫、左边后卫，4 名中场：双后腰（或前、后腰）、右前卫、左前卫，2 名前锋：右前锋、左前锋。该阵型前面无边锋，只有两名中锋存在，突出了防守力量，进攻特点是中场和后卫队员频繁套边活动，以构成对方门前险情。"4—4—2"式战术阵型给人的印象是攻守平衡型，是现在最常见的阵型之一。

### （七）"3—5—2"式战术阵型

该阵型站位是，3 名后卫，右边后卫、中卫、左边后卫，5 名前卫：双后腰、右前卫、左前卫、前腰。2 名前锋：右前锋、左前锋。这一阵型的兵力主要集中于中场，中场不仅是控球权争夺的焦点，也是攻与守战术成败的关键所在。在这一阵型打法中，中场队员承上启下的作用最为经典。没有中场队员频繁灵活的插上，前场将很难表现出有威胁的攻击力；相反没有中场队员的回撤，后方防守也很有稳固的防守。许多足球专家认为："对付"4—4—2"阵型最有效的方法就是"3—5—2"战术阵型"。它把一名后卫顶到中场，用 3 名后卫防守 2 名前锋，这样就避免了人力的浪费。而在中场，则用 5 名前卫对付对方的 4 名前卫，这在人数上占了优势，有利于加强中场的拼抢力量和控制。这样的安排，使后场和中场都形成了人数上的优势，确保了中、后场的稳固和主动。进攻时 5 名前卫可轮流出击，多点进攻，既隐蔽又面宽，而且从中场出击缩短了进攻的距离，可加快进攻速度，威胁性较大；防守时，该阵型的特点是球门前的区域防守特别严密，前卫线上可迅速撤回两名边前卫队员退守边路，变成"5-3-2"式战术阵型。

### （八）"5—3—2"式战术阵型

"5—3—2"式战术阵型是由"4—4—2"式战术阵型变化而来的，它把一名前卫撤回到后卫线，成为自由中卫。该阵型是 5 后卫：自由中卫（自由人、清道夫）、右边后卫、盯人中卫、拖后中卫、左边后卫，3 名中场：后腰、右前卫、左前卫，2 名前锋：右前锋、左前锋。这个战术阵型可以看出对防守的重视，一般被视为防守型的战术阵型。该阵型能组成巩固的防线，有利于快速反击，中、后场队员特别是两个边后卫能随机插上进攻，充当边锋的作用，增加了进攻的突然性。

（九）"4—3—2—1"（"4—5—1"）式战术阵型

该阵型站位是4名后卫：右边后卫、盯人中卫、拖后中卫、左边后卫，5名中场：后腰、右前卫、左前卫、双前腰，1名前锋、中锋。一般对于遇到实力较强的球队，教练都会选择"4—3—2—1"式阵型（"4—5—1"式战术阵型）的战术阵型和重点盯防的战略。把本方有最经验的锋线队员放在最前面，把重点放在中场上既可以保证后场球门少受威胁又可以为前锋球员创造机会，是以防守反击为主的战术打法。

对于战术阵型的选择主要是由本队上场的队员和对方球队的实力所决定的。教练通过平时的训练了解队员的综合水平、竞技状态及队员相互间的磨合程度，然后确定球员各自位置，并进一步来确定合适的阵型。阵型的选择是多变的，但最常用的是"4—4—2"阵型，这样的阵型可以充分发挥每个球员的作用，并且运动空间广阔、战术多变。

场上阵型随着足球攻守的不断变化而变化，进攻中场和前锋之间的界限越来越不明显，以人数与局部空间的优势来控制中场，中前卫和边前卫频繁的换位便起到了前锋的作用。整体进攻和整体防守的概念越来越深入地注入到足球中来。总的来说战术阵型只是人们的一个构想和符号。要实现它必须要由球员的能力与发挥程度来决定。但它终究是足球这个庞大的有机体里面不可缺少的重要部分。

（十）"混凝土"式战术阵型

"混凝土"阵型是由意大利队在1949年飞机遇难，失去17名优秀队员后所创造的，50年代中期在世界范围逐渐得到普及。

该阵型是一种完全侧重防守的位置排列，清道夫担负防守组织、指挥的核心作用，他位于除守门员外所有防守者之后。如果任一区域被对手突破，清道夫将补上迎战；如果有进攻者无人盯防，清道夫也将上前堵截；当清道夫离位参战时，必须有其他防守队员补上清道夫的位置。

该阵型的指导思想在于筑起坚固的防守，但其变化形式则是多样的，有时进攻人数可排列 3～4 人，有时仅 1～2 人。当与"4—2—4"式战术阵型交锋时；"混凝土"式战术阵型常以"1—4—2—3"或"1—4—3—2"阵型对垒；当对方采用"4—3—3"式战术阵型时，它又常呈现出"1—3—4—2"或"1—3—3—3"式战术阵型布局；有时对方攻击性较强时，"混凝土"式战术阵型还可排列为"1—5—2—2"式战术阵型。总之，"混凝土"式战术阵型无论对方怎样布局，它总是在防守上至少多于对方一个队员，以稳固防守阵线。

## 三、各个位置的职责

（一）守门员：主要职责是守住球门。由于守门员处在最后，能纵观全局，及时发现本队进攻及防守上的不足，他要及时提醒队员弥补这些不足，起一定的指挥作用。守门员接住球后，他又是本队进攻的第一个发起者，将球迅速而准确地传给处在有利位置的同伴。

（二）边后卫：可分为左右边后卫，主要职责是防守对方的边锋以及其他进攻队员在边路的活动，破坏对方由边路发动的进攻。尽力不让对手得球和从边线切入。对方从中路进攻时，除注意对方边锋外，还应向中央收缩，准备补中卫的漏洞。现代足球踢法的特点之一，是边后卫直接参加进攻。守门员接住球后，边后卫要立即跑向边路空当，准备接球组织进攻。边锋内切或回撤而拉出边路空当时，应及时插上进攻，起边锋作用。

（三）中卫：中后卫有突前中后卫和拖后中后卫之分。前者主要任务是盯守对方突前的最有威胁的中锋，因而又被称为盯人中后卫；后者则主要担负整个防线的指挥任务，其站位经常处于其他防守队员后面，一般称他为自由中卫。中后卫是防守支柱，主要职责是封锁通向球门的主要通道，保护门前的危险区，制止对方射门，并随时准备弥补其他后卫的漏洞，组织好防守阵型。现代足球比赛中，出现了"自由中卫"，他拖在几个后卫的后面，弥补整条防线的漏洞，是组织防守的指挥者，也是进攻的积极参与者。

（四）前卫：通常称之为中场队员。中场是一个非常重要的区域，控制了中场也就是得到了比赛的主动权,因此比赛各队往往都在中场投入较大力量。前卫是进攻的组织者。主要职责是控制中场,是后卫与前锋的桥梁和攻防的枢纽,并控制进攻的速度和节奏。在现代足球比赛中,没有快速、全面型的前卫,是组织不起全攻全守型打法的。当突前中锋拉到边线或回撤时,前卫要及时插上,担任中锋角色。边锋内切或回撤时,前卫要插到边线起边锋作用。前卫前后左右大范围的交叉换位和频繁插上进攻、射门,是现代前卫的特点。前卫可分为:

1. 前腰。这个球员一般是攻击的中枢,大部分的进攻会经由他进行策划,是球队的大脑,也是所谓的指挥官,一般由传球、控球、射门能力都比较强,技术、战术、意识比较全面的队员担任。

2. 右中场。站位在前腰球员的右侧,靠近右边线,为球队的主力攻击手之一。进攻时需要上去参与,防守时需要回来。

3. 左中场。相对于右中场,于另一侧的相同职位。左中场如果是左脚选手的话更有优势,传中、过人更方便。

4. 后腰。相对于前腰,虽然他也经常参与进攻,但后腰的主要工作需要放在防守上。一般由防守能力强,善于卡位和抢断的选手担任。这个位置的队员的特点是奔跑能力和远射强,后腰是后卫前面的最后一道屏障。

(五)中锋。一般站位在对方球门前最危险的地带,如小禁区周围等。其特点是身体好、身材高大、力量强,能对对方的后卫形成明显的压力,是球队的攻击力重点,是队内的尖刀和炮手,主要职责是突破射门。进攻时,依靠传球配合,运球突破和积极的穿插、接应等创造射门机会。同时还经常与边锋、前卫交叉换位,扰乱对方防线,为同伴创造插上、切入或射门机会。由攻转守时,应立即回抢,阻挠对方反攻,破坏其第一传或延缓其进攻速度。

(六)边锋。相对于中锋,边锋的攻击重点在球场的左右两个边线地区,负责边路进攻。进攻时,依靠个人突破和配合突破,从边路打开缺口,策应中锋,互相配合以取得进球。边锋应具备熟练的运球过人技术,机智快速的起动和奔跑能力,以及准确的传中和射门技术。他还要负责踢角球。一侧突破后,另一侧边锋要及时冲向本侧球门柱进行包抄射门。边锋经常要与突前中锋或另侧边锋交叉换位。由攻转守时，要紧盯防守自己的后卫，阻止其自由助攻，除在前场、中场担负防守任务外，当本队同侧边后卫因插上助攻来不及回防时，还要回防到后场补位防守。

# 第四章 小型足球

## 第一节 小型足球的概述

小型足球通常是指每个参赛队场上比赛人数少于标准比赛的 11 人，场地规模小于标准比赛场地，比赛时间相对短于标准比赛时间的足球竞赛活动。在基层，正式的 11 人制比赛受到各种条件的限制难于普及和开展。小型足球受场地和器材限制较少，参赛人数可多可少，易于组织，是深受广大足球爱好者喜欢的一种比赛形式。在基层的企、事业单位和学校，乃至街头巷尾，足球爱好者自发组织的小型足球比赛，种类繁多，形式多样。小型足球竞赛活动不但具有增进健康和娱悦生活的价值，而且还有着自身的特点和作用。所以，长期以来在得到人们接受和认可的同时，也在不断地完善和形成体系。目前，在国际上普及较广，有统一竞赛规则的小型足球比赛包括 7 人制、室内 5 人制、4 人制和 3 人制等几种。

## 第二节 小型足球的发展状况

国际小型足球的发展：小型足球是和现代足球运动同步诞生的，"十一人制"比赛需要标准的足球场地和较多的人员参加，作为足球运动爱好者，不是每时每处都可以具备这些条件，而在人数较少和场地不够标准的情况下，人们自然会想到把规模缩小，这就诞生了小型足球。小型足球在开始阶段是自发的，没有严格统一的规则限制，从很多资料考证，小型足球在世界各地广泛开展已有悠久的历史，特别在欧洲和南美洲的很多国家和地区，是一种喜闻乐见的体育游戏活动，一直盛行于民间。"七人制"比赛在欧洲和南美的很多国家早有开展，基本套用"十一人制"的规则，但一直没有举办过较大规模的国际比赛。"五人制"比赛作为一种街头足球的活动形式，在世界各地流行最广。1988年成立国际足联"五人制"足球组织，制定了正式的《室内"五人制"足球竞赛规则》。1989年在荷兰举办了第一届世界室内"五人制"足球比赛，并规定每四年举办一届，现已举办六届。"四人制"比赛近年最先产生于德国，并很快在世界范围普及，1995年在德国柏林举办了第一届国际彪马街头（即"四人制"）足球赛。目前"四人制"比赛的规则并不统一，不同的国家和地区有不同的规则规定。"三人制"比赛现在在世界各地很流行，但多是作为一种普及和推广足球运动的手段，在群众和中小学中开展，并无正式的比赛，规则一般是按照《室内"五人制"足球竞赛规则》自行修定。

中国小型足球的发展：我国小型足球运动的开展是随着现代足球运动传入而发展起来的，在南方的很多地区有着良好的小型足球活动的传统。其中广东、广西、港澳和上海的小型足球赛开展较多。"七人制"足球在我国有较长的发展历史，也有深厚的群众基础，早在现代足球传入我国的初期，在香港就有"七人制"足球活动，随后在广东、澳门、上海和湖北等地展开。香港每年举办的"会长杯"、"七人制"比赛至今已有近六十年的历史，广东每年都举办"七人"制的青少年比赛，我国还曾制定统一的《"七人制"足球竞赛规则》。我国"五人制"、"四人制"和"三人制"比赛基本是受国际大环境的影响，逐渐在我国发展起来的。1984年在广州首次举办"五人制"全国邀请赛，1989年中国足协组团赴荷兰观摩首届世界室内"五人制"比赛，随后发出"通知"，号召在我国开展"五人制"足球活动，并将大连、上海、广州等城市列为重点开展地区。1995年中国足协举办恒源祥杯首届室内"五人制"锦标赛、暨世界杯预选赛，上海队获冠军，并代表中国在1996年参加第三届国际足联室内"五人制"锦标赛亚洲东亚赛区的资格赛，结果勇夺第一名，直接参加第三届世界室内"五人制"足球锦标赛。2008年5月11～18日中国室内五人制国家足球队在泰国曼谷举行的五人制亚洲锦标赛暨世界杯亚洲区预选赛比赛中，顽强拼搏、不畏强敌，取得了亚洲室内五人制足球锦标赛第四名，并历史性地获得了2008年室内五人制足球世界杯的参赛资格。这是中国五人制足球实现历史性突破，也是中国五人足球技战术水平跻身世界列强的标志。

"四人制"比赛，1995年首次在北京举行全国少年选拔赛，以参加在柏林举办的第一届国际大赛。"三人制"比赛在基层开展较早，深得群众欢迎。

## 第三节　小型足球的特点和作用

一、场地器材简易，便于在基层普及和开展。小型足球的场地面积相对较小，器材也简易，符合一般的基层单位和大、中、小学的条件和状况，更适合在大、中、小学、企事业、基层单位范围组织和开展。

二、比赛形式多种多样，人数可多可少。小型足球除了上述几种比赛形式比较普及之外，很多国家和地区也组织9人制和6人制等比赛，甚至在基层小型比赛中还有男女混合组队的比赛等。这有助于活跃业余生活，促进足球运动的发展，促进全民健身运动的广泛开展。

三、比赛中接触球机会多，有利于提高技术水平。场地小和人数少，使每名参赛者有更多的机会接触球。这对提高运动员在实战中运用和发挥技术的能力大有裨益。尤其对技术水平较低的基层业余队和少儿足球队，有更大的促进作用。

四、场上攻守转换节奏快，战术灵活多变，对体能要求较高。比赛中双方队员及本队队员之间的相互距离较近，常处在短兵相接的拼抢状态，由守转攻和由攻转守的次数多、频率快，加之场地小和人数少，教练或场上核心队员容易对球队的整体进行控制，根据比赛需求，快速、灵活地调整战术。这种快节奏和多变化又对运动员的速度耐力提出了很高要求。

五、比赛的射门机会多，比分高。小型足球比赛由于场地小，有效的射门区域相对较大，进攻方在中线附近只要摆脱对方的封堵就可以射门，所以射门得分的机会较多，每场比赛的进球数一般比"十一人"制比赛高很多。因此，小型足球既有利于培养运动员的射门能力，又有良好的观赏性。

六、具有广泛的适用性。小型足球既适合于在基层群众及青少年中开展，又可作为一种训练手段在高水平的职业队中运用，以提高运动员的实战能力。

## 第四节 小型足球比赛的基本战术阵型

一、"七人制"足球：比赛的基本战术阵型是"3—3"式，即三个后卫，三个前锋，另设一守门员。根据战术需要和对方队情况可变为"3—1—2"式、"3—2—1式"和"2—1—3"式等战术阵型。

二、"五人制"足球：比赛的基本战术阵型是"2—2"式，另设一守门员。根据需要可变阵为"3—1"式和"1—2—1"式等战术阵型。

三、"四人制"足球：比赛的基本战术阵型是"1—2"式或"2—1"式，队员一般呈式三角形站位，有位置分工。

四、"三人制"足球："3人制"足球的主要不同点是没有守门员，3名比赛队员呈"1—2"式或"2—1"式三角形站位。

## 第五节 小型足球简要竞赛规则

### 一、"七人制"足球竞赛规则

（一）比赛场地

场地长度为 50~80 米，宽度为 35~55 米。场地必须是长方形。正式比赛场地的长度为 64~75 米，宽度为 50~55 米；球门的高度为 2 米，宽度为 5.5 米，其他各线的长度、宽度，以及球门柱和球门横梁的宽度或厚度不得超过 10 厘米。

（二）比赛用球

国际标准 4 号足球。

### （三）队员人数

一场比赛应由两队参加，每队上场队员不得多于7人，其中必须有1人为守门员。如果比赛前任何一队队员少于5人或在比赛中队员被罚出场，致使场内队员少于5人时，该场比赛队员少的队为弃权，对方2∶0胜，如对方净胜球数超过2个，则按实际比分计。每场比赛准许换三个人。

### （四）队员装备

运动员上场不准穿钢钉球鞋，队员服装统一，号码必须固定，队长戴袖标。

### （五）比赛时间

1. 上、下半时各30分钟，中场休息10分钟。
2. 某队迟到5分钟以上按自动弃权处理，本场裁判有权判该队本场比赛0∶2失败。
3. 比赛时间分为两30分钟相等的半场。在每半场比赛因各种原因损失的所有时间应被扣除。在每半场比赛结束时，如因执行罚点球，应允许延长时间执行罚完点球为止。
4. 上下半场之间的休息时间不得超过10分钟。
5. 半决赛及决赛，若在比赛时间内不能决出胜负，立即进行点球决战。

点球决胜办法：每队派3名队员依次轮换踢球，若决出胜负则比赛结束。如果前3名队员踢成平局，则各队继续派第4名队员追加踢球，依次1对1，直到分出胜负为止（对守门员的要求与11人制规则相同）。

### （六）犯规与不正当行为

裁判员认为，如果队员草率地、鲁莽地或使用过分的力量在双方进行争抢或对方队员控制球时实施铲抢，被视为严重犯规，判给对方直接任意球；可根据犯规严重情况给予黄牌警告或罚出场。这条规则是和十一人制规则最大的区别，说明七人制足球对于不论从各方向进行的铲球只要动作过大，力量过分都进行判罚。原则上不允许铲抢。

### (七)任意球、点球、角球、球门球、界外球、越位

任意球：任意球有直接任意球和间接任意球两种。直接任意球直接入门得分；间接任意球直接入门不算得分，除非球入门前碰对方或本方队员进门可算得分。

罚球程序：

1. 将球放定在犯规地点。
2. 对方队员距球至少8米。
3. 球被触动后即算比赛开始。

罚则：

1. 球在踢出前，对方进入距球9米以内，裁判员应该将罚球延至符合规则规定后再开出，对进入9米内的对方球员给予警告。
2. 球踢出后如果没有碰到本方队员或对方队员而踢任意球者再次触球的，应示为重踢，判给对方在原地点踢间接任意球。
3. 裁判员认为罚球队员有意拖延比赛时间，可出黄牌，并判对方在原地点踢间接任意球。
4. 在本方禁区内踢任意球，球要出罚球区比赛才算开始。在对方罚球区内踢任意球，球应放在距犯规地点最近的罚球区线上进行。

点球：罚球点球规则同十一人制比赛规则。

角球：罚角球规则同十一人制比赛规则。

球门球：罚球门球规则同十一人制比赛规则。

界外球：当球的整体从地面或空中越过边线后，应由球出界前最后触球的对方在球出界处掷界外球恢复比赛。掷界外球规则同十一人制比赛规则。掷界外球直接进门不算得分。

越位：越位规则同十一人制比赛规则。

### (八)纪律及处罚条例

1. 在比赛中发生打架或对裁判、对方球员恐吓的球员或领队，按情节给予处罚，严重者取消本次赛会比赛资格。球员个别打架，立即出示红牌。双方球员打群架，比赛立即结束，本场比赛无成绩，各记零分。
2. 在比赛中，如对裁判执法不满可于赛后及时照会仲裁委员会，

切不可作出不理智之行动。

3. 领红牌或同场两张黄牌者须自动停赛一场。

4. 球队要在比赛前 10 分钟到场，球队负责人在比赛前 5 分钟要将参赛证交由当值裁判核对。

6. 参加球队及领队负责人对以上规定必需在赛前承诺一切责任。

（九）互踢球点球决胜的规定（淘汰制点球决胜办法）

互踢球点球程序：

1. 比赛结束时由场上参赛队各 5 名队员轮流踢。在踢满 5 次前，有一方已明显超过另一方时，比赛结束，进球多的队获胜。

2. 踢完第一轮尚未决出胜负的，继续由场上其他队员一对一轮流踢，决出胜负。

## 二、"五人制"足球竞赛规则

（一）比赛场地：场地必须是长方形，场地长度为 25~42 米，宽度为 15~25 米。建议正式比赛场地的长度为 38~42 米，宽度为 18~22 米。球门高度为 2 米，宽度为 3 米，各线宽和球门柱及球门横梁的宽度或厚度不得超过 8 厘米。第二罚球点是离球门线中点 10 米，并与球门线垂直的标记点。罚球区是由两门柱为圆心，各以 6 米为半径画弧与球门线相接成直角，此弧线上部分为一长 3 米的直线与两球门柱之间的球门线平行，此弧线内的地区为罚球区。两球门线中点向球场内量 6 米处设一点，此点为罚球点。角球区是球门线与边线交接点为圆心，以 25 厘米为半径画弧构成的区域。

（二）比赛用球：国际标准 4 号球。

（三）队员人数：每队上场队员不得超过 5 名，其中一名必须为守门员。比赛中任何一队场上队员少于 2 名时，则不能比赛。列入替补名单的替补队员不得超过 7 名，比赛中可随时替换场上队员，被换下场的队员可再次作为替补队员参加同场比赛，换人时队员必须在换人区进出场地。替换守门员必须在成死球时。

（四）队员装备：球鞋为胶底或类似质料制成的鞋。

（五）比赛时间：比赛分两个半场，每半场为 20 分钟。上下半场之间休息时间不得超过 10 分钟。双方各队可在每个半场要求一次 1 分钟的暂停，暂停须在成死球时，队员此间不得离场。

（六）犯规和不正当行为：判罚直接任意球的犯规，除"十一人制"竞赛规则规定的之外，还包括铲球和合理冲撞；判罚间接任意球的犯规，还包括守门员违例：

1. 守门员抛球后，球未越过中线或未经对方队员触及，接得同队队员回传球，则由罚间接任意球。

2. 守门员用手接控同队队员回传球，包括踢界外球和用脚以外的回传，则由对方在离犯规点最近的 6 米线上罚间接任意球。

3. 在任何场地区域，用手或脚控制球超过 4 秒钟。

4. 在抛或传出球后，球未过中线或未经对方队员触及，而接受同队队员的传球。

5. 3、4 在犯规地点罚间接任意球，如犯规地点在罚球区内，则在就近的 6 米线上罚间接任意球。

（七）任意球：一方队员罚任意球时，对方队员必须至少距离球 5 米。若主罚队没能在 4 秒钟内将球踢出，由对方踢间接任意球。

（八）累计犯规：当某队在半场时间内累计犯规 5 次之后，再次犯规时，不管是何种犯规，对方罚任意球均可直接射门得分，且防守时不得采用"人墙"。踢此任意球前，除守门员和主罚队员外，其他队员必须站在球与球门线平行和罚球区外的无形线之外，且至少离球 5 米。守门员必须站在己方罚球区内并至少离球 5 米处。主罚队员必须直接射门，球被踢出后，任何队员不得触球，直至球被守门员触及或由球门柱和横梁弹回或球被踢出比赛场地。如进行加时赛，下半场的累计犯规需在加时比赛中继续累加。

（九）踢界外球和角球：踢球前对方队员应至少离球 5 米。踢球时应将球放稳，并在此后 4 秒钟内将球踢出，否则判对方踢球。

（十）掷球门球：须由守门员在罚球区内将球掷出罚球区外，但不能直接在空中越过中线，否则将由对方在中线上任意一点踢间接任意球（详细规则见后）。

## 三、"四人制"足球竞赛规则

（一）比赛场地：场地长度为 25～30 米，宽度为 15～20 米，球门高度为 1.3 米，宽度为 4 米，（有的比赛场地是用高度 1 米的围板将场地围绕，球触及围板不算出界）。

（二）队员人数：每队场上队员至多 4 名，其中一名必须为守门员，比赛中任何一队不得少于 2 名队员，少于 2 名队员则不能比赛，替换队员的要求与 5 人制规则相同。

（三）比赛时间：上下半场各 15 分钟，全场 30 分钟，中场休息 3 分钟。

（四）罚球：6 米罚球。在 6 米罚球点执行，罚球时只有主罚队员和守门员可进入球门区，罚球踢出后，主罚队员必须立即离开球门区后，方能继续参与比赛。主罚队员踢球前支撑脚不能移动（即不能助跑），也不可做任何假动作。9 米罚球在 9 米罚球点执行，罚球点和守门员之间不可有其他防守队员，主罚队员踢球前可移动一步，但不可做假动作（对守门员的要求与 11 人制规则相同）。

（五）区域限制：比赛中，场上队员不许进入球门区，只有守门员可在球门区内活动，且不得离开此区。守方队员进入己方球门区，应判由攻方队员罚 9 米罚球。攻方队员进入守方球门区，应判守方队员在球门区 3 米外最近犯规地点踢直接任意球。如守门员离开己方球门区，则判对方罚 6 米罚球。守门员离开球门区阻截球时，裁判员可根据有利条款不判罚，但事后应警告该队员。如果攻方队员射门后冲入对方球门区，射中判有效，未射中则判越区犯规。

（六）任意球、角球和踢界外球：队员踢以上定位球时，对方队员必须至少离球 3 米。踢球队员须将球放稳，此后在 4 秒钟内将球踢出，否则判对方踢球。其他规则要求与"五人制相同"，但无累计犯规的限定。

## 四、"三人制"足球竞赛规则

（一）比赛场地：场地长度为 24～28 米，宽度为 14～16 米，球门高度为 0.8 米，宽度为 1.2 米。

（二）比赛用球：国际标准 3 号球。

（三）队员人数：比赛开始时每队场上队员至多 3 名，不设守门员，比赛中任何一方场上队员不足 2 名时则比赛无效，算对方获胜。替换队员与"五人制"规则相同。

（四）任意球、角球和踢界外球与 4 人制规则相同。

（五）罚球点球：守方队员在球门区内被判直接任意球犯规时，一律判罚球点球（包括队员在本方球门区内触球），罚球点为球场的中点。罚球点球时，除主罚队员之外，双方其他队员必须站在中线的另侧，并至少距离球 3 米。

其他规则要求与"五人制"相同，但无累计犯规的限定。

（六）射门得分有效：在球越过中线进入对方半场后的射门得分才有效。

# 第五章　身体素质训练

## 第一节　身体素质训练概述

身体训练是足球运动训练的重要组成部分。是确保运动员有机体适应大负荷足球训练和比赛的保障，为促进足球运动员身体全面发展，为运动员掌握各种技、战术动作创造了物质条件，是使运动员在比赛中保持高度的竞技状态，充分发挥技术、战术水平以及改善运动员的机能，提高运动能力，延长运动寿命，减少运动创伤，培养坚毅、顽强、勇于吃苦的优良品质的有效手段。

现代足球运动正向全面、快速的方向发展，比赛中争夺日益激烈，这对运动员的身体训练提出了更高的要求。因此，重视和加强身体训练，坚持经常地、全面地、系统地、科学地进行训练，对迅速提高我国的足球运动技术，赶超世界先进水平，具有十分重要的意义。

足球运动是一项争夺激烈、对抗性很强，以间歇性、高强度的反复冲刺跑以及在长时间剧烈的奔跑中频繁换位的混合性运动项目。现代足球比赛自20世纪70年代"全面型"足球问世以来，呈现出"强对抗，高速度"的明显特点。足球比赛不仅强度大，而且每场比赛之间的密度也大，没有良好的身体训练水平，就很难自始至终地发挥高水平的技术、战术能力。随着现代足球朝着全攻全守方向发展，对运动员身体素质的要求也越来越高。对足球运动员的体能要求日益突出，因此，身体训练就显得很重要。

随着足球运动技术、战术水平的迅速发展、提高，身体训练也不断发展。改变了过去身体训练的片面性，加强了全面的身体训练，并结合足球项目的运动特点，在进行速度、柔韧、灵敏、力量、耐力等素质训练中，多采用在运动中有节奏和强度较大的训练方式，改变了以往在静止中进行柔韧、协调、力量等素质以及教条死板的速度训练方式，因而促进了足球运动员身体素质的全面发展和提高。

近些年，从世界各洲际杯和世界杯等大型、重要足球比赛的情况看，运动员在动态中奔跑、变向的能力，争抢、拼抢、协调能力较过去有明显提高，比赛之激烈更提高了足球的观赏性。这说明足球运动员的身体素质在不断提高。也可以看出世界各强队已把身体训练放在了十分重要的位置。他们的成功经验表明，科学、系统的身体训练是提高足球运动技术水平的重要因素之一。实践证明，良好的身体训练对于防止和减少运动损伤、延长运动寿命具有很重要的作用。

目前，我国足球运动水平还不高，其中一个很重要的方面是身体训练水平较低。因此，加强科学的身体训练，提高身体训练水平，对迅速提高我国足球运动水平，具有十分重要的现实意义。

身体训练由速度、灵敏、柔韧、力量、耐力等素质训练所组成。在足球运动中，对队员的全面体能要求是很高的。有这样一句话："技术是基础，战术是手段，身体是保证。"可见身体训练占有极为重要的地位。没有良好的身体素质，就难以发挥技术和战术水平。

足球运动员身体训练的内容包括一般身体训练和专项身体训练两个方面。一般身体训练的任务是全面发展足球运动员所需要的一般身体素质；专项身体训练的任务是在全面发展一般身体素质的基础上，着重发展足球运动员所需要的专项身体素质，并使其与足球技术紧密地结合起来。进行一般身体训练，有助于促进专项素质的提高；反之，进行专项素质的训练，也会促进一般素质的提高。这两者虽有内在联系，但决不能互相取而代之。因为，全面系统的一般身体训练，可以促进一般素质的全面发展和提高，而专项身体训练则是根据专项的技术特点，为提高专项运动技术水平的需要而发展的专项素质。

所谓身体素质，就是运动员在训练和竞赛过程中，在力量、速度、耐力、柔韧、灵敏等方面机体工作能力的表现。一般身体素质是运动员表现在上述诸方面的基本能力。专项身体素质则是运动员在专项运动中从力量、速度、耐力、柔韧、灵敏等方面表现出来的特殊能力，如：专项力量主要是起动、冲跑、急停、转身、踢球、顶球及进行合理冲撞时所表现出来的腿、腰、腹等部位的快速力量及力量耐力；专项速度主要表现为对球、同伴和对手等刺激物应答的反应速度，以及在各种随意状态下突然起动、冲跑等方面的位移速度及技术动作速度；专项耐力则突出表现为短距离反复冲刺跑的速度耐力。

足球运动员的一般身体训练与专项身体训练的关系十分密切，在身体训练中只重视一般身体训练，忽视专项身体训练，足球技术水平的提高就会受到限制；相反，只进行专项身体训练，不重视一般身体训练，运动员就很难得到全面、协调、均衡的发展，运动水平的提高同样也会受到限制。因此，对足球运动员的身体训练，要根据足球运动的特点，将一般身体训练和专项身体训练有机地结合起来，并合理地安排。

在各项身体素质中，从足球运动的专项特点来看，力量和速度是运动员在比赛中完成全队和个人战术打法的基础，而速度耐力则是运动员在比赛中始终发挥高水平竞技能力的保证。因而对于高水平的运动员来讲，抓好身体素质的训练是十分重要的。身体素质训练时，应该充分考虑各项素质间产生的相互作用和影响。以科学的方法和手段安排各项身体素质训练促使运动员身体素质全面发展和提高。

## 第二节　身体训练中应遵循的原则

### 一、身体训练自觉积极性原则

人的自觉积极性是完成各项任务的基础和保证。在足球专项身体素质训练中，同样需要发挥人的自觉积极性，只有调动起练习者的积极性，才能达到训练目的。因此，自觉积极性原则对明确训练目的，端正训练的态度以及自学苦练，有着重要作用，运动员积极思维开动脑筋，把认真练习的想法变成为自觉行动的基本原则。

## 二、身体训练科学化、系统化训练原则

足球运动员身体素质的提高是一个长期的过程。经过训练，运动员在身体形态、生理、生化方面所产生的一系列适应性良好变化，是一个由少到多，由低到高渐进的积累过程。只有长年坚持，持续不断地进行训练，才能使这些适应性的变化逐步地提高，否则训练缺乏科学系统性，就会使已经建立起的暂时性神经联系逐渐中断，条件反射消退，从而使身体素质的发展受到很大影响。

任何事物的发展都有一个由浅入深、由少到多、由低到高的规律。足球运动员身体训练也必须遵循这个规律，否则急功近利，往往欲速则不达。在训练实践中应注意：运动量逐步加大；先上量，再上强度；在有氧代谢能力训练的基础上，发展无氧代谢能力。

世界优秀足球运动员的成功经验告诉我们：只有进行多年严格、科学的系统化训练，才有可能成为一名优秀的运动员。

各项身体素质的发展都有其本身的内在联系和各自的体系，只有根据其内在联系，以一定的顺序安排训练内容，使运动员循序渐进地去掌握和提高，才能取得良好的训练效果。任何企图超越某些阶段、片面追求短期训练效果和早期强化专项训练，必然会导致运动员的"早衰"，甚至造成运动生命夭折，半途而废。因而，足球运动员身体训练的安排要因时、因人、因位置特点而异，要从运动员的身体状况、比赛要求、训练条件的实际情况出发。根据不同的周期、不同的阶段，以及训练的任务和竞赛的要求，制定周密的计划，有针对性地确定身体训练任务、合理地选择身体训练方法、手段和科学地安排身体训练负荷。这样才能保证足球运动员的身体训练效果。

## 三、身体训练与专项运动特点相结合的原则

身体训练的目的是为了提高专项运动成绩，因此，身体训练要结合专项运动特点来进行综合训练，才能保证足球运动所需的机体机能和专项运动素质的发展，才能有利于足球技术、战术的提高。

身体训练要与技术、战术训练相结合。在内容的安排上必须从技

术、战术的实际需要出发，不仅要从技术动作表现的形式上结合，还应以运动学、力学特征、生理生化学等几方面考虑，这样才可使专项技术得到巩固与提高，也才更有利于身体训练的效果通过专项技术转化到运动水平的提高上。身体训练中还应尽可能采用结合球的在快速、对抗等完全动态中进行训练，使身体训练更符合实战的要求。

## 四、身体训练从队员实际出发，区别对待原则

由于运动员的年龄、身体条件、训练水平及承担负荷的能力等方面存在着差异，以及运动员场上位置的不同，所要求的相关素质存在着明显差别。因此，训练中应根据不同训练对象的特点和实际情况切实合理地选择训练方法和制定学习目标，在原有身体素质的基础上，利用有效合理的练习手段和运动量安排，进行专项身体素质训练。如果要求过高、内容难度过大、选择训练方法不当或运动负荷不合实际，就会超出队员的实际水平和承受能力，这样不仅难于完成训练任务，反而会产生不良后果，甚至会出现严重的伤害事故。相反，如果运动量强度太小或要求过低，则达不到身体训练应有的效果。因此，在进行专项身体素质训练前，一定要从实际情况出发，区别对待，制定切实合理的训练计划，然后再进行训练，以保证每名运动员的训练效果。

## 五、身体训练不间断性原则

不间断性原则是指，从开始从事初级运动训练到出现优异运动成绩以及保持这一水平，直至运动寿命的终结，一直坚持进行系统的、连续不断的训练。运动技术、战术的掌握过程实质上是建立条件反射的过程，如果训练有中断，暂时联系得不到强化，能力就会消退。机体负荷适应反应，必须不断积累，由量变到质变。时断时续的训练，非但不能积累良好的适应变化，而且会降低机能水平。

## 六、身体训练全面发展的原则

足球运动竞技需要综合的、全面的身体素质，在进行专项身体素质训练时，要从全面发展的原则出发，从不同的素质内容、训练方法

和手段着手，使身体的各个部位、器官和系统的机能，以及身体和各种素质得到全面的发展。由于人体是在大脑统一指挥下的有机整体，身体各部位、各系统的机能和各种素质之间都有密切的联系，而且相互制约，如果训练安排得当，协调得好，训练中人体各部分就能够相互促进，共同提高，使身体素质得到平衡发展。此外，训练中要注意优势素质和困难素质的协调发展，有的人有天生的优势素质，也有相对薄弱的素质，训练时要从全面的原则出发，多进行薄弱素质的训练，达到全面协调发展的目的。

## 第三节　身体训练的内容与任务

### 一、身体训练的基本内容和方法

#### （一）力量素质练习

力量是指肌肉收缩时产生最大力量的能力。力量是速度、速度耐力、灵敏和弹跳力等素质的基础。在激烈的足球比赛中，突起突停、转身变向、快速奔跑、合理冲撞、跳起顶球、掷界外球、远距离传球和射门等都需要良好的力量素质。足球运动员的力量特点是以动态用力成分为主的一种非周期性肌肉活动，是快速而富有弹性的爆发力量。足球运动员力量素质应是在发展全身力量的基础上，重点发展腿部和腹、背的力量。因此，各种负轻重量的练习，如踢实心球、绑沙袋跑、连续快速推挺轻杠铃的练习等，以及徒手的各种发展力量的练习，如俯卧撑、仰卧起坐、蛙跳等，对于发展足球运动员的力量有重要的作用。

力量素质是指人的机体或机体的某一部分肌肉工作（收缩和舒张）时克服内外阻力的能力。外部阻力是指物体的重量、支撑反作用力、摩擦力以及空气或水的阻力等。内部阻力包括肌肉的粘滞力、关节的加固力及各肌肉间的对抗力等。外部阻力往往是发展力量素质的手段，人体在克服这些阻力中提高、发展自身的力量素质。

力量素质对人体运动有极大影响，是人体运动的基本素质，是进行一切体育活动的基础。力量素质影响并促进其他身体素质的发展，力量素质的水平高低直接影响技术动作的掌握和运动成绩的提高，力量素质也是衡量运动员身体训练水平的重要指标。因此，对力量素质的发展应给予足够的重视。

1. 力量素质练习的基本手段与方法

现代运动训练的一个十分重要的特点是手段和训练方式越来越多样化。力量素质练习的基本手段和方法可分为：

（1）负重抗阻力练习，这种练习可作用于机体任何一个部位的肌肉群。这种练习主要依靠负荷重量和练习的重复次数刺激机体发展力量素质。负重抗阻力练习的方式多种多样，负荷的重量及练习的重复次数可随时调整，它是身体素质练习中常用的一种手段。

（2）对抗性练习，这种练习的双方力量相当，依靠对方不同肌肉群的互相对抗，以短暂的静力性等长收缩来发展力量素质。如双人顶、双人推、拉等。

这种练习主要是由人体四肢的远端支撑完成的练习，迫使机体的局部部位来承受体重，促使该局部部位的力量得到发展。例如引体向上、倒立推进、纵跳等。

（3）利用力量练习器械的练习，练习者可以让身体处在各种不同的姿势（坐、卧、站）进行练习。它不但能直接发展所需要的肌肉群力量，还可减轻心理负担，避免伤害事故发生。

（4）静力性练习，是指人体采用相对静止的动作，利用肌肉长度不变，主要改变张力的变化特点来发展力量素质。它的最大特点是物理上表现的功为零，但生物体却依然存在做功的功能。能更有效地提高肌肉的张力与神经细胞的机能水平。

（5）等动练习法是借助于专门的等动训练器，在动力状态下，人体肌肉的抗阻力程度始终恒定，且动作速度均匀的练习方法。这种方法的最大特点是，人体接受外部负荷刺激所产生的生理反应强度，在人体动作的变化过程中始终保持恒定，并使关节各个角度的肌肉用力表现出最大用力或恒定用力。国外研究认为，快速等长练习能使各种运动速度的力量都得到增加，慢速等练习所增加的快速力量耐力大于慢速等动练习所增加的慢速力量耐力。

（6）组合练习，是将动力性的克制性练习、退让性练习和静力性练习等方法进行不同的组合，有效地提高力量耐力和快速力量。从生理和生物力学角度看，各种肌肉收缩方式混合练习，增加了机体对刺激的适应难度。提高刺激的作用，能收到更快提高力量的效果。

（7）持续不断地重复用力法，这种方法的特点是负荷量的大小应随肌肉力量的增加而逐渐增加。当运动员能重复更多次数时，便表明力量有了提高，即应增加负荷的重量。重复用力的方法适用于训练的各个时期和阶段。其作用在于加强新陈代谢，活跃营养过程，并有助于改进协调性，加强支撑运动器官能力，并能迅速而有效地提高肌肉力量。

2. 发展足球运动员不同力量素质的基本练习内容和方法

发展提高力量素质的本质，在于发展肌肉力量。发展肌肉力量的动作方法有：

（1）俯卧撑。发展三角肌的前部、胸大肌以及肱三头肌等上肢力量。动作方法：是俯身，手掌撑地，手指向前，两臂伸直，两手撑距同肩宽，两腿向后伸直，两脚并拢以脚尖着地；两臂屈肘向下至背低于肘关节，接着两臂撑起伸直成原来姿势。

练习要求：身体保持平直，不能塌腰成"凹"形，也不可拱臂成"凸"形。多次重复该动作，提高练习难度和效果。可以改变动作方法进行练习，如：将手掌撑变为手指撑、两臂宽撑、一腿抬起，另一腿着地、两脚放在横木上等等。

（2）引体向上。发展胸大肌、背阔肌以及肘关节屈肌群等力量。动作方法：两手正握或反握单杠，握距同肩宽，两脚离地，两臂伸直，身体悬垂。引体发力，身体向上拉至头过杠面，然后身体慢慢垂下来成原来姿势。

练习要求：两臂发力引体时不要借助身体摆动和屈蹬腿的力量。为提高练习难度和效果，可将身体负重做练习。

（3）双杠臂屈伸。发展胸大肌、三角肌前部、肱三头肌等力量。动作方法：两臂屈伸在双杠上，身体垂直在杠内，屈臂至两臂完全弯曲，接着用力撑起，使两臂伸直成原来姿势。

练习要求：身体要直，下肢自然下垂，腿不要屈伸摆动。为提高练习难度和效果，可将身体负重做练习。

（4）仰卧起坐。发展腹肌等力量。动作方式：仰卧在地板上或体操垫上，使身体处于水平位置，腿伸直，两手抱头，然后向上抬，上体至垂直部位，再慢慢后倒成原来姿势。多次重复该动作。

练习要求：起坐动作速度要快，下躺时动作速度应慢。为提高练习难度和效果，可仰卧在长凳上，两手持杠铃片置于脑后，也可两脚固定、仰卧在斜板上，连续做仰卧起坐，还可仰卧连续做元宝收腹起动作等等。

（5）收腹举腿。腹肌和髋关节屈肌群等力量。动作方法：仰卧在地板上或体操垫子上，身体伸直处于水平位置上，两臂伸直自然置于体侧，然后收腹向上举起双腿至垂直部位，再慢慢放下成原来姿势。

练习要求：收腹举腿动作速度要快，放腿速度应慢。为提高练习难度和效果，可仰卧，两脚夹实心球连续做收腹举腿动作；背靠肋木，两手握横木悬垂，两脚夹实心球连续做收腹举腿动作等练习。

（6）体后屈伸。发展伸髋肌和背肌的力量。动作方法是身体俯卧在垫子或凳上，髋部支撑，脚固定，两臂前举连续做体后屈伸动作练习。

练习要求：体后屈时，上体尽量抬高。为提高练习难度和效果，可在上体、手臂增加负重进行练习。

（7）连续跳跃。发展大腿前后群肌、小腿群肌及踝关节力量。动作方法：用单腿跳跃和双腿跳跃进行水平跳、向前跳和向上跳、单腿在高物上交替跳、跳深、多级跨步跳等等练习。

练习要求：上体正直、蹬地有力、动作连贯。为提高练习难度和效果，可在上体、腿部增加负重进行练习。

（8）提踵运动。发展小腿后部的目鱼肌、腓肠肌、腓骨肌、短肌群力量。动作方法是在两腿底下放一块5～6厘米厚的木板，前脚掌踏于木板上，脚后跟着地，然后尽量提高脚后跟再进行放下，连续进行。

练习要求：身体正直、上体挺拔臀部不要后坐。

（9）仰卧推举。发展胸大肌、三角肌前部、前锯肌和肱三头肌力量。动作方法是结合器械仰卧在推架上，调整好呼吸（用力时应先吸气），双手握紧杠铃杆，两手距离略宽于肩，然后把放在架上的杠铃举起，在适当的控制之下慢慢放低杠铃至胸部，轻触胸部的瞬间再立刻出力上举直至两臂伸直状态。此种练习重量应由轻渐重，轻的时候可多举几次，若重量达到体能的最大负荷，则一次刺激也已足够。

练习要求：发力推起杠铃要快，放回胸上要慢。在向上发力推起杠铃时，要尽量避免腰部离开凳面向上借力现象。该动作练习是唯一能锻炼上身全部肌肉的运动做仰卧推举练习也可以用哑铃进行，对发展上身小肌肉群肌力量更为有效。

（10）飞鸟运动。发展胸部及臂部肌肉力量。动作方法是仰卧在板凳上，双手各握一哑铃，两臂伸直，双掌向上，由胸部上面缓缓向两侧放低，尽量伸开两手臂，然后快速回到原来的姿势。因其动作类似鸟飞时双翼上下挥动一般，故取名为飞鸟运动。

练习要求：往两侧平放时呼气，用力恢复原来姿势时吸气。

（11）仰卧过顶举。发展胸肌及背部上部肌肉。动作方法是仰卧在板凳上，双手重叠握住哑铃把的一端，让另一端放下；开始时将哑铃提起，两臂伸直，重量承受在胸部上端，然后慢慢从头顶上下放，直至两臂能舒适伸张到头顶的后下方，然后开始举回成原来的姿势。

练习要求：下放时开始吸气，放至最低点肺部刚好充满气；上举时呼气，恢复到原来姿势时呼气结束。经常练习该动作可以增加练习的难度和效果，可变化为弯臂过顶举。其动作方法是：仰卧凳上，身体平躺，膝盖约成90度角，两脚平放地面，将哑铃提起，两臂伸直，重量承受在胸部上方，然后慢慢从头顶放下，直至手臂大约成90度角时，再收回原来姿势。

（12）杠铃提拉。发展下背收缩肌群及腿后肌群等力量。动作方法是站立于杠铃前，两腿自然开立，两膝稍弯曲，上体前屈，两手正握杠铃，两手距离约同肩宽，两臂伸直，调整好呼吸后，吸气用力慢慢提拉杠铃，此时头部及背部须保持平直，至直立再行放下。

练习要求：握杠时臀部低于肩膀，头、背保持平直，杠铃重量应逐渐加重。

（13）肩负杠铃体前屈伸。发展髋和脊柱的伸肌群力量，腿后肌力量等。动作方法是两脚左右开立，两手握住杠铃，身体由直立姿势屈至上体成水平后再伸直，反复进行练习。

练习要求：两腿伸直，臀部不要后坐，前倾慢，起体快，注意呼吸节律。

（14）肩负杠铃体侧屈。发展脊柱同侧伸肌与屈肌力量等。动作方法是两脚左右开立，两手扶住杠铃片，连续向左、右两侧做体侧屈。

练习要求：上体直立，两腿不要弯曲，侧屈至极限时稍停。

（15）肩负杠铃转体。发展腹外斜肌、腹内斜肌和腰背肌等力量。动作方法是两脚左右开立，两手扶住铃片，向左、右两侧上转体。

练习要求：上体挺拔直立，转体时两脚不能移动，转体至极限时稍停，动作要平稳、缓慢。

（16）杠铃平推。发展胸大肌、三角肌前部、前锯肌、肱三头肌力量等。动作方法是站立，两手握杠铃置于锁骨，连续向前做快推动作。亦可两脚前后开立，向前上方做快推动作，两腿前后交替进行。

练习要求：动作快速连贯协调；杠铃重量逐渐加大。

（17）杠铃弓箭步抓举。发展腰背肌、上肢肌和下肢肌群力量。动作方法是抓举杠铃，两腿成弓箭步，然后恢复原来姿势；连续交替进行。

练习要求：发力快，上下肢配合协调，杠铃重量逐渐加大。

（18）肩负杠铃屈膝蹲跳。发展长背肌群、臀大肌、臀中肌、股二头肌、股四头肌、腰大肌、缝匠肌、半腱肌、腓肠肌、比目鱼肌群力量；提高爆发力和弹跳力，增强心肺的耐力。动作方法是将杠铃置于颈后肩上，双手握杠略宽于肩，双脚左右开立约同肩宽，上体保持挺直，然后屈膝四分之一，随即利用腿部肌力的收缩作用，做原位上跳，使两脚同时离地3~5厘米；如此连续跳跃练习。

练习要求：双手必须牢固握住杠铃，使其不可离开后颈部，上体正直紧腰，两腿充分蹬伸跳起；屈膝深度加深，杠铃重量逐渐加大。

（19）后抛壶铃。发展腿部、腰部及上肢肌群力量等。动作方法：

上体前倾，两手提壶铃半蹲，向后抛壶铃；亦可采用实心球进行练习。

练习要求：腿部发力，挺髋展体挥臂。

（20）高抬腿。发展髂腰肌、大腿屈肌群力量等。动作方法：两手握双杠，左膝结橡皮筋，另一端固定在杠柱上，上体前倾，做抬大腿动作，另一腿积极蹬直，连续练习，两腿轮换做；还可做原地高抬腿跑练习。

练习要求：蹬、抬，送髋，抬腿用力，两手不要拉杠。

3. 力量素质练习注意事项

力量素质发展水平是影响身体训练水平的关键因素，是身体素质训练的基础。为了提高素质的练习效果，在发展力量素质的练习过程中应该做到：

（1）力量素质的发展要全面而又有重点

在发展力量素质的过程中，一方面应使四肢、腰、腹 、背、臀等部位大肌肉群和主要肌肉群得到锻炼、提高，另一方面也要注意发展那些薄弱的小肌肉群的力量。因为足球运动中的许多动作变化是很复杂的，需要身体各部位许多大小不同的肌群协同工作才能完成，所以在发展不同类型力量素质时，应该注意在全面发展的基础上又根据足球运动项目的动作特点而有所侧重。

（2）力量素质训练要结合专项技术动作特点并按照力量练习的正确动作进行练习

足球运动的技术动作，技术结构不同，要求参加工作的肌肉群力量也不同。力量训练时首先要根据专项技术的动作结构和主要肌肉群用力特点、工作方式、用力方向、关节角度等，来确定力量训练的方法。以发展有关的肌肉群力量，只有紧密结合专项特点来安排力量训练，才能收到更好的效果。

然而，每一个力量练习动作，同样也都有各自的技术规格要求，运动员在练习中必须按照技术规格要求去做，才能够有效地发展肌肉群的力量。否则，技术动作变了样，参与活动的肌肉群也就有所改变，就势必影响力量训练的效果。

（3）力量素质训练中要采用大负荷与循序递增负荷

大负荷是指训练的负荷强度和训练总量，一般要用一个人所能承受的最大负荷或接近最大负荷的量来进行训练。因为这可以迫使肌肉进行最大收缩，能刺激人体产生一系列的生理适应性变化，从而导致肌肉力量的增加。为了达到大负荷，训练时无疑要保持较大的练习强度或较大的练习数量。

　　在力量训练过程中，当力量增长后，原来的负荷（主要指重量）就逐渐地变为小负荷了，为了继续保持大负荷，就必须循序渐进递增负荷，从而使其上升一个新的负荷；这样，就可使有关的肌肉群始终在大负荷状态下工作。进行负重练习是力量训练的基本要求。

　　运动员的力量训练一般都是在"超负荷训练"的基础上。所谓"超负荷训练"就是指要求肌肉完成超出平时的负荷。"超负荷训练"通常会引起肌肉成分特别是肌蛋白的分解。"超负荷训练"会导致超量恢复的产生。在超量恢复的整个过程中，肌肉的成分会重新组合，肌蛋白含量得到提高，从而使肌肉更加粗壮有力，相应力量素质也会得到迅速发展。

　　（4）力量素质训练时，要全神贯注，注意安全

　　肌肉活动总是在中枢神经系统的调节下进行的，练习时要全神贯注，使意念活动与练习动作紧密配合、保持一致。这样有助于肌肉力量得到更好的发展。进行大负荷练习时，注意力应高度集中，更不能开玩笑。因为开玩笑很容易造成肌肉放松、精神不集中，而力量练习的负荷又大，不当心就易造成伤害。此外，为了安全练习，达到力量练习效果，在"超负荷"重量练习时，应该加强自我保护和互相保护，避免出现伤害事故。

　　（5）力量素质练习间歇中要安排肌肉牵拉和肌肉放松练习

　　每次力量练习间隙，应做肌肉牵拉和肌肉放松练习，使肌肉先充分伸展拉长，然后再收缩，动作的幅度要大。因为肌纤维被拉长后可以增大收缩的力量，同时又可保持肌肉良好的弹性和收缩速度。力量练习以后，肌肉常会充血，很僵硬，这时应作一些与力量练习动作相反的牵拉动作，或者做一些按摩、抖动，使肌肉充分放松。这样既可加快疲劳的消除，促进恢复，又可防止关节柔韧性因力量训练而下降，

同时也有助于保持肌肉良好的弹性和收缩速度。

### (二) 速度素质练习

速度是指人体对各种刺激反应的快慢，并在单位时间移动某一段距离或完成某一动作的能力。

速度素质指运动员在运动中所表现出来的快速运动能力，通常表现为反应速度、动作速度和位移速度等不同形式。速度素质的好坏取决于中枢神经系统的节律转换的调节能力和肌肉的力量；是足球运动员基本素质之一，在身体素质中占有特殊重要的地位。当前，随着足球运动的发展，足球比赛越来越激烈，速度越来越快，因此，对运动员的速度素质和快速能力要求也愈来愈高。良好的速度素质，在比赛中体现在整队或个人进攻的威胁性和防守的主动性上，是取得比赛优势和主动权的重要因素，结合足球专项特点，在实战训练课中，速度素质训练应安排在课的开始阶段；这时身体尚未出现疲劳状态，速度训练会取得良好的效果。如果把速度训练安排在课的最后进行，在身体产生一定程度或相当程度的疲劳状态下进行速度训练，速度下降，形成慢的速度定型，会影响速度训练的效果。

发展足球运动员速度素质的基本练习内容和方法如下：

1. 位移速度——人体在单位时间里的位移距离。比赛中，运动员往往根据来球状况或战术需要而进行移动。由于足球比赛拼抢激烈、技战术复杂多变，所以运动员移动方向多变，前、后、左、右移动距离长短不一，移动形式有直线、弧线、折线、曲线，没有一定规律；同时还交替着慢、快、停、跑、跳跃、后退、侧跨等多种复合形式。

位移速度练习必须使运动员的神经系统在一定范围内处于最兴奋状态：运动员用最大积极性，进行最大强度的重复练习，才能有效刺激和提高中枢神经兴奋与抑制的转换能力。在进行最大强度重复练习时，为保证每次练习运动员神经系统和能量供应均处于最佳状态，要严格控制好间歇时间。一般每进行 10 秒疾跑，间歇时间为 30 秒，组间歇为 6~8 分钟。

创造一定的补充条件来突破"速度障碍"。一般采用简化练习难度（如下坡跑），或借助外力（如牵引跑）的练习，促使运动员有效地建立更快的"动力定型",达到破坏或削弱"速度障碍"的目的。发展和提高"三蹬"的爆发力。足球运动员在位移中常呈现出多变性和无规律性,所以,除重视后蹬外,还应重视侧蹬和前蹬的爆发力。训练时可采用单腿侧蹬跳、转身跑、各种追逐球跑等。位移速度基本练习内容方法是:

(1) 小步跑转加速跑

行进间快频率小步跑,听到信号后转加速跑20~30米,然后放松慢跑返回。要求起动快,在高速下完成练习。每组2~3次,重复若干组,组间歇1~3分钟。

(2) 高抬腿跑转加速跑

行进间快频率高抬腿跑,听信号后转加速跑20~30米,然后放松慢跑返回。要求高抬腿动作规范,频率逐渐加快,加速跑时频率不变。每组2~3次,重复若干组,组间歇2~4分钟。

(3) 快速后蹬跑

慢跑5米后,做行进间快速后蹬跑20~30米,要求蹬摆协调,后蹬充分向前。每组练习3~4次,重复若干组,组间歇2~5分钟。

(4) 后蹬跑变加速跑

行进间后蹬跑20米,听信号后变加速跑20~30米,然后放松慢跑返回。要求后蹬动作规范,用力方向向前,加速跑速度越快越好。每组2~3次为一组,重复若干组,组间歇3~6分钟。

(5) 单足跳变加速跑

开始做10~15米单足跳,听信号后变加速跑20~30米,然后放松慢跑返回。要求以左右脚各做一次练习后变换,加速跑要达到最快速度。每组2~4次,重复若干组,组间歇3~6分钟。

(6) 交叉步接加速跑

先做5米交叉步跑,接转体向前做加速跑20米,然后放松慢跑返回。要求交叉步符合技术规格,动作协调,加速跑要发挥速度。每组2~3次,重复若干组,组间歇1~3分钟。

(7) 加速跑变交叉步跑

加速跑20米接交叉步跑5米,然后放松慢跑返回。要求加速跑达到一定速度，交叉步符合规格，动作协调。每组2～3次，重复若干组，组间歇1～3分钟。

（8）倒退跑接加速跑

向后做倒退跑，听信号后急停转体180度向前加速跑20～60米，然后放松慢跑返回。要求加速跑要发挥高速度，也可计时进行。每组3～5次，重复若干组，组间歇3～5分钟。

（9）加速跑

逐渐加速至最高速度后保持50米、80米、100米等不同距离后放松跑5～10米，然后放松慢跑返回。要求逐渐加速至最高速度，每组2～4次，重复若干组，组间歇3～8分钟。

（10）变向起跑

背向站立或背向蹲立，听信号后迅速转体180度起跑20～30米。然后放松慢跑返回。要求转体动作迅速，起跑及加速跑速度要快。每组2～3次，重复若干组，组间歇1～3分钟。

（11）站立、蹲立起跑

听信号后快速起动跑20米、30米、50米、60米等不同距离，然后放松慢跑返回。要求动作规范，起动及加速跑速度要快，达到最高速度。可计时跑，每组2～4次，重复若干组，组间歇2～4分钟。

（12）行进间跑

加速跑20～30米，在到达规定行进间的距离前达最高速度，在规定距离内保持最高速度跑，跑出规定距离后随惯性放松至慢跑，行进间距离可20米、30米、50米、60米、80米等不同距离，然后放松慢跑返回。要求行进间距离必须是最快速度，一般可计时进行。每组2～3次，重复若干组，组间歇2～6分钟。

（13）变速跑

加速快跑30米、50米或80米等不同距离，然后放松慢跑30米、50米或80～100米等不同距离。直道加速快跑弯道慢跑，或弯道快跑直道慢跑等，是改变速度的跑。要求慢跑休息，不能走。每组4～6个变速段，重复若干组，组间歇3～6分钟。

（14）上坡跑

起跑后上坡加速跑 30 米、60 米、80 米等不同距离，然后放松慢跑返回。各两次为一组，在坡度为 7～10 度的斜坡跑道上进行。要求大腿高抬加强后蹬力量。每组 3～5 次，重复若干组，组间歇 2～5 分钟。

（15）下坡跑

快速沿 7～10 度的斜坡跑道下坡跑 30～60 米等不同距离，然后放松慢跑返回。要求随下坡惯性积极加快步伐频率及速度。每组 3～5 次，重复若干组，组间歇 2～4 分钟。

（16）上下坡跑

听信号起跑后沿 7～10 度的斜坡跑道全速上坡跑 30 米，接转身下坡跑 30 米往返为一组，重复若干组，组间歇 1～3 分钟。

（17）牵引跑

用绳子拴住练习者的腰部，另一端拴在牵引器上，做 20～60 米等不同距离跑练习，然后放松慢跑返回。注意牵引速度要符合运动员水平。每组 2～3 次，重复若干组，组间歇 3～5 分钟。

（18）让距追赶跑

两至三人一组，根据速度水平前后拉开距离，速度快者在前，听信号起跑后全速跑，后者追赶前者，前者别让后者追上。跑 30 米、60 米等不同距离，然后放松慢跑返回。每组 2～3 次，重复若干组，组间歇 3～5 分钟。

（19）接力跑

8×50 米接力跑，4×100 米接力或绕田径场连续循环接力跑，也可划 20 米半径折小圆进行圆圈接力跑。每组 2～3 次（传接棒），重复若干组，组间歇 5～7 分钟。

（20）迎面接力跑

两组练习者相距 30 米或 60 米等不同距离，做往返迎面接力跑，可分几队进行比赛。每组 3 次，重复若干组，组间歇 3～5 分钟。

（21）排尾变排头跑

练习者成一路纵队行间慢跑，听信号后排尾人向前加速快跑至排头，第二排尾再跑，循环往复，每组两个循环，重复若干组，组间歇

1～3分钟。

（22）蛇形跑

以15～20米划3个正反相交的半弧线，由起点沿弧线快速跑至终点，然后放松慢跑返回。要求正确运用和体会转向跑技术动作，连续3次为一组，可计时提高运动强度。重复若干组，组间歇2～5分钟。

（23）折返跑，10米、20米、30米不同距离各划两条线，运动员站在一条线上快速起动跑向另一条线，手触摸到线快速转体起动向回跑。每组往返3次为一组，要求急停急转要快。重复若干组，组间歇3～5分钟。

（24）后退跑传球

两人一球面对站立，相距8～10米。一人快速后退跑，另一人向前跑，两人跑动中相互传接球，连续做60米。然后放松慢跑返回。要求始终保持距离，后退跑速度越快越好。两人交换练习3次为一组，重复若干组，组间歇3～5分钟。

（25）变向带球跑

6名队员站成一排，间隔5米，每人一球，根据教练的手势做向前后、左右变换方向带球，最后急停，转身带球跑20米然后放松慢跑运球返回。要求球离脚不能超过3米，重复若干次，每次间歇3～5分钟。

（2）停球接运球

手持足球向前抛出，立即往前跑用脚内（外）侧停反弹球，接做快速运球跑30米。然后放松慢跑运球返回。要求规定抛球的远度，也可以竞赛方式进行。重复若干次，每次间歇1～3分钟。

2. 反应速度——人体在单位时间里对外界环境中各种刺激的应答能力。比赛中运动员往往在事先无准备或准备不足条件下，主要通过视觉感受器接受各种刺激（如各种不同性质的来球、瞬间出现的空当、对方队员的行动等），然后根据本队、本人的需要，在一个极短的时间里，经过复杂思维、判断过程，迅速采取行动。在这整个反应过程中，不仅时间非常短促，而且运动员所遇到的情况非常复杂而无一定规律。足球运动员对移动目标的反应，主要通过视觉获得，而神经系统对移动目标和目标性质的反应与选择占整个反应时间的一半以上。因而，对足球运动员视觉的训练是十分重要的。通过在适宜范围内反复增加刺激强度，提高神经元的兴奋性，以提高运动员注意力集中的程度，缩短对移动目标产生反应和选择时间。反应速度基本练习内容、方法是：

（1）听口令做对应的相反动作练习：听教练叫立正，队员做稍息；叫向左转、队员做向右转等等。

（2）听信号起动加速跑，慢跑中听信号后突然加速冲跑10～20米。反复进行练习。

（3）小步跑、高抬腿跑接起动加速跑，做原地或行进间的小步跑或高抬腿跑，听到信号后突然加速冲跑10～20米，然后放松慢跑返回。反复进行练习。

（4）俯撑起跑，从俯撑开始，听信号后迅速收腿起跑10～20米，然后放松慢跑返回。反复进行练习。

（5）转身起跑，背对前进方向站立，听信号后迅速转体180度，起动加速跑10～20米，然后放松慢跑返回。反复进行练习。

（6）听口令起跑，蹲立或站立起跑20米。然后放松慢跑返回。反复进行练习。

（7）听信号变速快跑，在慢跑或其他移动中，听口令或看信号即起动快跑10～20米。然后放松慢跑返回。反复进行练习。

（8）反应突变练习，队员听各种信号做各种滑步、上步、交叉步等移动，转身、急停、接球、等模仿练习。反复进行练习。

（9）听信号做不同的专门练习、非专门练习编号，听号数做不同的练习。反复进行练习。

（10）接传不同方向的来球，几人从不同方向交替给一人传球，一人接不同方向的来球并直接回传。

（11）断截球，教练供不同方向的球，练习者随时起动断截球。反复进行练习。

（12）看手势快速移动，队员先根据教练员的手势快速移动，然后按教练手势变化，快速改变移动方向。反复进行练习。

3. 动作速度——人体在单位时间里完成动作的幅度和数量。比赛中运动员在快速奔跑中，须随时完成各种无球或有球动作。动作速度基本练习内容、方法是：

（1）听口令、击掌或节拍器摆臂练习。两脚前后开立或弓箭步，根据口令、拍掌或节拍器节奏，做快速前后摆臂练习20～30秒，节奏由慢至快，快慢结合。摆臂动作正确、有力。每组4～6次，重复若干组，组间歇2～4分钟。

（2）原地快速高抬腿或支撑高抬腿。站立或前倾支撑肋木或墙壁等，听信号后做高抬腿10～30秒，大腿抬至水平，上体不能后仰。每组4～6次，重复若干组，间歇2～4分钟。

（3）仰卧高抬腿。仰卧，两腿快速交替作高抬腿练习（动作同高抬腿跑），要求以大腿工作。做10～30秒，每组4～6次，重复若干组，组间歇2～4分钟。这种练习也可做抗阻力练习，如拉胶皮带，将胶皮带分别固定在肋木（或树干）上和两脚踝关节处，以高抬腿拉力抗阻力，胶带固定的一端要低于垫子平面约20公分，也可拉完胶带后再徒手练习，以提高动作速率。

（4）快速小步跑。小步跑15～30米，然后放松慢跑返回。要求以大腿工作，小腿放松，膝踝关节放松，脚落地"扒地"，两腿频率越快越好。每组4～6次，重复若干组，组间歇1～3分钟。

（5）快速小步跑转高抬腿跑。快速小步跑5～10米后，转高抬腿跑20米。然后放松慢跑返回。要求小步跑要放松而快，转高抬腿跑时频率不变，只是幅度加大。每组3～5次，重复若干组，组间歇1～3分钟。

（6）快速小步跑转加速跑。快速小步跑10米左右转入加速跑20～30米。然后放松慢跑返回。要求加速跑时频率节奏不能下降，重复4～6次，组间歇2～4分钟。

（7）高抬腿跑转加速跑。快速高抬腿跑10米左右转加速跑20米，频率节奏及前摆腿的高度不能下降。每组3～5次，重复若干组，组间歇1～3分钟。

（8）变速高抬腿跑。行进间高抬腿跑中突然做最快速的高抬腿跑

5~10米。然后放松慢跑返回。要求动作要协调,高抬腿频率要快,保证练习质量。每组3~5次,重复若干组,组间歇1~3分钟。

(9)前倒起跑。两脚前后开立,身体自然向前倾倒,至重心前倒失去控制时迅速起跑20~30米。然后放松慢跑返回。要求起跑动作要快。每组2~3次,重复若干组,组间歇1~3分钟。

(10)踏标记高频快跑。跑道上划出步长标记,听信号后全速踏标记跑20~40米。然后放松慢跑返回。步长标记要合适(一般比正常步长稍短些)。每组2~3次,重复若干组,组间歇2~4分钟。

(11)利用跑步机高频跑。利用跑步机进行高频跑,速度控制在比运动员的速度稍微快些(运动员实际是原地跑)。每次练习10~15秒,每组2~3次,重复若干组,组间歇3~5分钟。

(12)跨步跳接跑台阶。开始跨步跳台阶,听信号后变快速跑台阶。台阶距离20~40米左右。然后放松慢跑返回。要求逐个台阶跑,不许跨越,速度越快越好。如台阶数目固定可以计时跑。每组5~7次,重复若干组,组间歇3~5分钟。

(13)向后单足跳。站立,两臂前平举,做向后快速单足跳10米,然后放松慢跑返回。要求跳动时由摆动腿发力,动作频率越快越好。每组4~7次,可计时进行,重复若干组,组间歇1~3分钟。

(14)两侧移动。两个物体相距3米,高1.2米,练习者站中间,做左右两侧移动,用左手摸右侧的物体,右手摸左侧的物体。强调移动及转体速度要快,计算30秒内转体触摸物体的次数。每组6~8次,每组间歇2~4分钟。

(15)快速移动起跳。按要求在规定范围内做前、后、左、右各方向移动,听教练信号或看手势做向规定方向的起跳。每组5~8次,间歇1~3分钟。

(16)对墙踢球。距墙4~6米站立,以脚内侧或正足背连续接踢从墙上反弹回来的球。也可两人交替踢。要求踢球速度越快越好。每20~30秒为一组,计踢球次数,重复若干组,组间歇2~4分钟。

(17)曲线运球。每人一球,在30米内插上10根旗杆,用脚内、外侧快速带球依次绕过旗杆,然后快速直线运球返回起点,要求带球速度越快越好，可计时进行。重复3~5次为一组，每组间歇2~4分钟。

（18）两脚间交替踢球。站立，两脚间放一足球，用脚内侧做两脚间不停顿地踢球前进，连续进行30米。然后放松慢跑运球返回。要求用时短而且两脚触球次数越多越好。每组4~8次，重复若干组，每组间歇3~5分钟。

（19）规定最高速度指标的练习以建立快速动力定型。在教练员限定时间内快速完成传—接—传，运—传—接—射门等动作。

（20）提高肌肉感觉的快速精确分析机能。两人或多人一组，运动员在连续奔跑中完成同一传接球练习。

（21）运用比赛法、游戏法。可以激发运动员的情绪，要求运动员用最大速度完成动作。

（22）加大练习的密度。在实战中提高动作速度的练习，如在小场地内做2×2、3×3、4×4的传抢球练习。

（23）有些规律性较强的技、战术配合则可反复进行模拟练习，强化动作速度定性。

4. 速度素质训练的注意事项

（1）由于速度素质的提高较慢，所以速度素质训练要保持经常性、连续性。

（2）速度素质的训练应尽可能与足球场地和足球专项技术相结合，还应注意有球速度和无球速度相结合。速度训练的专门练习可以帮助运动员建立起专项条件反射，从而提高其反应速度。

（3）速度训练应安排在训练课的前半部分，因为神经系统处于最佳兴奋状态时的负荷效果最好，此时运动员中枢神经系统处于兴奋状态，精力充沛、情绪饱满、运动欲望强，这时进行速度训练效果最好。

（4）力量和柔韧性是影响快速能力的重要因素。由于快速力量的生理机制和性质与快速能力是一致的，而柔韧性的提高也可以增加力的作用范围、时间，导致运动速度增加。所以通过发展快速力量和柔韧性，是培养足球运动员快速能力的重要途径。

（5）速度素质训练应多采用对抗性和竞赛性的练习，因为运动员兴奋，才可发挥最快的速度，适应比赛的需要。

（6）多采用信号的练习手段，有效地训练运动员的观察、判断、反应速度。练习中要求运动员要以最快的速度、正确的技术动作完成练习。在反复练习中注意掌握好间隔时间，调整好练习强度和密度，才能收到好的效果。

（7）重视运动员肌肉在收缩前的放松，则有助于拉长肌纤维，减少肌肉粘滞性，节省能源物质，使肌肉提早进入恢复状态，这都有利于速度的提高，训练中应采取相应的措施，以保证工作肌肉在收缩前的充分放松。

（8）在进行训练时应注意运动员的身体、年龄、性别的个性差异。根据实际情况有针对性的安排练习。

（三）耐力素质练习

耐力素质作为身体素质的一个方面，也称"耐久力"，是人体长时间进行活动和对抗疲劳的能力，它是人体各器官系统功能和心理素质的综合表现。按人体能量供应的特点和人体的生理系统分类，耐力素质可分为肌肉耐力和心血管耐力。肌肉耐力也称为力量耐力，心血管耐力又分为有氧耐力和无氧耐力。有氧耐力是指机体在氧气供应比较充足的情况下，能坚持长时间工作的能力。有氧耐力训练的目的在于提高运动员机体吸收、输送和利用氧气的能力，促进有机体的新陈代谢。无氧耐力也是速度耐力，它是指机体以无氧代谢为主要功能形式，坚持较长时间工作的能力。依耐力素质对专项的影响，耐力素质又可分为一般耐力和专项耐力。一般耐力是指对提高专项运动成绩起间接作用的基础性耐力；专项耐力是指与提高专项运动成绩有直接关系的耐力，具体地讲是指持续完成专项动作或接近比赛动作的耐力。耐力素质在足球运动项目中是一个重要的基本素质，足球运动是持续很长时间的竞赛项目之一。运动员要在竞赛全过程中保持特定的运动强度或动作质量，就必须具备良好的耐力素质，就必须具备能与在持续运动过程中不断积累和加深的疲劳作斗争的能力。

耐力素质的发展水平对运动员的专项竞技水平起着主导的作用。对足球运动员来说，良好的耐力素质则有助于运动员更好地克服在训练和比赛中出现的疲劳，承受更大的训练负荷，提高训练效果，并在比赛中发挥好的水平。

1. 耐力素质练习的基本方法

耐力素质练习的方法较多，而且各种方法都有其各自的特点。其中包括持续练习法、重复练习法、间歇练习法、变换练习法、比赛游戏练习法、循环练习法、高原训练法等。

（1）持续练习法

持续练习法是指在相对较长的时间里，以较为恒定的强度持续地进行练习的方法，一般不少于30分钟。持续练习法具有持续刺激机体的作用，有利于改善大脑皮层神经过程的均衡性，提高心血管系统和呼吸系统的功能，能较经济地利用体内储备的能量，有利于发展有氧耐力和一般耐力。

持续练习法由于持续时间较长，又没有明显的间歇，所以总的练习负荷量较大。但是练习时的强度较小，而且比较恒定，变化不大，一般在60%的强度上下波动。练习对机体产生累积性的刺激比较和缓。持续练习时，内部负荷心率一般控制在140～160次/分钟的范围内为宜，优秀运动员可达160～180次/分钟。

构成持续练习法基本要素是重复练习的方式、时间与强度，在方式固定的情况下，练习的时间与强度可作相应调整。如练习强度大，时间可缩短；练习强度小，则适当延长练习时间。

（2）变换练习法

变换练习法是在变化各种因素的条件下反复进行练习的方法。由于耐力练习比较枯燥，采用变换练习法可以在一定程度上提高运动员的练习兴趣和积极性，从而提高练习的效果。

变换练习法所变换的因素一般有练习的形式、练习的时间、练习的次数、练习的条件，间歇的时间、方式与负荷等等。以上因素只要改变其中一个因素，就会由于这一因素的变化对运动员机体造成负荷刺激的变化。因而变换练习法能使耐力练习变得较为生动，使得运动员在练习中能主动投入，积极进取，有利于发展一般耐力。变换练习法的核心是变换运动负荷：一是不断增加负荷，二是不断减少负荷，三是时增时减负荷。

（3）重复练习法

重复练习法是指不改变动作结构和外部负荷，在相对固定的条件下，按照既定间歇要求，在机体完全恢复的情况下反复进行练习的方法。重复练习法能使能量物质的代谢活动得到加强，并产生超量补偿与积累，既有利于发展有氧耐力，又有利于发展无氧耐力。重复练习法每次练习的负荷量与强度可以大也可以小，根据具体任务、目的而定。由于每次练习前均需恢复到原来开始练习前的水平，即心率在100～120次／分钟的水平上，故每次练习可以保证强度在中等偏大或极限强度 90～100%范围内，从而使有机体的耐力水平得到有效的提高。如长时间的重复练习，强度稍大于持续练习法，有利于有氧耐力的提高，而强度在90%以上的练习，则有利于无氧耐力的发展。

（4）循环练习法

循环练习法是指根据训练的具体任务，建立一组由若干项目组成的练习内容，运动员按照规定的顺序、路线、时间依次完成所规定的练习内容和次数，并循环反复地进行练习的方法。其特点是能轮流锻炼各个肌群，按先后顺序发展两臂、双肩、两腿、腹部、背部等部位肌群的耐力素质。

循环练习时各站点的内容及编排，要符合足球专项特点的要求进行选择和设计，同时根据"递增负荷"的原则安排练习。

（5）间歇练习法

间歇练习法是指在一次（或一组）练习之后，按照严格规定的间歇负荷和积极性间歇方式，在机体未完全恢复的情况下从事下一次（或一组）练习的方法。

间歇练习法与重复练习法较相似，主要区别在于间歇上的不同要求。重复练习法的间歇是采用完全恢复的间歇负荷和无严格规定的间歇方式进行的。而间歇练习法则是以未完全恢复的间歇负荷和积极性的间歇方式进行的。运动员总是在未完全恢复的状态下进行下一次练习，有明显的疲劳积累，对机体的刺激强度较大。间歇练习法间歇后心率一般在120～140次／分钟以上，明显高于重复练习法，但其练习强度因间歇负荷水平较高而无法达到重复练习法的水平。练习时一般心率在170～180次/分钟，负荷强度70～80%，有利于提高机体的心肺功能和无氧代谢能力。构成间歇练习法的基本要素有练习的数量、强度、间歇的时间与方式和重复次数等。

（6）高原训练法

主要利用高原空气稀薄，在缺氧情况下进行训练。这有利于刺激机体，改善呼吸及循环系统的机能，提高最大吸氧能力，刺激造血功能，增加循环血中红细胞和血红蛋白的数量，提高输氧能力，因而高原训练具有提高运动员对氧债的承受能力，进而提高有氧耐力和无氧耐力的水平。

（7）游戏与比赛练习法

游戏与比赛练习法是指运用游戏与比赛的方式进行练习的方法。这种方法能较快地提高运动员练习的兴趣和积极性，并在练习中充分发挥主动精神，使机体能够承受较大强度的负荷，有利于提高有氧耐力和无氧耐力。

2. 发展耐力素质练习的基本内容、方法

在发展耐力素质时，一般注重肌肉耐力，有氧、无氧耐力的训练。肌肉耐力练习的内容与力量练习大致相同，只是负荷的强度较小，练习持续的时间要长、反复次数要多些。具体常用的练习有：

（1）1分钟立卧撑

撑由直立姿势开始，下蹲两手撑地，伸直腿成俯撑，然后收腿成蹲撑，再还原成直立。每次做1分钟，间歇2～4分钟。要求动作规范，必须站起来才算完成一次练习。也可以穿上沙背心做该练习。或做立卧撑接蹲跳起，则强度稍大，做30次为一组，组间歇为6～8分钟。

（2）连续跳推举

原地双手握杠铃杆，提铃至胸后，向上连续做跳推举杠铃杆。每组20～30次，4～6组，间歇2～4分钟。

（3）双摇跳绳

原地做正摇跳绳，跳一次摇两圈绳，连续进行。每组跳30～40次，做4～6组，组间歇5分钟。该练习必须熟练掌握二摇一跳的技巧；

心率必须在恢复到 120 次/分钟以下时，方可进行下一组练习。

（4）连续引体向上或屈臂伸

连续在单杠上做引体向上或双杠上做屈臂伸。每组 15~30 次，4~6 组，组间歇 3~5 分钟。

（5）仰卧起坐

仰卧两手抱头起坐，连续做 40~50 次为一组，重复 3~5 组，组间歇 3 分钟。起坐时要快，仰卧时要缓和，连续不间断进行。也可在起坐同时两腿屈膝上抬成"元宝"，收腹。

（6）收腹举腿静力练习

在双杠、吊环或垫上做收腹举腿（直角支撑）动作，每次静止 1~2 分钟，3~5 次，间歇 3~5 分钟。静止时躯干与大腿间的夹角不能大于 100 度角（静止时间由 30 秒开始，逐渐增加）。

（7）连续换腿跳台阶

台阶高度 30~45 厘米，单脚放在台阶上，另一脚在地上支撑，两脚交替跳上台阶各 30~50 次，要求两臂协调配合，上体正直，重复 3~5 组，组间歇 2~4 分钟。

（8）半蹲连续（蛙）跳

在草地上做连续向前双脚跳，落地成半蹲（膝关节 90~100 度角），落地后迅速进行第二次。每组 20~30 次，（也可 50~60 米），重复 3~5 组，组间歇 3~6 分钟。

（9）长距离多级跳

在跑道上做多级跳，每组跳 80~100 米，约 30~40 次，3~5 组，组间歇 3~6 分钟，如果规定完成时间，强度会大大提高。

（10）连续深蹲跳

原地分腿站立，连续做原地深蹲跳起或在草地上向前深蹲跳。要求落地即起。每组 20~30 次或 30~40 米，重复 3~5 组，组间歇 3~5 分钟。

（11）连续跑台阶

在高 20 厘米的楼梯或高 50 厘米的看台上，连续跑 30~50 步，如跑 20 厘米高的楼梯，每步跳 2 级。重复 6 次，每次间歇 5 分钟。要求动作不能间断，但不能规定时间。向下走尽量放松，心率恢复到 100 次／分钟时可开始下一次练习；也可穿沙背心做该练习。

（12）重复上坡跑

在 15 度的斜坡道或 15～20 度的山坡上进行上坡跑，重复 5 次或更多些，跑距 250 米或更多些，间歇 3～5 分钟。也可根据训练目的决定强度，可以心率控制运动强度，也可穿沙背心进行。

（13）连续半蹲跑

成半蹲姿势（大小腿成 100 度角左右），向前跑进 50～70 米，每组 5～7 次，重复若干组，组间歇 3～5 分钟，不规定速度。走回来时尽量放松，在进行下次练习前，可做 15 秒贴墙手倒立。

（14）逆风跑或负重耐力跑

遇大风天气（风力不超过五级）可在场地或公路上做持续长距离逆风跑，也可做 1000 米以上的重复跑，重复次数 4～6 次，间歇 5 分钟。可穿沙背心进行负重耐力跑。

（15）原地间歇高抬腿跑

原地或前支撑做高抬腿跑练习。每组 100～150 次，6～8 组，每组间歇 2～4 分钟，要求动作规范，不要求时间，但动作要不间断地完成，也可负重做练习，但每组练习次数及组数可适当减少。

（16）原地间歇车轮跑

原地做车轮跑，每组 50～70 次，6～8 组，组间歇 2～4 分钟，也可扶墙借助支撑物完成。

（17）后蹬跑

后蹬跑每次 100～150 米或负重后蹬跑 60～80 米，6～8 组，组间歇 3～5 分钟。

（18）沙滩跑

在沙滩上做快慢交替自由跑，每组 500～1000 米，也可穿沙背心跑，速度变化和要求可因人制宜，做 4～6 组。组间歇 5～10 分钟。

（19）沙地负重走

沙滩上，肩负杠铃杆，或背人做负重走。每组 200 米，5～7 组，组间歇 3～分钟，心率指标保持在 130～160 次／分钟之间。

（20）沙地竞走

沙滩或沙地上做竞走，每组500～1000米，做4～5组，组间歇3～5分钟，强度55～60%，要求动作规范，尽可能提高速度。

（21）沙地后蹬跑或跨步跳

沙滩或沙地上做后蹬跑或跨步跳，每组后蹬跑80～100米（跨步跳50～60米），重复3～5组，组间歇3～5分钟。

（22）负重连续转跳

肩负杠铃杆等轻器械做连续原地轻跳或提踵练习，每组30～50次，重复6～8组，组间歇3～5分钟。

（23）连续跳实心球

面对实心球站立，双脚正面跳过球后，迅速背对球跳回。往返连续跳，每组60次，4～5组，组间歇2～4分钟。

（24）连续跳深

站在60～80厘米高的台阶或跳箱上双脚向下跳，落地后迅速接着向上跳上30～50厘米高的台阶或跳箱上。连续跳20～30次为一组，3～5组，组间歇3～6分钟。

（25）连续纵跳摸高

在摸高器或篮球架下站立，连续纵跳双手摸高。每组30次，4～6组，组间歇2分钟。

（26）连续跳起头顶球

将10～15个吊球并排悬于空中，每个间隔1～2米，高度为练习者跳起能顶到球为宜。听口令后连续跳起头顶球，每组顶一轮，5～8组，组间歇2～3分钟。可以规定完成一组的时间。

（27）连续跳栏架

纵向排列20个高30～40厘米的栏架。做双脚起跳连续过栏架练习。往返一次为一组，8～10组，间歇2～4分钟。

（28）跳连环马

10～15人，间隔2米成纵队，每人俯背双手扶腿成"人马"，排尾开始连续跳过"人马"，至排头即加入"人马"行列。每组一轮，6～8组，间歇2～3分钟。

(29) 半蹲静力练习

躯干伸直，屈膝约 90 度成半蹲姿势后静止 30 秒～1 分钟。4～6 次，间歇 3～5 分钟。每次练习结束要放松肌肉，做按摩摆腿或放松跑活动。

3. 无氧耐力练习

(1) 原地间歇高抬腿跑

原地做快速高抬腿练习。如发展非乳酸性无氧耐力，则可做每组 5 秒、10 秒、30 秒钟快速高抬腿练习，做 6～8 组，间歇 2～3 分钟。要求越快越好。如果发展乳酸性无氧耐力，则可做 1 分钟练习，或 100～150 次为一组，6～8 组，每组间歇 2～4 分钟。要求动作规范。也可前支撑做高抬腿跑练习。

(2) 高抬腿跑变加速跑

行进间高抬腿跑 20 米左右变加速跑 80 米。每组 5～8 次，组间歇 2～4 分钟。

(3) 原地或行进间间歇车轮跑

原地或行进间做车轮跑，每组 50～70 次，6～8 组，组间歇 2～4 分钟。

(4) 间歇后蹬跑

行进间做后蹬跑，每组 30～40 次或 60～80 米，重复 6～8 次，组间歇 2～3 分钟。

(5) 反复起跑

蹲踞式或站立式起跑 30～60 米，每组 3～4 次，重复 3～4 组，每次间歇 1 分钟，组间歇 3 分钟。

(6) 反复跑

跑距为 60 米、80 米、100 米、120 米、150 米等。重复次数根据距离的长短及运动员水平而定。一般每组 3～5 次，重复 4～6 组，组间歇 3～5 分钟。强度一般的心率控制：如短于专项的距离，练习时心率应达 180 次／分钟，间歇恢复至 120 次／分钟时就可进行下次练习；如发展乳酸耐力，距离要长些，强度小些。

(7) 间歇行进间跑

行进间跑距为 30 米、60 米、80 米、100 米等。计时进行。每组 2～3 次，重复 3～4 组，每一次间歇 1～3 分钟，组间歇 3～5 分钟。

（8）反复加速跑

跑道上加速跑 100 米或更长距离。跑完后放松走回再继续跑，反复 8～12 次。

（9）变速跑

变速快跑与慢跑结合进行。快跑段与慢跑段距离根据运动员专项而定：如发展非乳酸性无氧耐力，则常采用 50 米快、50 米慢、100 米快、100 米慢或直道快、弯道慢或弯道快、直道慢等；如发展乳酸性无氧耐力，常采用 400 米快 200 米慢，或 300 米快 200 米慢，或 600 米快 200 米慢等。

（10）反复变向跑

在场地上听口令或看信号做向前、后、左、右的变向跑。每次进行 2 分钟，重复 3～5 组，组间歇 3～5 分钟，变向跑的每一段落均为往返跑，即跑出去后，返回起跑位置，每一段落至少 50 米。间歇后，心率恢复到 120 次 / 分钟以下再开始继续练习。

（11）变速越野跑

在公路、树林、草地、山坡等地进行越野跑，在越野跑中每隔 100～200 米或更长些距离做加速跑或快跑。加速跑或快跑的距离为 1000～1500 米，然后慢跑。总距离安排在 10000～20000 米。

（12）反复连续跑台阶

在每组高 20 厘米的楼梯或高 50 厘米的看台上，连续跑 30～40 步台阶，每步 2 级，重复 6 次，每次间歇 5 分钟。要求动作不间断，也可定时完成。

（13）球场往返跑

足球场内 25～30 米距离画两条线，练习者站在一端线上，听口令起跑至对面线后再转身跑回。每组往返 4～6 次，重复 4～6 组。

（14）连续侧滑步跑

足球场内身体侧对前进方向，做侧向滑步跑 30～50 米往返。重复 5～6 组，组间歇 3～5 分钟，每次心率达 160 次 / 分钟。

（15）综合跑

在跑道上，做向前跑、倒退跑及左右滑步跑，每种方式跑50~100米，每次跑400米，重复3~5组，组间歇3~5分钟。

（16）两人追逐跑

跑道上两人一组相距10~20米（根据水平不同）。听口令后起跑，后面人追赶前面人，800米内追上有效，间歇3~5分钟，然后交换位置。重复4~6次。也可以要求在最后100米内追上方为有效。

（17）跳绳跑

跑道上做两臂正摇跳绳跑，每次跑200米，5~8次，间歇5分钟。要求每次结束时心率达160次/分钟。间歇恢复到120次/分钟以下时开始第二次练习。也可规定速度指标。

（18）跳绳接力跑

在跑道上，两组相距100米，做往返跳绳接力跑。每组往返4次，4~6组，组间歇5分钟。应要求有一定的速度。

（19）两人做踢传球→绕障碍运球→跑动射门的组合练习

在足球场两人从底线开始向前跑动踢传球，过半场后，两人交叉运球，传接绕障碍（10个实心球，每个相距2米），然后跑动射门。往返2次为一组，4~6组。组间歇5分钟。射门时由一人传球，一人射门。

（20）两人做跑动传接球→抢断球→连续射门的组合练习

在足球场，两人跑动传接球，100米往返3次→两人一组抢断球3分钟→连续射门10次。2~3组，组间歇3分钟。跑动传球时尽量不丢球，从中圈开始运球跑动射门。

（21）沙坑纵跳→途中跑→双杠臂屈伸→双杠支撑前进

沙坑中纵跳20次→途中跑50米→双杠臂屈伸10次→双杠支撑前进，往返3次为一组，3~5组，组间歇5分钟。沙坑纵跳为全蹲跳起，途中跑为70%速度，双杠臂屈伸符合标准，支撑前进不能间断或掉下杠来。

（22）结合各专项动作循环练习

以各专项的专门练习或辅助练习等组成一套练习，反复循环进行。

4. 有氧耐力练习

（1）定时跑　在场地、公路或树林中做 10~20 分钟或更长时间的定时跑。

（2）定时定距跑　在场地或公路上做定时跑完固定距离的练习。如要求在 14~20 分钟内跑 3500~5000 米。

（3）变速跑　在场地上进行。快跑段、慢跑段距离应根据专项任务与要求决定。一般常以 400 米、600 米、800 米、1000 米等段落进行。重复次数一般 4~8 次为一组，1~2 组，组间歇 10~12 分钟。一般的心率控制：快跑段落心率控制在 140 次/分钟左右；慢跑段心率恢复到 120 次/分钟以下。间歇时心率恢复到 100 次/分钟以下时，开始下一组练习。

（4）重复跑　在跑道上进行。重复跑的距离、次数与强度也应根据专项任务与要求而定。发展有氧耐力重复跑强度不应大，跑距应较长些。一般重复跑距为 600 米、800 米、1000 米、1200 米等，重复次数一般为 4~10 次。

（5）越野跑　在公路、树林、草地、山坡等场地进行。如此跑的距离要求，一般在 4000 米以上，多可达 10000~20000 米。如以时间计算，一般在 20 分钟以上。多可达 1 小时多。

（6）法特莱克跑　在场地、田野、公路上进行，自由变速的越野跑或越野性游戏最好在公园、树林中进行。约 30 分钟左右，也可更长些时间。

（7）大步走、交叉步走或竞走　在场地、公路或其他自然环境中做大步快走，交叉步走或几种走交替进行。每组 1000 米左右，4~6 组，间歇 3~4 分钟。

（8）沙地连续走或负重走　海滩沙地徒手快走或负重（杠铃杆或背人）走。徒手快走每组 400~800 米，负重走每组 200 米，做 5~7 组，间歇 3 分钟。心率控制在 160 次/分钟以下。

（9）10 分钟带球跑　足球场内不限区域，中速带球运球跑 10 分钟，2~3 组，组间歇 5 分钟。要求不间断跑动，不能静止运球。

（10）3分钟以上跳绳或跳绳跑　在跑道上做两臂正摇原地跳绳3分钟或跳绳跑2分钟。4～6次，间歇5分钟。要求每次结束时，心率在140～150次/分钟，恢复至120次/分钟以下开始下一次练习。

（11）30分钟以上的足球游戏　在足球场或手球场打比赛性游戏。

（12）5分钟以上的循环练习　根据专项选择8～10个练习，组成一套循环练习，反复循环进行5分钟以上。3～5组，组间歇5～10分钟。心率在活动结束时控制在140～160次/分钟左右，休息恢复到120次/分钟以下，开始下一组练习。

5. 发展耐力素质的注意事项

（1）耐力练习注意激发练习者的自觉性

运动员在练习中是否主动投入，对练习的效果有很大的影响。主动投入时，中枢神经系统、内脏系统和肌肉系统等都能处在一个良性状态下，为机体承受较大的运动负荷创造了非常好的条件，有利于耐力水平的提高。耐力练习中影响练习主动性的因素较多，主要是和兴趣、意志品质、目标追求、思想认识等有关。所以，耐力练习除了采用多种多样的方法与手段调动运动员的兴趣外，还要注意培养运动员刻苦耐劳、坚韧不拔的意志。

（2）耐力训练要根据专项的特点和运动员状况，有的放矢、科学地安排

耐力素质练习应根据专项特点和人体生长规律发育水平来安排，注意在耐力素质练习中体现个体化特点。由于运动员之间训练程度、机能水平、运动能力等方面都存在着不同的差异，因此，耐力练习的方法与手段应有所不同；而且练习的强度、练习的持续时间、间歇的时间与方式以及重复练习的次数也应根据实际情况具有差异性。

耐力素质的发展水平与其他素质一样，在相当程度上受到人体生长发育水平的影响。如果耐力水平与生长发育水平不相一致，非但不能收到良好练习效果，可能还会严重地损害人体健康。因此，根据运动员的发育水平，区别对待，合理安排耐力素质练习，是耐力素质发展过程中非常重要的。

（3）耐力素质练习中的渐进性、多样性和趣味性

耐力素质练习手段的渐进性一般是先从有氧代谢过渡到有氧和无氧混合代谢训练；或从多人组合性练习再到多人的对抗性练习。无氧耐力训练一般来讲比较枯燥，要体现足球运动的特点，结合跳跃、变向跑或者带球跑等，以及运动员的位置特点在训练的项目上变换一些花样，使运动员在兴趣中、快乐中完成训练任务。训练方法上，也主要由低强度的持续性练习（如匀速跑）再到变速跑，最后进行强度较大的间歇训练。在变速跑、间歇跑、重复跑过程中距离也应该由短到长，组间间隔时间应由长到短。运动的强度、密度也应遵循"循序渐进"原则，使运动员的耐力素质水平逐步提高。

（4）注意有氧耐力练习与无氧耐力练习相结合

有氧耐力和无氧耐力虽然在代谢过程中表现出较大差异，但是两者存在着非常密切的关系。有氧耐力是基础，无氧耐力的发展是建立在有氧耐力提高的基础上。通过有氧耐力练习能使心脏体积增大，每搏输出量提高，从而为无氧耐力的发展打下了坚实的基础。如一开始便是无氧耐力练习，就很难提高每搏输出量，还会影响全身血液的供给，对今后发展不利。反过来，发展有氧耐力过程中，穿插一些无氧耐力练习，能改善运动员的呼吸能力和循环系统的功能，这有利于提高机体输送氧气的能力，对提高有氧耐力水平极为有利。

（5）耐力练习中应注重呼吸方法、节奏和深度

发展耐力素质，特别是发展有氧耐力水平，正确的呼吸是十分重要的。耐力训练中正确的呼吸方式直接影响跑的能力。在中长跑中，呼吸必须有一定的频率与深度，呼吸的作用在于摄取发展耐力的必要氧气。机体摄取氧气是通过呼吸频率和加深呼吸深度来实现的，二者之间，后者更重要。耐力训练对氧气的需求量大。运动员更应重视呼吸的练习。有训练的运动员的呼吸，不是靠加快呼吸的频率，而是以加深呼吸的深度、特别是呼气的深度。只有呼气深，才能吸进更多的氧气。练习中呼吸的节奏与动作节奏的协调一致也是很重要的，呼吸节奏紊乱，就会使动作节奏遭到破坏，也会使能量物质的消耗增加，不利于耐力水平的提高。同时应培养运动员用鼻子呼吸的习惯，因为鼻腔有粘膜可以净化空气，也可以使氧气暖和一些再吸入气管，还可

减少尘埃和冷气进入肺部。

(6) 耐力素质练习后应注意运动员疲劳的恢复

耐力练习时间长，消耗的能量大，训练后积极补充能源物质很重要，它使运动员机体更快地恢复及获得超量能源的储备。另外采取有效地措施和手段，安排一些放松练习、牵拉练习，使疲劳的肌肉及神经系统得以充分放松和极早消除疲劳，为下次练习创造条件，这对耐力性项目的运动员极为重要。因为恢复性措施及恢复性训练，直接影响系统训练及大运动量训练的效果。

(7) 在耐力练习中要注意加强医务监督

由于耐力练习时间较长，运动负荷较大，对人体各系统的影响深刻。如果运动员在健康水平不佳或者机能能力有障碍的情况下，进行大负荷的耐力练习，就容易对人体各系统的功能造成严重的损害。所以在耐力练习时加强医务监督就非常必要。耐力练习中的医务监督一般包括两方面的内容：一是练习前的机能评定。简单的有血压、心率情况以及运动员的自我感觉等。二是练习时运动员对负荷安排的承受情况。如重复动作的变异程度、运动员练习时的面部表情等。一但发现异常情况就应根据实际情况，或减量或中止练习，以免发生伤害事故。

（四）灵敏素质练习

灵敏素质是指运动员在时空急剧变化的条件下能迅速表现出对动作的准确判断、灵活应变，快速敏捷的反应速度、高度的自我操纵能力以及迅速改变身体或身体某部位运动方向的能力；是人的运动技能、神经反应和各种身体素质的综合表现。因此灵敏素质的提高与发展在体育运动项目中极为重要。

灵敏素质是运动员活动中所表现的一种复合素质。严格地讲，灵敏是运动员运动技能和各种素质在运动活动过程中的综合体现。

对足球运动员而言，灵敏素质主要是指根据场上突然出现的情况（如球的移动和对方的行动），迅速而准确地改变自己活动的应变能力。比如进攻队员在与对手激烈的争夺中为了争时间，抢空间，抢占有利位置，快速协调地完成高难度的技术动作（鱼跃顶球、跃起倒勾射门和解围)。足球运动员特别需要具备随机应变的灵敏素质。灵敏素质只有在动作技能掌握熟练后才能表现出来。因为动作技能的动力定型建立的愈多,在运动中动作就显得愈灵活。

因此,在灵敏素质的训练中结合足球运动的特点,营造比赛或接近比赛的条件,有计划地、经常地进行一般和专门的发展动作协调性,提高快速应变能力的灵敏练习。

灵敏素质是人体综合能力的反映,受遗传因素影响很大。为了提高灵敏素质,教练员应尽可能采取逐渐增加复杂程度的练习方式,也可以通过改变条件、器械、器材等方式增加技术动作的复杂性和难度。同时,还应着重培养和提高运动员掌握动作的能力、反应能力、平衡能力、观察能力、节奏感等。

发展灵敏素质是提高运动能力的一个非常重要的方面,在发展灵敏素质过程中,应该注意到:提高力量、速度、耐力、柔韧素质等是发展灵敏素质的基础;在足球专项练习复杂化的条件下反复练习与足球专项运动性质相似的动作,是发展足球专项灵敏素质的有效途径。发展灵敏素质的途径主要包括徒手练习、器械练习、组合练习和游戏等。发展灵敏素质须从足球专项特点出发,重点综合发展力量、速度、耐力、柔韧的素质以及掌握动作、反应、平衡、协调等的能力。

1. 灵敏素质基本练习方法

(1) 按口令做相反的动作练习。

(2) 按有效口令做动作练习。

(3) 模仿动作练习。

(4) 原地、行进间或跑步中听口令做规定动作练习。

(5) 听信号或看手势急跑、急停、转身、变换方向的练习。

(6) 盯人与摆脱练习。两人面对面站立相距1~2米,摆脱者向前跑,盯人者后退跑,前者在跑动中作各种假动作想法越过对手,后者则要尽力盯住对手。练习要尽全力。

(7) 两名队员一组,先平行后退慢跑,当教练员把球从两人中间踢过去后马上转身追并控制住球。

(8) 蛇形绕杆跑,杆数15至20根,杆距1米,要求在规定时间内完成一个来回。

（9）疾跑中跳钻8个排成一线的栏架。每个栏架相距5米，队员听到信号后从起点快速跑出，第一个栏架跳过去，第二个栏架钻过去，依次类推。在规定时间内跑到终点。

（10）做动作或急跑中听信号完成突停、听信号再起动练习。

（11）听信号的各种姿势站立式、背向、蹲、坐、俯卧撑等起跑练习。

（12）一对一追逐模仿。

（13）连续快速传球，两人对面站立，用脚弓连续快传球，两人距离由小到大再由大到小不断变化。

（14）一对一互看对方背后号码。

（15）一对一脚跳动猜拳、手猜拳、打手心手背、摸五官等练习。

（16）一对一面向站立，双手直臂相触，虚实结合相互推，使对方失去平衡。

（17）一对一弓箭步牵手互换面向站立，虚实结合互推互拉使对方失去平衡。

（18）头手倒立，肩肘倒立、手倒立停一定时间。

（19）跳转360度向前起动跑，保持直线运行。

（20）闭目原地连续转5~8周，然后闭目沿直线走10米，再睁眼看自己走的方向是否准确。

（21）原地跳转180度、360度、720度落地站稳保持身体平衡。

（22）跳绳。两人摇绳，从绳下跑过转身，从绳上跳过等。

（23）双人组合做各种跳绳练习。

（24）"扫地"跳跃，练习者将绳握成多段，从下蹲姿势开始，将绳子做扫地动作，两脚不停顿地做跳跃练习。

（25）单人跳绳前摇二次或三次，双足跳一次，俗称"双跳""三跳"。

（26）单人跳绳后摇二次，双足跳一次，俗称"后双跳"。

（27）单人跳绳交叉摇绳，练习者两手交叉摇绳，每摇一次，单足或双足跳绳子一次。

第五章 身体素质训练  215

（28）集体跳绳，两名练习者摇长绳子，其他练习者连续不断地跳过绳子，每人应在绳子摇到最高点时迅速跟进，跳过绳子。并快速跑出。谁碰到绳子，与摇绳者交换。

（29）双人跳绳，同前，要求两名练习者手拉手跳3～5次后快速跑出。

（30）跳波浪绳，教练与一名队员双手握一根长绳子，并把绳子上下抖动成波浪形，队员必须敏捷地从上跳过，谁碰到绳子，与摇绳者交换。

（31）跳蛇形绳，教练与一名队员双手握一根长绳，并把绳子左右抖动，使绳子像一条蛇在地上爬行，数个队员在中间跳来跳去1分钟内触及绳子最少者为胜。

（32）跳粗绳（或竹竿），教练双手握一根粗绳或竹竿，队员围成一个圆圈站立，当教练握绳或竿做扫圆动作时，队员立即跳起，触及绳索或竹竿者为败。

（33）一对一背向互挽臂蹲跳前进、跳转练习。

（34）双人头上拉手向同方向连续转练习。

（35）脚步前后、左右、交叉的快速移动练习。

（36）跳起体前屈摸脚练习。

（37）选用武术中的"二踢脚"、"旋风脚"动作练习。

（38）做不习惯方向的动作练习。

（39）简单动作组合练习，前滚翻交叉转体接后滚翻；跪跳起接挺身跳等。

（40）双人一手扶对方肩、一手互握对方脚腕，各用单脚左右跳、前后跳、跳转练习。

（41）前滚翻、后滚翻、侧滚翻练习。

（42）连续前滚翻、后滚翻、侧滚翻练习。

（43）前手翻、头手翻、后手翻，团身后空翻练习。

（44）双人前滚翻，一人仰卧，另一人分腿站在仰卧人的头两侧，双方互握对方两脚踝，然后作连续的双人前滚翻、后滚翻练习。

（45）连续单人侧手翻练习。

（46）双人侧手翻，双人同向重叠站立，后面人抱住前面人的腰，然后共同完成侧手翻练习。

（47）鱼跃前滚翻（可越过一定高度的障碍物）练习。

（48）跳马、跳上、挺身跳下；分腿或屈腿腾越；直接跳越器械；跳起在马上作前滚翻练习。

（49）在低单杠上作翻上、支撑腹回环、支撑后摆跳下、支撑摆动向前侧跳下等简单动作练习。

（50）在低双杠上作肩倒立、前滚翻成分腿坐、向前支撑摆动越杠下，向后摆动越杠下等简单动作练习。

（51）争顶传球，两人一组，背对教练听信号后迅速转身抢点争顶教练抛出的球并要将球顶给教练员。

（52）追反弹球，队员向前带球至板墙前2～3米时向板墙踢球，踢球后迅速转身，追赶从板墙反弹回来的球。

（53）争夺反弹球，两人一组，A队员向前带球，B尾随A，A带球距板墙5米向板墙踢球，随后两人争抢反弹球。

（54）守门员听口令转身接球，守门员背向抛球人站立，抛球人发出口令的同时将球抛出（各种高低不同的球）守门员迅速转身将球接住。

（55）守门员转身接反弹球，守门员距墙2～3米背向站立，教练员距墙5～6米，用力向墙掷球，守门员迅速转身接从墙上反弹回来的各种球。

（56）连续快速顶、传球，三人呈三角形站立，相距5～6米。A传一高球给C，C跳起将球顶回给A，B传一低球给C，C用脚弓将球传给B，A再传一半空球给C，C用脚内侧踢空中球或反弹球将球回传给A，依次类推。

（57）灵敏循环练习，全队成两路纵队站立，两人一组依次轮流做。疾跑8～10米后作一俯卧撑，再疾跑8～10米绕过一标杆，做一侧滚翻，接着往回跑8～10米，跳起顶球着地后疾跑至终点。

如有条件可利用绷床练习训练队员腾空、翻越等灵敏素质，这是提高身体协调性和空中平衡能力的有效方法。

第五章 身体素质训练  217

在进行上述发展灵敏素质的练习时，必须强调，队员在做每一个灵敏练习时都要有快速、全力以赴和技术动作的准确性这几个方面的严格要求。因为训练的实践经验告诉我们，旨在发展某种身体素质的任何好的练习方法和手段，如果在练习中缺乏结合实践的具体的严格的要求，那么就不能达到所设计的发展素质的预期目的。

2. 灵敏素质游戏练习方法

发展灵敏素质的游戏具有综合性、趣味性、竞争性的特点，能引起练习者的极大兴趣，使人全力以赴地投入活动，既能集中注意力、积极思维、巧妙对付复杂多变的活动场面，又能锻炼提高神经系统的灵活性和反映过程，有效地发展身体素质和运动技能。发展灵敏素质的游戏很多，主要包括各种应答性游戏、追逐性游戏和集体游戏等。

在发展灵敏素质的游戏练习的设计、选择、运用中，要注意把思维判断、快速反应、协调动作、节奏感等内容有机地结合起来。进行游戏时，要严格执行规则。

（1）形影不离，两人一组，并肩而站。右侧的人自由变换位置和方向，站在左侧的人必须及时跟进仍站到他的右侧位置。

要求：随机应变，快速移动。

（2）照着样子做。两人一组，其中一人做站立或活动中的各种动作，并不断更换花样，另一人必须照着他的样子做。

要求：领做者随意发挥，照做者模仿逼真。

（3）水、火、雷、电。练习者在直径为15米的圆圈内快跑，教练员接连喊"水"、"火"、"雷"、"电"，所有人必须做出与之相适应的动作。

要求：想象力丰富，变换动作快。

（4）互相拍肩。两人相对1米左右站立，既要设法拍到对方的肩膀，又要防止对方拍到自己的肩膀。

要求：伺机而动，身手敏捷。

（5）单、双数互追。练习者按单、双数分成两组迎面相距1～2米坐下。当教练喊单数时，单数追双数，双数转身向后跑开；当教练喊双数时，双数追单数，单数转身向后跑开。

要求：判断准确，起动迅速。

（6）抓"替身"。成对前后站立围成圈，指定一人抓，另一人被抓，在圆圈内外躲闪跑，可站到一对人的前面（或后面）来逃脱被抓，后面（或前面）的人立即逃开。当抓人者拍打着被抓者时，两人交换继续抓"替身"。

要求：反应快、躲闪灵。

（7）双脚离地。练习者分散在指定的地方任意活动，指定其中几个为抓人者，听到教练的哨音后，谁的双脚离地就不抓他，抓人者勿缠住一人不放。

要求：快速悬垂、倒立、举腿等。

（8）听号接球。练习者围圈报数后向着一个方向跑动，教练持球站在圈中心，将球向空中抛起喊号，被喊号者应声前去接球。

要求：根据时间和空间采取应急行动。

（9）"老鹰抓小鸡"。"小鸡"跟在"母鸡"背后，用手扶住前面人的髋。"老鹰"站在"母鸡"前面要抓后面的"小鸡"，"母鸡"伸开双臂设法阻止。

要求：斗智斗勇，巧用心计。

（10）围圈打"猴"。指定几个人当"猴"在圈中活动，余者作为"猎人"手持2~3个皮球围在圈外，掷球打圈中的"猴"（只准打腿部），被击中的"猴子"与掷球的"猎人"互换。

要求：眼观六路，耳听八方，掷球准确，躲闪机灵。

（11）追逐拍、救人。队员分成两组，散站在场内，一组须为追逐者，另一组为追逐者，被追逐者躲闪逃跑。当有人被追着时，需马上原地站立。两手侧平举。此时，同伴可去拍肩救他，使之复活逃脱。由于在救人时可能被追拍，因此，该游戏可以培养自我牺牲的精神。

要求：判断准确，闪躲敏捷，救人机智。

（12）"火中取栗"。练习者分成两个小组，一个小组的人手挽手面向外围成一个圈子，以保护圈子中的几只球，另一个小组的人则设法钻进去把球取出来。

要求：动作灵巧，合理对抗。

3. 发展灵敏素质应注意的问题

（1）灵敏素质练习时应注意消除练习者的紧张心理状态

在进行灵敏素质练习时，教练员应采用各种有效的方法与手段，消除练习者紧张的心理状态和恐惧心理。因为人心理紧张时，肌肉等运动器官也必然紧张，会使反应迟钝，动作的协调性下降，影响练习的效果。

（2）灵敏素质练习时方法、手段应多样化并经常改变

灵敏素质的发展与各种分析器和运动器官机能的改善有密切的关系。人体能否在运动中表现出准确的定向定时能力和动作准确、迅速变换的能力，都取决于各种运动器官分析器功能的提高。而人体一旦对某一动作技能熟练到自动化程度时，再用该动作去发展灵敏素质的意义就不大了。为此，发展灵敏素质练习的方法应是多种多样的，并且要经常的改变。这样不仅可以使运动员掌握多种多样的运动技能，还可以提高人体内各种分析器的功能，在运动中能够表现出时空三维立体中的准确定向定时能力，还能表现出动作准确、变换迅速的能力。

（3）灵敏素质的练习应有足够的间歇时间

在进行灵敏素质的练习过程中应有足够的间歇时间，以保证氧债的偿还和身体机能调整。但休息时间又不可过长，休息时间过长会使中枢神经系统的兴奋性大幅度下降，在下次练习中就会减弱对运动器官的指挥能力，使动作协调性下降、速度减慢、反应迟钝，这必然影响练习的效果。一般地讲练习时间和休息时间可控制在1∶3的比例。

（4）掌握本专项一定数量的基本动作

运动技能本质是条件反射，这种在大脑皮层中建立的条件反射暂时联系的数量越多，临场时及时变换动作的暂时联系的接通就越迅速准确，在已掌握的运动技能的基础上，可以快速形成新的应答性动作来应付突然发生的情况。因此应尽量多掌握一些基本的动作、基本技术及战术等，灵敏素质具有专项化的特点。经验丰富的教练员都针对本专项对灵敏素质的特殊要求安排灵敏素质训练，使训练效果与专项要求相一致。这样做更有利于提高专项灵敏素质。

由于灵敏素质是人体综合能力的表现，发展灵敏素质还必须从培

养人的各种能力入手，在练习中广泛采用发展其他身体素质的方法来发展灵敏素质，并培养掌握动作的能力、反应能力、平衡能力等等。

(5) 合理安排训练时间

灵敏素质的训练在整个训练过程中都应该适当安排，使之系统化。但训练时间不易过长，练习重复次数不易过多。因为肌体疲劳时运动员力量水平会下降，速度将减慢，节奏感被破坏，平衡能力会降低，这些都不利于灵敏素质的发展。有经验的教练员都是根据不同训练过程的特点来安排灵敏素质的训练。如随着比赛临近，技术训练比重增加，协调能力的训练应相应加强。准备期以一般灵敏素质训练为主，比赛期以专项灵敏性训练为主。在一次训练课中应把灵敏素质的训练安排在课的前半部分，让运动员处在体力充沛、精神饱满、运动欲望强的状态下进行练习，以提高灵敏素质的训练效果。

(五) 柔韧素质练习

所谓柔韧素质，是指人体关节在不同方向上的运动能力，以及肌肉、韧带等软组织的伸展能力。柔韧是一种重要的身体素质，几乎所有的运动项目对运动员的柔韧素质都有一定的要求。对于足球运动员而言，对运动员的柔韧素质有很高的要求，因为发展柔韧素质不仅可以加大跑、跳、踢、运、顶、拼抢技术动作的动作幅度，使动作更加协调、优美，而且有利于加强动作的力量和速度，以及预防运动损伤和加快肌肉疲劳后的恢复。因而，科学地训练柔韧素质对足球运动员专项技术水平的提高有着重要意义。

通常，人们将柔韧素质简称为柔韧性。但，柔韧性不等于柔软性，虽然这两个概念都涉及伸展能力，可本质上是不同的。从内涵看，柔韧是柔中有刚，刚柔相济，而柔软则是柔中无刚，刚柔不济。从运动中表现的特点看，柔韧不仅具有一定的运动幅度，同时还表现出运动的速度和力度；而柔软则不同，它有一定的运动幅度，但缺乏动作的速度和力度。从足球运动项目的特点来讲，需要对运动员发展的是柔韧性，而不是柔软性，是运动员在快速运动中，表现出大幅度的关节运动幅度和肌肉、韧带等伸展能力。

1. 柔韧素质练习内容与方法

柔韧素质分一般柔韧素质和专门柔韧素质。一般柔韧素质是指机体中那些最主要的关节活动幅度，如肩、髋、膝、踝等关节活动的幅度，这对足球运动项目都是非常必要的。而专门柔韧素质是指专项运动所需要的特殊柔韧性，例如，足球运动员跑、跳、踢、运、顶、拼抢技术以及守门员技术等所要求的肩、髋关节和大腿后群肌、臀大肌的柔韧性，髋、腰、踝关节周围肌群的柔韧性，肩部（斜方肌）、背部（背伸肌）、体侧（菱形肌）肌群的柔韧性等。它是掌握和提高这些技术，预防运动损伤必不可少的物质基础。

发展柔韧素质的目的是为了提高跨过关节的肌肉，肌腱，韧带等软组织的伸展性。其伸展能力的提高主要是由于"力"的拉伸作用的结果。柔韧素质的练习方法主要有两种，即主动或被动形式的静力拉伸法和主动或被动形式的动力拉伸法，这两种练习方法的特点，都是在"力"的拉伸作用下，有节奏地逐渐加大动作幅度或多次重复同一动作，使软组织逐渐地或持续地受到被拉长的刺激。

主动或被动的静力拉伸方法：缓慢的将肌肉、肌腱、韧带拉伸到一定酸、胀、痛的感觉位置并略有超过，然后停留一定时间的练习方法。这种方法可减少或消除超过关节伸展能力的危险性，防止拉伤，由于拉伸缓慢不会激发牵张反射。一般要求在酸、胀、痛的位置停留6～8秒，之后再做。

主动或被动的动力性拉伸方法是有节奏的，速度较快的，幅度逐渐加大的多次重复一个动作的拉伸方法。在运用该方法时用力不宜过猛，幅度一定要由小到大，先做几次小幅度的预备拉长，然后加大幅度，从而避免拉伤。每个练习重复5～10次（重复次数可根据专项技术需要而增加）。

主动的动力性拉伸方法是靠自己的力量拉伸，被动的动力性拉伸方法是靠同伴的帮助或负重借助外力的拉伸，但外力要与运动员被拉伸的可能伸展能力相适应。两种方法可单独采用亦可混合运用，练习时间根据需要确定。

柔韧素质的发展练习主要包括：上肢、下肢、胸背腰腹（脊柱韧性）等部位。身体各部位柔韧素质的基本练习方法：

（1）握拳，伸展反复练习。

（2）两手五指相触用力内压，使指根与手掌背向成直角或小于直角。

（3）两手五指交叉直臂头上翻腕，掌心朝上用力上举。

（4）手腕伸屈、绕环。

（5）手指垫高的俯卧撑。

（6）俯卧撑击掌。

（7）用左手掌心压右手四指、连续推压。

（8）面对墙站立，连续做手指推撑。

（9）杠铃至胸，用手指托住杠铃杆。

（10）靠墙手倒立。

（11）练习者手扶一定高度体前屈压肩。

（12）练习者两人互相以手搭肩，身体前倾，向下有节奏地肩压。

（13）练习者面对墙一脚距离站立手臂上举，手、大臂、小臂、胸触墙压肩（逐渐加大脚与墙的距离）。

（14）练习者背对站立，一手臂上举伸直，另一人在后面一手扶住他的肩，另一手拉住他的手向后拉上。

（15）练习者两人背向站立，两手头上拉住，同时作弓箭步前拉。

（16）练习者背向肋木站，双手反握肋木，下蹲下拉肩。

（17）练习者背向肋木屈膝站肋木上，双手头上握肋木，然后向前蹬直双腿胸腹用力前挺成反弓形。

（18）练习者侧向肋木，一手上握一手下握肋木向侧拉。

（19）单杠各种握法（正、反、反正、翻等握法）的悬垂摆动、转体。

（20）单杠负重静力悬垂。

（21）练习者弓箭步转腰压腿。

（22）练习者两脚前后开立，向左后转，向右后转，来回转腰。

（23）练习者体前屈手握脚踝，尽量使头、胸、腹与腿相贴。

（24）练习者站在一定高度上做体前屈，手触地面。

（25）练习者分腿体前屈，双手从腿中间后伸，尽量后伸。

（26）练习者分腿坐，脚高位体前屈，帮助者可适当用力压其背部助力压。

（27）练习者向后下腰后桥练习，逐渐缩小手与脚距。

（28）练习者向后甩腰练习。

（29）练习者俯卧撑交替举后腿，上体尽量后抬成反弓形。

（30）双人背向，双手头上握或互挽臂互相背。

（31）练习者俯卧背屈伸，练习者腿部不动，积极抬上体，挺胸。

（32）猫伸腰，练习者跪立，手臂前放于地下，胸向下压，要求主动伸臂，挺胸下压。

（33）练习者并腿坐在垫子上，手臂上举同伴在背后一边向后拉其双手，一边用膝或脚顶住练习者肩背部，向后拉肩振胸。

（34）练习者前后劈腿，可独立前后振压，也可以将腿部垫高，由同伴帮助下压。

（35）练习者左右劈腿，仰卧在垫子上，屈腿或直腿，由同伴扶腿部不断下压。

（36）练习者将脚放在一定高度上，另一腿站立脚尖朝前，然后正压（勾脚）、侧压、后压。

（37）练习者原地扶把杆或行进，正踢（勾脚）、侧踢、后踢。

（38）练习者向内摆腿，向外摆腿。

（39）练习者用脚内侧，外侧，脚跟，脚尖走。

（40）练习者负重深蹲，脚跟不离地使脚尽量弯曲。

（41）练习者手扶腰部高度肋木，用前脚掌站在最下边的肋木杠上，利用体重上下压动，然后在踝关节弯曲角度最大时，停留片刻以拉长肌肉和韧带。

（42）练习者跪在垫子上，利用体重前后移动压足背，也可将足尖部垫高，使足背悬空做下压动作，增加练习时的难度。

（43）做脚掌着地的各种跳绳练习。

（44）做脚前掌着地的各种方向、各种速度的行走练习。

（45）在特制不同形状的练习器上练习手指、手腕、肩、胸、背、腰腹、髋、膝、踝等不同部位的柔韧性。

2. 柔韧素质的练习注意事项

（1）柔韧素质的练习循序渐进，不能急于求成

柔韧素质的发展是需要意志的练习。痛感强，见效慢，停止训练便有所消退，这是柔韧训练的特点。因此，柔韧性训练一定要持之以恒，采取有系统、渐进式的方法，切不可短期突击、强化训练；要持之以恒才能见效。

由于肌肉、韧带等软组织的伸展并不是一时一刻就能得到提高的，所以练习应逐步提高要求，做到循序渐进，不能急于求成。

根据停止柔韧练习一个时期，已获得的柔韧效果会有所消退的特点，柔韧性练习要做到系统化、经常化。特别是当某一部位因伤停止练习后，该部位所获得的柔韧效果将全部消退，其恢复期相对延长，因此在某一部位受伤后，其他部位仍应坚持适当练习，否则柔韧性会因停练而消退。柔韧练习本身就是由不适应到适应逐步提高的过程。

（2）柔韧素质练习要结合专项，因人而异

柔韧素质练习必须根据专项特点和练习者的具体情况安排，因此，在全面发展身体各部位柔韧素质练习的基础上，要重点练习本专项所需要的身体重点部位的柔韧性。柔韧素质练习还应在练习手段上选用动静结合，以动为主的方式。而练习形式应以主动练习为主，被动练习为辅。另外练习者的身体素质、力量素质、运动能力、反应能力等都存在一定差异，在进行柔韧素质练习过程中必须区别对待，突出针对性、应用性，这样才能收到良好的练习效果。

（3）柔韧素质的练习应与力量素质发展相结合

柔韧素质练习应与力量素质练习相适应、相配合，使肌肉柔而不软，韧而不僵，刚柔相济。力量练习是发展肌肉的收缩能力，柔韧练习能发展肌肉的伸展能力，因此力量结合柔韧的练习提高肌肉质量最为有效，既能达到力量和柔韧的同时增长，又能保证关节灵活性的稳固。

柔韧素质的发展要全面，既要发展关节的活动幅度和肌肉、韧带的伸展能力，还要一般柔韧素质和专门柔韧素质同步发展。

（4）柔韧素质练习要注意外界温度与练习的时间

外界温度过高或过低，都会影响到肌肉的状态，影响到肌肉的伸展能力。一般地说，当外界温度在18℃时，有利于柔韧的发展，因为肌肉在这个温度下，伸展能力较好。温度过高或过低，肌肉紧张或无力都会影响其伸展能力。每天10～18时最适宜进行柔韧性练习，这段时间进行柔韧性练习效果最好。

（5）柔韧练习时要充分热身防止受伤

柔韧练习主要是运用各种方法拉长人体关节肌肉、韧带的长度。但如不注意科学的方法，非常容易出现肌肉拉伤事故。因此，要提高柔韧练习的最终效果，必须要防止在练习时受伤。一般在柔韧练习前，可做一些热身活动，减少肌肉的粘滞性。在拉长肌肉的过程中，不宜用力过猛，特别是在柔韧被动练习时，教练员施加的外力要循序渐进，要了解运动员的个性特征，还要及时注意运动员的练习反应，以便合理地加力与减力，保证柔韧练习的正常进行。

（六）心理训练概述

心理训练是一种有意识、有目的地改善、提高和完善专项运动员必须具备的各种心理素质、心理品质和个性心理特征的全面而系统的教育过程。

心理训练体现了现代训练已由"体力为主型"转化为"体力心智结合型"的发展特征，符合现代运动水平的提高在很大程度上依赖运动员心理、智力、知识水平的发展。足球运动中，运动员不仅承受较大的生理负荷，而且也承受了较大的心理负荷。

足球比赛中，要求运动员具备良好的球感、时间感、空间感、节奏感，需要有敏锐的观察力、高度的注意力、丰富的战术想象力，能审时度势地进行思考，及时快速而又准确地作出判断和采取适时合理的果断行动。

心理训练对足球比赛和训练的成败起着重要作用，运动员心理承受能力和适应力的好坏是足球比赛中的关键，针对足球运动的特点它不同于个人项目比赛，它的比赛时间长，活动场地较大，队员个人的心理状况直接影响整个球队的发挥。只有每个队员都具备良好的心理素质才能使整个团队在持续时间较长的比赛中取得胜利。

所以在训练中首先要培养队员良好的认知心理，培养队员正确地需求趋向，只有这样才能克服和减少惰性心理的产生；其次要加强球赛前对队员的感知训练。在足球比赛中，必然存在着适应比赛环境的问题，能适应才能竞争，才能取胜；否则，运动员比赛时技术发挥就必然要受到影响。所谓感知适应训练，就是有意设置和正式比赛相类似的各种复杂条件（如比赛的规模、地点、对手、场地、观众以至气候、饮食等），让运动员在这些条件下进行训练和比赛，以提高对任何困难、复杂条件的适应能力。面临即将到来的比赛特别是重大比赛时，运动员的心理状态常常会发生变化，这与平时训练时的心理状态不一样。因此，怎样安排好赛前的感知适应训练，使运动员在心理上主动去适应比赛条件，这是赛前训练所要解决的重要心理问题。心理素质训练可分为一般心理素质训练和比赛期心理素质训练。

1. 一般心理素质训练的内容

（1）提高和完善运动员的运动心理能力。主要有视野、时空知觉、动作反应速度、动作准确性、运动记忆、运动表象和念动能力、运动思维、感觉的自我监控能力等。

（2）提高运动员的一般智力。

（3）改善运动员的个性心理特征。主要是指运动员的性格、气质、兴趣、动机等。

（4）发展和提高足球运动专项所需要的心理素质。如专门化的知觉、观察能力、技战术的记忆、分析、判断能力，感觉运动思维的敏捷和灵活性、顽强的意志力和情绪的稳定等。

2. 比赛期心理训练的内容

（1）赛前心理训练。作好充分的赛前心理准备，形成赛前最佳心理状态。

（2）赛中的心理调整及控制。克服和控制几种不良的赛中心理状态，如盲目自信、过度兴奋、精神紧张、淡漠状态、恐惧心理等。

（3）赛后心理调整。提高运动员对比赛情绪的自我调整和控制能力，以良好的心理状态，积极情绪总结经验，分析胜败的原因，制定措施。激发斗志，积极准备下次比赛。

3. 足球运动员必备的心理品质

（1）自信心

运动员的自信心是指个人对从事足球运动所具有的信心与评价。如果运动员自信心强就能在复杂的心理过程中正确评价自己的能力，促进外界刺激的反应过程朝积极的方向发展。教练员在训练手段的安排上，应合理地运用反馈和激励的技巧，使运动员每次结束训练前都感觉到成功，增强每堂课的成就感，培养自信心。大赛前安排一些适宜对手比赛，使本队个人和集体技战术水平都发挥正常，可增强全体队员的比赛自信心。

（2）意志力

意志品质是足球运动员必不可少的重要素质之一；特别是在那些具有特殊意义的比赛中，意志品质具有举足轻重的作用。

意志力是一种表现为人们为了达到预定目的，自觉地运用智力和体力同困难作斗争的主观能动活动；同时意志也是意识的调节活动，表现为人能节制自己行为的能力。意志具有目的性、顽强性、果断性和自制性的特征。训练中，应有意识地让运动员围绕着一定的目的或目标克服一些困难和障碍，锻炼和培养优良的意志品质。足球运动员的意志品质基本上体现在三个方面：勇敢顽强的拼搏作风，自我控制情绪的能力，敢于冒险的无畏精神。

足球是勇敢者的运动项目，这是由足球运动的特点所决定的。随着比赛争夺的日趋激烈，对运动员的意志品质也提出了更全面、更突出、更明确的要求。没有良好的意志品质，再好的技、战术能力也难以正常发挥；反之，没有出色的技、战术能力，良好的意志品质亦无表现之处。两者只有完美地结合才能如虎添翼。

（3）注意力

足球运动员应有较强的注意集中、较大的注意力范围、较适宜的分配注意力和适时的注意力转移能力。因此，运动员应学会观察并且能在复杂的比赛环境中有意识地引导自己的分配注意力。

4. 心理素质基本训练方法

（1）放松训练

放松练习是一种使自己身心得到平静放松的方法。它是通过意念、呼吸，使全身肌肉得到充分的放松。这种"外松内静"的效果，不仅能使肌肉得到充分的放松，也能使心绪平静、大脑皮层的兴奋度降低，使紧张或烦躁不安的情绪得到克服。最简单的方法是放松端坐，意念注重在呼吸上；练习片刻后，感到杂念抛去，即可进行由上而下的放松活动，依次从头、面、颈、胸、腹、小腹、大腿、小腿、足……放松下去。吸气时意念注于放松部位，呼气时默念"放松、放松、放松……放松完毕"，保持松静状态静坐片刻，即可收功。

（2）念动训练

念动训练也称动作表象训练，是运动员有意识有次序地在脑中重复再现原已形成的运动动作表象。在赛前进行技术或战术配合中的表象体验能有效对运动器官进行动员作用，使运动员较好地完成技术动作和战术动作。

运动员在比赛中由于心理能力储备不足，看到对手的冷静、沉着、诱发了自己的自卑感，本人被自卑感所困扰，总是担心比赛会失败，缺乏信心。这就需要想象训练来提高心理稳定性。通过想象自己平时训练的场景，在大脑中复制一套自己漂亮完成技术动作的图象。想象训练中运球过人、射门成功的情景。渐渐地让运动员随着想象的逐步深入，自信心逐步建立，短短的想象训练会给运动员带来很大的收益。

（3）集中注意力训练

集中注意力训练是运动员约束、强制自己全神贯注于一个明确的目标，不为杂念干扰而分散注意力的训练。运动员学会集中自己的注意力，对于完成比赛任务是非常重要的。只有提高注意集中的能力，才能稳定情绪，加强意志努力的程度，达到竞赛效果的目的。注意力集中的能力是由四个方面组成：意愿的强度、意愿的延续性、注意力的集中强度和集中的延续。注意集中的能力因人而异，运动员可根据个人的特点和专项特点设计一套适合自己的练习方法，如：

闭目思物法。即闭上双眼想象是一片大海，把自己想成一只小船，想象大海的声音，美丽的风景，待完全投入其中，分散的注意力便集中起来。

视觉守点法： 即选择一个固定的目标，仔细观察几秒钟后闭上眼睛，努力回忆观察的形象，如果想不起来再睁开眼睛看看，然后再闭上眼睛回忆，直到清晰的回忆出观察对象为止。

低声发令法：即教练员以极其微弱，勉强能让运动员听见的声音发出口令让运动员执行，使运动员高度集中注意力。这种方法持续的时间不易过长，一般不超过三分钟。

（4）模拟训练

模拟训练是将训练的安排尽可能与面临的比赛条件相似的一种实战心理训练方法。

（5）自我暗示

自我暗示训练是通过有效地自我暗示、自我诱导、自我放松达到心理训练的目的。依靠意念和语言对自己的行动进行约束和控制，以调整情绪，增强意志力，坚定信念，排除不良的心理影响。

（6）心理反馈训练

心理反馈训练是通过专门的仪器，以声光信号来识别自己生理功能变化的状态，并把这种状态与自身的感知联系起来，逐步学会根据反馈的信息来调整自己的机能能力，达到能充分动员、发挥机体能力的状态。

# 第六章 足球运动与保健

## 第一节 足球运动的损伤与防治

足球运动是世界体育运动中开展最广泛、影响最大的运动项目，号称"世界第一大球"，"世界第一运动"。它是以脚完成技术动作，两队相互对抗，以攻入对方球门多少判定胜负的激烈而又富有魅力的球类运动项目。深受世界各国人民所喜爱。足球比赛以其特有的魅力吸引成千上万的青少年和成年人纷纷加入到这项运动中来。然而，这项激烈运动不可避免的身体碰撞、争抢都会给参与这项运动的人造成不同程度的损伤。

### 一、足球运动员容易损伤的部位和原因

足球运动是创伤发生率最高的运动项目之一。比如：因比赛紧张的争抢，快速的跑动与铲球，造成大腿和小腿肌肉的拉伤和肌纤维的断裂。运动中突然改变体位，小腿的突然扭转、内收或者外展都要引起膝关节、髋关节韧带以及骨骼损伤。运动员之间争顶、冲撞或疾跑时突然失去重心摔倒，尤其在泥土场地上最容易造成擦伤，严重的可造成创伤性滑囊炎（膝关节及肘关节）、膑骨骨折、脊柱骨折、脑出血、脑震荡等伤害。在人造草坪上摔倒还会出现热烧伤和皮肤感染。由于踢球动作不正确，比赛训练中踢球、拼抢动作变形容易造成距腓前韧带、膝关节外侧副韧带、半月板和前十字韧带的损伤。特别是在与对方运动员发生"对脚"的情况下，腹部肌肉由于没有用力或没有完全用力，也很容易造成内外侧副韧带的撕裂损伤，有时股四头肌收缩过猛，也会造成股四头肌、股直肌腹或腱膜的撕裂损伤。踝关节扭伤、

膝关节损伤、守门员的手指损伤，如拇指、食指或其他手指和韧带牵扯或关节脱位，是最常见的。其次是大腿前后的肌肉群的拉伤和挫伤，等等。

## 二、预防运动损伤的原则

### （一）加强运动员思想教育，树立良好体育风尚

加强日常安全教育，树立良好体育思想，在教学训练和比赛中要有大将风度。克服麻痹思想，认真贯彻以预防为主的方针。尊重裁判和对方队员，发扬良好的体育道德风貌。

### （二）认真做好训练、比赛前的准备活动

参加训练和比赛前都要认真做好准备活动。准备活动的内容要根据教学训练和比赛的内容、任务、目标而定；既有一般性的准备活动，又有专项准备活动，准备活动一定要充分。对运动中负担较大和容易伤的部位，要特别注意做好准备活动，适当做一些力量性和伸展性的练习。准备活动练习内容也要循序渐进，以身体感到发热微微出汗为宜。

### （三）科学、合理安排教学训练和比赛

训练中要根据运动员身体发育不同阶段的特点、性别、身体素质状况、运动能力、运动技术水平等，有针对性的、科学的、合理的安排教学训练内容和方法。要采取个别对待教学原则，合理安排运动负荷。运动量的强度、密度要逐渐增加，要注重运动员的身体素质全面发展，避免训练内容、方法、手段单一，防止局部训练负荷过大而引起不必要的损伤。

### （四）加强容易受伤部位的重点练习

加强容易受伤部位或相对较弱部位的力量、柔韧性、灵活性练习，提高它们的功能，是预防运动损伤的一种积极有效的手段，如：为防止髌骨劳损，可采用力量训练来提高增强股四头肌和髌骨的功能；为了防治腰肌损伤，除加强腰背肌的训练以外，还应加强腰、腹、背肌的力量、柔韧性练习才更有利于防止脊柱过伸而造成腰部损伤等等。总之良好的力量素质和柔韧素质是防止运动损伤的基础，应循序渐进

不间断地加强训练。

### （五）加强保护与自我保护的意识培养

运动员的保护与自我保护意识是防止运动损伤重要措施之一。教练员在平时训练中要加强这方面的教育、培养和练习。使队员在思想上重视保护意识的自我培养，并主动注意加强练习，掌握自我保护的方法。如：训练比赛中身体重心失去平衡时身体应立即向前或向后跨出一大步，维持身体的平衡；训练比赛中冲撞摔倒时，应立即低头、屈肘、团身、含胸，以肩背部顺势着地做滚翻动作，而不可以直臂撑地；争顶高空球或踢高空球落地时要先用前脚掌落地并同时屈膝，以增强缓冲作用等等。保护意识是在日常训练中逐渐建立的，因此教练员要注意加强对运动员的培养。

## 三、常见的足球运动损伤和预防及处理方法

### （一）擦伤和撕裂伤

在对抗激烈的足球训练和比赛中，擦伤和撕裂伤是经常发生的。由于伤势对比赛和训练的影响并不大，往往最容易被忽视，出现此类情况最重要的是防治皮肤感染。

处理方法：对于创口浅、面积小的擦伤，可用生理盐水或凉开水洗净伤口，周围用70%酒精棉球消毒，创口上涂抹红汞或紫药水，不需要包扎。创口内若有细沙等其他异物，要用生理盐水或凉开水冲洗干净，用双氧水擦洗伤口并清除异物，周围皮肤用酒精棉球消毒，然后用凡士林纱条覆盖创面，再用消毒敷料包扎。对于皮肤撕裂伤，若伤口小，经止血、消毒处理后，用粘膏粘合即可，伤口大则需要缝合，必要时使用抗菌素治疗（如注射破伤风针剂等）。

### （二）关节扭伤

关节扭伤主要原因是：技术掌握不好、协调性差、关节周围肌肉力量小、生理结构不佳、疲劳产生体力差、准备活动不够、场地湿滑。

处理方法：踝关节、膝关节、腕关节扭伤时，将扭伤部位垫高，先冷敷2～3天后再热敷。如扭伤部位肿胀、皮肤青紫和疼痛，可用陈醋半斤炖热后用毛巾蘸敷伤处，每天2～3次，每次10分钟。

预防方法：加强专项技术身体素质的训练，提高运动能力。运动前准备活动充分，了解适应场地条件。

（三）挫伤

由于身体局部受到钝器打击而引起的组织损伤（如被肘、膝、头顶、撞、击打）。

处理方法：轻度损伤不需特殊处理，经冷敷处理 24 小时后可用活血化瘀叮剂，局部可用伤湿止痛膏贴上，在伤后第一天予以冷敷，第二天热敷。约一周后可吸收消失。较重的挫伤可用云南白药加白酒调敷伤处并包扎，隔日换药一次，每日 2~3 次，加理疗。

（四）肌肉拉伤

肌肉拉伤的部位通常在大腿后群肌、腰背肌、小腿三头肌、大腿内收肌群。肌肉拉伤后，会出现拉伤部位疼痛、肿胀、压痛、肌肉紧张或痉挛，受伤部位肌肉有发硬的症状等。检查肌肉拉伤的方法是采用肌肉抗阻力收缩试验，肌肉拉伤较轻者有疼痛感、局部肿胀、压痛症状，重者可致肌肉断裂，肿胀明显，皮下瘀血显著，肌肉出现收缩畸形。

处理方法：比赛中肌肉拉伤时，应立即冷敷，加压包扎并抬高伤肢，疼痛较重者可口服镇静止痛剂。

24 小时前为急性期：停止运动，并在痛点敷上冰块或冷毛巾，保持 30 分钟，以使小血管收缩，减少局部充血、水肿。切忌搓揉及热敷。

24 小时后为恢复期：可外敷中药、痛点药物注射、理疗等。配合按摩、康复或恢复性锻炼。

预防方法：在剧烈运动之前一定要充分做好准备活动，平时要结合运动项目的特点，加强容易受伤肌肉的力量和柔韧训练，注意各技术的动作要领的合理运用，注意外界因素对容易受伤部位造成的影响。

（五）关节韧带损伤

关节韧带损伤主要是由间接外力作用引起的一种闭合性损伤，损伤的部位通常在踝关节、膝关节、掌指关节等，关节韧带损伤后会出现局部疼痛、肿胀、局部有明显压痛感、关节运动功能受到障碍等症状，检查韧带损伤的方法是采用关节侧向试验。

处理方法：比赛中关节韧带扭伤时，应立即冷敷，加压包扎，抬高伤肢并适当休息，以减轻出血和肿胀。

24 小时前为急性期：停止运动，并在痛点敷上冰块或冷毛巾，保持 30 分钟，以使小血管收缩，减少局部充血、水肿，切忌搓揉及热敷。

24 小时后为恢复期：配合按摩、微动、康复或恢复性锻炼。

预防方法：日常训练中要注意加强关节周围肌肉力量和韧带柔韧性练习，提高关节的稳定性和活动的幅度，运动前要充分做好准备活动，练习和比赛中注意加强保护和自我保护，消除引起损伤的各种不利因素。

### （六）肌肉痉挛

肌肉痉挛（俗称抽筋）是肌肉不自主的强直性收缩，原因很多，如：运动前肌肉没有完全活动开、气温低肌肉不适应、肌肉运动过于疲劳等。在运动中常以小腿腓肠肌最易发生。造成肌肉痉挛的最主要的原因是因运动量过大、肌肉疲劳；直接原因是因为出汗过多，体内电解质大量丢失所致。出现痉挛时，伴有肌肉僵硬，疼痛难忍，久不缓解等症状。

处理方法：解除肌肉痉挛的方法采用牵引痉挛肌肉，排除小腿腓肠肌痉挛时，应让患者仰卧或坐位，膝关节伸直，牵引患者足部，将患者足踝关节缓慢地背伸，此外配合局部按摩，点穴或针刺（承山，委中穴等）等。

预防方法：运动前充分做好准备活动，对容易发生痉挛的肌肉，运动前适当按摩；在天气过热的时候应适当补充水、盐、维生素 B1、防止肌肉痉挛的出现。加强肌肉耐力性练习，增加抗疲劳能力。

### （七）关节脱臼（脱位）

关节脱臼是因为外力作用使关节面之间失去正常连接关系的一种损伤形式，分为半脱臼和完全脱臼两种。前者是关节面部分错位，后者是关节面完全脱离原来的位置。严重的关节脱臼常伴有关节囊撕裂，关节周围韧带、肌腱及其附着组织的损伤，造成关节脱臼的主要原因是摔倒后的落地姿势不正确造成的。

处理的方法：首先是止痛，抗休克。一旦发生脱臼，应嘱咐伤者保持安静,不要活动,更不可以揉搓脱臼部位。如脱臼部位在肩部,可把患者肘部弯成直角,再用三角巾把前臂和肘部托起,挂在颈上,再用一条宽带缠过脑部,在对侧脑打结,送医院就诊治疗。

预防方法:日常训练中加强关节灵活性、柔韧性和关节周围肌肉力量的练习。关节灵活性、柔韧性和关节周围肌肉力量提高了,对保护关节防止运动损伤起重要作用;而且有利于身体能更协调的开展各种技术动作的练习。平时要有加强保护与自我保护意识,如跳起以后落地时要适当的缓冲,倒地时要适当的做一些滚翻的动作,充分做好准备活动等。

(八)骨折

骨折是足球运动中较为严重的损伤,主要发生在小腿腓骨,膝前膑骨、足外踝、肩锁骨等部位。分为两种:一种是皮肤不破,没有伤口,断骨不与外界相通,称为闭合性骨折;另一种是,骨头的尖端穿过皮肤,有伤口与外界相通,称为开放性骨折。

处理方法:对开放性骨折,不可用手回纳,以免引起骨髓炎,应用消毒纱布对伤口作初步包扎、止血后,再用平木板固定送医院处理。

骨折后肢体不稳定,容易移动,会加重损伤和剧烈疼痛,可找木板、塑料板等将肢体骨折部位的上下两个关节固定起来。如一时找不到外固定的材料,骨折在上肢者,可屈曲肘关节固定于躯干上;骨折在下肢者,可伸直腿足,固定于对侧的肢体上。怀疑脊柱有骨折者,需早卧在门板或担架上,躯干四周用衣服、被单等垫好,不致移动,不能抬伤者头部,这样会引起伤者脊髓损伤或发生截瘫;昏迷者应俯卧,头转向一侧,以免呕吐时将呕吐物吸入肺内。怀疑颈椎骨折时,需在头颈两侧置一枕头或扶持患者头颈部,不使其在运输途中发生晃动;立即送医院就诊治疗。

预防方法:运动前要充分做好准备活动,准备活动充分做开以后,关节的灵活性加大了,有利于身体能更协调的开展各种技术运动作的练习。同时平时要加强保护与自我保护意识培养,训练中做一些跳起以后落地时适当缓冲、倒地时一些滚翻的动作练习等等,这些都是能够预防骨折的方法。

随着人们运动意识的提高，运动伤害的比率也逐渐提高，科学合理的运动不仅可以强身健体，还能锻炼人的心智。但是如果运动前热身不足、运动量突然增加或姿势不正确，都会造成运动伤害。

大部分运动伤害都是急性的，一般来说中医治疗运动伤害以急性疼痛时冰敷、慢性酸痛时热敷为原则，而在国外运动伤害救护工作中，通常采用的是"保护"、"休息"、"冰敷"、"加压"、"抬高"五原则。"保护"就是保护受伤部位免受二次伤害。"休息"就是要求锻炼者立即停止运动。"冰敷"就是把伤处用湿毛巾包上冰块，在受伤后48小时内，每2~3小时冰敷20~30分钟，当受伤位置感到麻木的时候，立即移开冰袋用绷带包扎并抬高伤处。冰敷可以减轻肿胀、疼痛及痉挛，但要注意冰敷的时间不要过长，长时间冰敷会发生冻伤。在使用冰敷后三日内，伤肿未能减轻，最好不要立即使用热敷。

"加压"就是通过压迫减小局部伤害的肿胀以及内出血，常见于包扎时；用弹性绷带自伤处几寸之下开始往上包，以螺旋状重叠绷带，平均而且轻微施力缠绕，到伤处时用力减小。如果因为包扎产生疼痛、皮肤变色、麻痹、瘀紫等现象，则表明包扎过紧。避免肿胀应连续使用绷带包扎18~24小时。"抬高"就是要降低受伤部位的血液及组织液积聚来减低肿胀。适当的抬高方法是将受伤的部位抬得比心脏位置高一些，下肢受伤时，可以让患者躺下并将患肢包扎压迫、冰敷以及抬高伤部，这都是为了减少血液循环到受伤部位，从而避免肿胀。在运动受伤后，伤者如果按照"五原则"才能成功避免伤害部位带来更大危害。

足球运动能在增进健康、增强体质、培养品德、陶冶情操等方面体现价值；只要我们能消除、避免或控制在足球运动中产生的一系列的损伤因素，相信我们足球的未来是美好的，光明的，灿烂的。

## 第二节 运动性疲劳与消除疲劳

运动性疲劳是指运动本身引起的机体工作能力的暂时性降低，经过适当的休息和调整可以恢复到原有的机能水平。运动员运动水平的提高就是一个疲劳——恢复——再疲劳——再恢复的良性过程。一般的运动性疲劳是一种生理现象。

在1982年第五届国际运动生物化学会议上对疲劳的概念取得了统一认识，即疲劳是："机体生理过程不能持续其机能在一特定水平上和/或不能维持预定的运动强度。"这一疲劳概念的特点是：①把疲劳时体内组织和器官的机能水平与运动能力结合起来评定疲劳的发生和疲劳程度；②有助于选择客观指标评定疲劳，如心率、血乳酸、最大吸氧量和输出功率间在某一特定水平工作时，单一指标或各指标的同时改变都可用来判断疲劳。

运动性疲劳是运动本身引起的机体工作能力暂时降低，经过适当时间休息和调整可以恢复的生理现象，是一个极其复杂的身体变化综合反应过程。

## 一、运动性疲劳的分类

### （一）按疲劳发生的部位划分
为脑力疲劳和体力疲劳。

### （二）按身体整体和局部划分
1. 整体疲劳

整体疲劳是指由于运动使全身各器官机能水平下降而导致的疲劳，也称全身疲劳。如足球比赛、马拉松比赛等可造成全身疲劳。

2. 局部疲劳

局部疲劳是指身体某一局部进行运动使该局部机能水平下降而导致的疲劳，也称器官疲劳。

整体疲劳和局部疲劳密切相关，局部疲劳可以发展为整体疲劳，而整体疲劳往往包括着以某一器官为主的局部疲劳。

### （三）按运动方式划分
1. 快速疲劳

快速疲劳是指短时间剧烈运动引起的疲劳。快速疲劳产生快，消除也相对较快，在大强度运动中一般易出现快速疲劳。

2. 耐力疲劳

耐力疲劳是指强度较小、长时间运动引起的疲劳。如足球比赛、马拉松等可以产生耐力疲劳。耐力疲劳的发生较慢，但恢复时间也相对较长。

## 二、运动性疲劳的诊断与消除

人体的疲劳征状主要体现在人体的三大系统中：其一，是神经系统的疲劳；其二，是心血管系统的疲劳；其三，是骨骼肌的疲劳。这些由于运动引起机体生理生化改变而导致机体运动能力暂时降低的现象就是所谓的运动性疲劳。一般来说，过度的运动首先引起骨骼肌系统的疲劳，之后方引发神经系统和心血管系统的疲劳。从人体生理学上讲，疲劳是机体发出的一种保护性反应，它的出现是提醒人们要注意减低目前的身体活动强度或者终止目前的身体活动。经常性的疲劳会使人们进入亚健康状态，甚至引发机体进一步的损伤。因此，长期以来努力了解产生疲劳的原因及寻找疲劳恢复的方法，一直是体育运动界人士的研究重点。

### （一）运动性疲劳的诊断

1. 对骨骼肌系统疲劳的诊断。主要依赖于运动负荷、运动强度的情况了解，以及运动技能的具体展示情况，来确定是否已处于肌肉疲劳的状态。处于该类疲劳状态的表现形式一般有形态变化，下肢围度，体重的变化，肌力、背肌力、握力及呼吸肌力量的变化等。

2. 对心血管系统疲劳的诊断。主要进行肺通气量与心输出量及心电图等测试来确定是否已处于心血管系统疲劳的状态。处在这种疲劳状态一般表现在唾液 PH 变化、血液体位反射的变化、运动前后尿蛋白和尿胆元的变化等。

3. 神经系统疲劳的诊断。主要用脑电图的测试来确定是否已处于神经系统疲劳的状态。处在这种疲劳状态一般表现在膝跳反射阈的变化、运动前后脑电图的 Q 波变化、皮肤空间阈变化等。

### （二）消除运动性疲劳的常用方法

1. 消除骨骼肌疲劳的常用方法

（1）温水浴。沐浴是消除肌肉疲劳的一种最简单的方法。它可以刺激血管扩张，促进血液循环和新陈代谢，加速代谢产物的排出，改善神经肌肉的营养。水温以 42℃ 左右为宜，时间为 10～15 分钟，每天 1～3 次。训练结束后 30 分钟可进行温水浴。进行冷热水浴时，热水温度 40℃，冷水温度 15℃，冷水浴时间为 1 分钟，热水浴时间为 3 分钟，交替 3 次。当然，水的温度，每个人适应能力不同，入浴时间过长，次数过频，水的温度过高，也会消耗能量而造成疲劳。因此，要根据自己的具体情况，进行适当控制。

（2）针灸和拔罐法。针灸是针法和灸法的合称。治疗疲劳的针法可以局部取阿是穴，也可以循经取强壮穴。治疗疲劳的灸法多用艾灸，一般取强壮穴。拔罐法是以杯罐作工具，吸附于身体一定部位，使之产生瘀血现象。

（3）补氧疗法。激烈紧张的肌肉活动是以氧化不完全为特点的，大强度负荷运动后，给氧是必要也是必须的。常用的有高压氧、常压氧、氧舱、小氧瓶等。

2. 消除神经系统疲劳的常用方法

（1）按摩。按摩在运动前后均可采用。按摩时应注意：

1）局部按摩和整体按摩相结合，先全身，后局部。消除疲劳的全身性按摩，一般采取俯卧位。其方法可以从颈后向下开始顺着血管和淋巴回流方向进行，手法必须缓慢而柔和。如某部位需要重点按摩时，应在全身按摩结束之后再进行。

2）根据不同的人、不同的疲劳程度与部位，采用不同的按摩手法，因症施治。对于极度疲劳者，按摩时其手法应以"轻补"为主，节奏不宜太快，以轻揉缓捏、平推轻揉为主。

3）关节是按摩的重点，应认真全面进行。关节结构复杂，按摩的技巧要求较高，手法应以揉为主，先轻推几次，后用揉捏与重推交替进行，有时可以按压，最后以轻推运拉结束。

4）先按摩大肌肉群，后按摩小肌肉群。其手法以揉捏为主。

（2）心理消除法。心理消除主要是意念活动。运动后要排除思想杂念，将注意力集中在调节呼吸上，用意念使自己的呼吸放慢、拉长，来排除所受到的内外不良的刺激，可使过分疲劳、紧张和紊乱状态得到适当的调节。用意念放松，动作可先从头、颈部放松开始，依次向下放松：上肢、肩背、胸、腰与下肢等等。常用语言："我是非常安静的，从头到脚逐步得到放松"，"现在精力充沛多了"，"全身轻松得很"等等。另外，借用良好的外界自然环境进行调节，例如到空气新鲜、环境优美的地方散散步或找伙伴聊聊天等，也能收到心理消除疲劳的效果。

（3）消除心血管系统疲劳的常用方法有：

1）整理运动。运动后应做整理运动，动作应缓慢、放松。

2）药物疗法。目前，常用药物有维生素 B1、维生素 B12、维生素 C、维生素 E、黄芪、刺五加、人参、冬虫夏草和花粉等。

（4）合理安排膳食。人类的食物可分为酸性食物和碱性食物。酸性食物通常含有丰富的蛋白质、脂肪和糖类，含有酸元素较多，如猪肉、鸡、鱼、蛋、糖等；碱性食物如蔬菜、水果、豆制品等，含有丰富的 K、Na、Ca、Mg 等元素。因此，人在运动后，不但应多吃酸性食物来补充能量的损耗，也应多吃些碱性食物，以保证体内酸碱度的基本平衡，这样才能尽快消除运动带来的疲劳。

（5）合理休息法。常用的方法有：睡眠休息、安静休息、积极性休息等。其中积极性休息，也称为活动性休息，是指产生疲劳后，不是以静止休息来消除疲劳，而是采用强度不大、时间不长的运动、活动，或是改变运动方式作为休息的手段，以达到消除疲劳的目的。如疲劳后的放松走、摆臂以及下肢疲劳后安排一些轻微的上肢活动等。在积极性休息的状态下，练习强度要小、时间要短。另外，将静止性休息和积极性休息二者结合起来进行，效果更好。

## 第三节  足球运动员营养

运动员训练、比赛需要良好的体能，合理营养是提高训练效果和比赛成绩的基础，营养在现代竞技体育中的位置越来越突出。

不可否认，人的运动能力具有先天赋予性，但越来越多的科学实践告诉我们，良好的营养必将促进运动员的体格发育，体力增强，提高训练效果和竞赛实力,有利于出成绩,有利于赛后疲劳的消除、体力的恢复以及某些运动性疾病的防治,也有利于平稳顺利转入下一阶段的训练和比赛。

如今,运动营养学已经成为体育运动行业备受关注的一门学问。运动员的体能已经与合理的营养融为一体,成为比赛取得优异成绩的重要一环。

## 一、足球运动员营养特点

职业运动员一场正式比赛要消耗体内90%的肌糖原,大多数时间的心率都维持在85%最大心率以上。正式比赛中,每名运动员平均失液量为1~2千克,而如果在潮湿环境下进行比赛,运动员的失液量会达到平时的两倍。

## 二、足球运动员的能量需求特点

在整场的足球比赛中平均每个队员要奔跑7~9千米,所以不论在训练还是比赛当中,足球运动员消耗的热量是很高的。运动的强度和个人的年龄决定了能量的需求量。男性队员每天需要47~60卡/公斤体重/天。国内足球运动员每天能量摄入的推荐值是3700~4700千卡(平均4200千卡)。

## 三、足球运动员对热能能量补充的需求

糖是足球运动员最好的热能能量来源,摄入碳水化合物可以为肌肉提供所需的能量。足球比赛中百分之三十的进球都是在比赛最后15分钟,所以,选择得当的高碳水化合物食品和饮品关系到比赛的胜负。运动的能量代谢主要取决于运动强度、频度和持续时间三要素,同时也受运动员的体重、年龄、营养状况、训练水平、精神状态及训练时投入用力程度等因素的影响。运动员全天所需总热量在2800~3500千卡之间。

为了得到充足的能量,参加比赛的队员每天应该得到8~10克/公斤体重/天的糖。全麦面包,谷类食品,水果,蔬菜富含碳水化合物,

都是补充糖来源。在一场 90 分钟的比赛里，如果运动员能有规律地饮用含糖的运动饮料，那么，他将有效地抗拒疲劳，提高运动能力。

当运动员体内有足够的碳水化合物和脂肪作为能源时，蛋白质几乎不被动用。随着运动负荷的增强，对碳水化合物的利用增加，当运动强度达 85～90% 最大氧摄取量时，全部能量来自碳水化合物。随着运动强度的增加和时间的延长，对脂肪的利用也逐渐增加。

## 四、足球运动员对蛋白质需求的要求

足球运动员每天需要摄入 1.2～1.4 克/公斤体重/天的蛋白质。在重点进行力量训练的时期，应该增到每公斤体重摄入 2 克。蛋白质可以修复肌肉损伤并且提高免疫能力。蛋白质也可以为身体提供能量，但是它无法像碳水化合物那样立竿见影。适合于足球项目运动员选用的高蛋白食物名称及其蛋白质含量（克/100 克食物）如下：20 奶酪、25 猪肉、27 鸡胸脯、4 全脂牛奶、12 鸡蛋、37 大豆、7 鸡蛋白、11 豆腐、19 鱼、27 牛肉、28 羊羔肉、4 低脂肪水果酸奶。

机体蛋白质的合成与分解存在着动态平衡。近年发现，中强度运动使某些氨基酸代谢增强，但蛋白质终究不是运动员的主要能源，故不宜过多摄入。

## 五、足球运动员的脂肪需求

脂肪供能比例应占总热能的 15～20%，每天需要 1 克/公斤体重/天的脂肪即可。要选择对心血管健康无害的脂肪，例如，菜籽油、橄榄油和坚果等。

脂肪在体内代谢过程中耗氧量大，摄入过多可使运动后体内丙酮酸、乳酸浓度增加，同时高脂血可使血流缓慢，影响氧的供给。脂肪摄入过多还会导致体内脂肪含量增加，运动能力受到影响，因此需要控制脂肪摄入量。

## 六、足球运动员比赛前的饮食需求

选择自己喜欢的饮食并且要符合如下原则：容易消化、高碳水化合物、低脂肪、含有充足的水分、依据自己喜欢的口味。例如，如果比赛前1～4小时进食，可做安排如下：3～4小时前，吃些面条，补充400毫升果汁或运动饮料；2小时前，喝200克低脂水果酸奶和吃40克无籽葡萄；1小时前，补充500毫升运动饮料，不宜过多。如果比赛在早上，赛前那天晚上多吃些高碳水化合物饮食，比如主食和含糖饮料，赛前1～2小时吃点心，选择高碳水化合物、低脂肪食品保证消化和碳水化合物的补充。如果赛前精神紧张，可以尝试流质食物或水果作为赛前食品，以便给球员提供最佳的能量。在比赛前很短的时间内不能摄入食品，因为比赛时食物还没有完全消化，很容易引起胃肠不适。不同环境温度下饮用含碳水化合物的液体：温度越高，摄入量越多。

还有研究指出，运动员的维生素需要量较一般成人要高一倍。为使运动员竞赛时体内有充裕的维生素，可于赛前1～2周每日补充维生素A2200国际单位（或胡萝卜素4毫克）、B12.5毫克、B22.5毫克、C100毫克、尼克酸25毫克。

## 七、足球运动员比赛中的液体补充

比赛中，球员必须有规律地饮用饮料以确保他们的液体平衡处于均衡状态。不要等到口渴了再喝水，这时表明机体已经处于脱水。在比赛中球员要尽可能地满足每15分钟摄入100～300毫升的运动饮料。由于比赛限制饮水次数，因此应当尽可能多补充水，可利用比赛中断和受伤休息时。补充运动饮料可补充碳水化合物（葡萄糖、蔗糖）和电解质，使机体吸收和维持充足的水分。球员还应该在中场休息时选择含糖食品的康比特能量棒或香蕉来补充能量维持比赛中的运动能力。近有报告指出，用富含碳水化合物的小体积高能食品作为赛前或赛中能量补充，是提高运动成绩的一种合理有效办法。

## 八、足球运动员比赛后的饮食

比赛后即刻摄入碳水化合物，这时糖原合成酶的活性最高，补糖效果最佳。球员应该在这个时候摄入100克的碳水化合物，随后每一小时摄入 25 克碳水化合物。赛后 2 小时内应优先分次补充液体，恢复水、电解质平衡，促进废物排除，以利体力恢复。在 24 小时内应该摄入碳水化合物的总量为 10 克/公斤体重。运动员除了高糖饮食完成肌糖原和体液的储备，同时应尽快补充水分，补充量为失液量的 1.5 倍（比赛前后体重的减少得出）。运动员不应该补充含咖啡因和酒精的饮料（如咖啡和可乐），因为这些饮料会增加排尿量加重脱水的症状，延缓疲劳恢复。即刻进食香蕉或蜂蜜面包卷和 200 克的低脂水果酸奶蛋白粉等可以促进身体迅速由分解状态进入合成状态，保证第二天的比赛状态。

运动员在比赛后通常不饿，因此需要鼓励他们摄入碳水化合物以确保达到上述的碳水化合物摄入水平。这样，在比赛中所丢失的水分也可以得到补偿。

## 九、足球运动员补充液体时应注意的问题

在赛前、比赛中以及半场时经常喝水，但一次要少量，每 15 分钟饮用不超过 300 毫升水。

在赛前和赛中饮料的含糖量低于 5%，温度在 5~10 度。

赛后要大量补充液体甚至数小时后仍要大量饮水，使机体得到充足的水分补充。尿液的颜色作为需要补水的指标，尿越黄需水量越大。不能仅仅喝水（白水）；尽管它能减缓口渴，但是它不能提供球员所需要的足够能量。一定要选择运动饮料。训练时尝试不同的喝水习惯，以克服运动中液体吸收的任何困难。不饮用碳酸饮料（易产生气体）。碳酸化饮料很难一口气饮用足量的液体；另外它还促使胃部饱胀从而导致消化不良。苏打水可在正餐时少量饮用以利于肉类食物的消化，运动期间不要饮用。咖啡因是利尿剂，会促进水分的丢失。

## 十、运动员如何选择富含维生素和矿物质的食物

维生素和矿物质均属于微量营养素，它们的需要量很少，有了它们才能使机体内许多复杂的生物化学反应顺利进行，以维持组织的正常功能及机体的正常代谢。足球运动员可根据自己的情况和维生素、

矿物质的主要功能及主要食物来选择食物。

维生素：

维生素 A——维持正常的视力；对皮肤、粘膜和机体的生长是必需的。牛奶、奶酪、肝、鱼肝油、胡萝卜、深绿色蔬菜、西红柿、青椒、南瓜、杏、桔子。

维生素 C——促进损伤部位恢复和对铁的吸收；与构成组织与骨骼的蛋白质材料的合成有关；抗氧化。 新鲜水果，特别是柑橘类和绿色蔬菜。

维生素 D——促进钙和磷的吸收，是维持骨骼健康的必需物质。海鱼、肝、蛋黄、奶油、谷类。

维生素 E——抗氧化，抵抗自由基对细胞膜的损伤。植物油、核桃、蔬菜、杏仁、花生、芝麻。

维生素 B1——与碳水化合物的能量释放有关，对中枢神经系统十分重要。谷类、坚果、根茎类蔬菜、豆类。

维生素 B2——与蛋白质和脂肪的能量释放有关。肝脏、牛奶、奶酪、酸奶、蛋类、绿色蔬菜。

维生素 B12——是构成血细胞和神经纤维必不可少的物质。肝脏、肉类、蛋类、牛奶、蛤、牡蛎。

矿物质：

钙——构成骨与牙齿并维持其健康，与血液凝固、神经功能和肌肉收缩有关。牛奶、奶酪、酸奶、绿色蔬菜、面包、海带、小虾皮、豆类、豆制品。

钠——与神经功能和调节体液平衡有关。食盐。

钾——参与所有细胞的构成，与体内所有神经活动有关。糖、脂肪、油脂以外存在于所有食物中，未加工食物的钾含量高于被加工食物。

镁——与细胞的能量释放有关，可增强酶的活性和肌肉收缩力。多数食物含镁。谷物、坚果、菠菜、糙米、绿叶菜、燕麦、豌豆、大豆、肉类、海产品。

磷——是所有身体细胞的基本成分。奶、奶酪、蛋、肉、鱼。

锌——对生长、组织细胞的修复、性成熟是必需的，与酶的活性、味觉和感觉有关。牛奶、奶酪、牡蛎等海产品。

硒——抗氧化，保护细胞膜，抵抗放射线引起的损伤。肝、肾、海产品、蛋、肉类、芝麻、大蒜、洋葱、蘑菇、糙米、香蕉、橙。

铁——存在于血红蛋白中，与酶的活性和线粒体的能量产生有关。海带、黑木耳、紫菜、香菇、谷物、肝、肾、心、瘦肉、动物血、鱼、红枣、葡萄干。

## 十一、足球运动员应注意的问题

### （一）饮水

在比赛中常常有这种情况，比赛中间休息或结束时，运动员因感到口渴而大量喝水，甚至跑到自来水龙头下痛饮一场。这种图一时痛快的做法，往往会对身体产生不良的影响，因为剧烈运动会使身体有很大的消耗，各部分机能处于相对较低的水平，这时如果大量饮水，势必造成心脏负担过重，而大量饮用生水、冷水还会使肠胃受到刺激，"肚子疼痛"等，这些都是对健康不利的。正确的做法应是在剧烈运动后先少量饮水，待休息一段时间后，再加大饮水量，切忌饮用生水、冷水。

### （二）洗澡

许多运动员在练习或比赛后立即去洗澡，以为这样既可去污又可消除疲劳。其实，这种做法并不科学，因为在运动时，流向肌肉的血液增多。停止运动后，这种情况仍会持续一段时间，如果这时立即洗热水澡，就会使血液不足以供应其他重要器官，如心脏和大脑供血不足，就会感到头昏、恶心、全身无力，严重的还会诱发其他疾病，因此要格外注意。运动后立即洗冷水澡更是弊多利少。由于运动的时候身体新陈代谢过程加强，皮下血管扩张，并大量出汗，运动后马上洗冷水澡，使体内产生的大量热不能很好地散发，形成内热外凉，破坏人体的平衡，这样容易生病。正确的方法是运动后休息一会儿（以脉搏恢复到接近正常数为准）再洗澡，最好洗温水澡。

## （三）吸烟的危害

吸咽无论是对一般人还是足球运动员，都是不应倡导的。吸烟对足球运动员竞技水平的提高最直接的危害主要表现在，它使运动员有氧耐力（一般耐力）的典型指标——最大摄氧量水平下降。造成这一结果的原因主要有两个方面。

1. 吸烟使肺通气量减小：最大摄氧量是由吸入氧、运输氧和利用氧三方面水平所决定的，肺通气量是吸入氧的组成部分。由于吸烟会使呼吸道阻力增加，影响出入肺部的气量，这就难免影响氧的吸入量和最大摄氧量，从而导致运动能力的降低。

2. 使血红蛋白摄氧量养活氧从肺泡弥散至血液后，主要是与红细胞中的血红蛋白结合运输到各器官组织的，由于吸入的烟气中含有一氧化碳，且它与血红蛋白的结合能力比氧强若干倍，这样必然导致血红蛋白与氧的结合量减少，因此使最大摄入量也随之受到影响。

根据科学的测定,长期吸烟的人比不吸烟者呼吸道阻力要大 1 倍。如果运动前 24 小时停止吸烟，呼吸道阻力将会减小，甚至当天不吸烟也将会有助于竞技能力的恢复；尽管如此，运动队伍的纪律与良好的职业素养都坚决拒绝运动员不吸烟。

# 第七章　足球竞赛与观赏比赛

## 第一节　如何观赏比赛

足球比赛的观赏绝对不是一朝一夕就可以谈论的，需要多方面的知识与技巧。

### 一、观战前准备

1. 要了解比赛规则掌握足球基本知识。国内外的比赛规则的执行大体分为两类：

一类是由国际足联统一组织的比赛，如世界杯、亚洲杯等。比赛规则是严格按照国际足球联合会所制定的内容去执行；国际足联届时会派监督员到场，以保证规则的实施。

另一类则属于双边友好往来所进行的比赛，这类比赛在每方上场的替补队员人数、比赛时间、最后决胜的方式上可经双方协商，自定一些相对变通的规则，以期达到增进感情、切磋球技的目的。

掌握足球基本知识，这是基本的常识，最低要求起码你要知道什么叫越位，什么是直接、间接任意球，裁判的基本手势，足球的术语名词等等。

2. 了解球队的历史战绩、所在国家、区域的风土人情、球迷特点、人文习惯等等。这样能更好地了解一个俱乐部的运作和球队的文化、历史与长时间积淀下来的球队精神。

3. 赛前了解比赛双方的技术风格、战术打法、水平。每个球队都有基本的战术打法，要能看出场上队伍的战术设置。比如曼联的中前卫调度、边中结合、前场大范围穿插跑动、后场严格战术位置，或者巴萨的4—3—3站位、以中前卫为轴、控球为主的战术打法。了解一个球队的战术打法你就能知道这个球队的战术核心不是名气最大的球员就是最能左右战局的人；从双方的战术打法与临场变化，你能感觉到哪一方的战术对头，能抓住对方的软肋，能对比赛的走势作出更好的判断。

一般来讲，两支不同流派的球队交锋，比同属一种流派两支球队的对垒要精采得多。除此之外，摸清参赛双方过去交锋的成绩，也是必要的。还有本场比赛的关系是否重要，是否关系到双方或者是影响到第三方、第四方的前景情况等等，这些情况也应该掌握。了解了这些情况，对看比赛更有兴趣。

4. 对世界足坛目前的各种流派、打法，要有一个基本的了解。现今，足球各种流派的形成，有很强的地域性。既有其地域文化特点的影响，也有民族特征的渗透。不同流派自然会有其不同的特点，在战术打法上的表现也不尽相同。

南美国家，在足球运动上表现出注重培养球员的个性特点，注重意识的培养，鼓励球员场上即兴发挥，使比赛具有很强的观赏性。而要想做到这一点，就需有扎实的技术功底作保证。

以德国和荷兰为代表的全攻全守流派的形式，和这两个国家特别是德国的民族特征有着直接的关系。德意志民族具有冷静的思考和观察力、点滴不漏的组织原则、严谨和一丝不苟的敬业精神，使他们极适合全攻全守流派的那种协调的、全局的、整体的风格特征，终使他们得以脱颖而出。

欧洲拉丁派，既讲究整体性，也注重对队员技术的培养。在场上表现是攻防转换灵活，传接球的质量高，队员个人突破能力较强。这一流派以意大利、西班牙、法国和葡萄牙等国家为典型代表。

英式足球讲究体能的训练，这是该流派特点所决定的。英式足球具体表现在以不停顿的进攻，硬朗的防守，简捷的进攻线路，挤压式的防守，高速度、快节奏、强对抗为手段去克敌制胜，初与之交手的球队一时会很难适应。

以南美劲旅巴西和阿根廷为代表的南美技术派打法，极具欣赏性，其精彩的盘带、精彩的配合及令人眼花缭乱的即兴发挥让人陶醉。南美技术派极重视球员的意识及即兴发挥能力的培养与建立。相对来讲，南美技术派的防守显弱，整体协调性尚需磨练，全队成绩受球员情绪影响较大。

全攻全守流派，是荷兰队在 20 世纪 70 年代率先推出的一种先进的打法，并一举震惊世界足坛。该流派遵循攻则倾巢出击，防则全员退守的原则，讲究中场过渡，分边或直传中路，前卫线队员迅疾压上，边后卫助攻频繁，加之中后卫突然中路出击，会给对手以重创。全攻全守的打法，要求队伍的整体水平平均，各个环节上不能有明显的漏洞，因而一般球队很难做到。

5. 要了解对阵双方的球星情况。一支球队中有无球星助阵，有时直接关系到比赛的上座率及比赛的精采程度。同时，真正的世界级球星也会以自己出众的球技使他所在的球队在竞争中处于有利的地位。所以，看一个队中有无球星，将是衡量一场比赛精采程度的一个重要因素。

6. 比赛前要提前入场、入座。去球场看比赛，最好能提前进场，先感觉一下那种场面、气氛，那是一种绝妙的享受。另外，现代足球节奏加快，比赛开场有时会有意想不到的精彩场面，会让人流连忘返。因此不能错过任何精彩瞬间。另外，提前入场也是对运动员、裁判员、以及周围观众的一种尊重。

## 二、从不同的角度去欣赏比赛

足球比赛精采异常，战术多变，球星表演引人入胜，令人眼花缭乱。教练员临场指挥斗智斗谋，裁判员执法如山，阵型布局捉摸不透，令人回味无穷。如此这般，一场高水平的足球赛，将给球迷带来全方位的享受。品味足球比赛有各不相同的角度：

1. 看双方排出的阵型。这对了解双方的攻防意图、整队的实力及战术风格大有好处。

2. 看球星的精彩表演。一场比赛开始后，静静地去欣赏一下球星的高超球技，那种感觉是非常绝妙的。4 年一度的世界杯之所以有那

第七章 足球竞赛与观赏比赛  251

么大的吸引力,很重要的一点就是届届都有足坛的新星涌现。如贝利、贝肯鲍尔、普拉蒂尼、马拉多纳、贝克汉姆、罗纳尔多、罗纳尔迪尼奥等等,无不是在世界杯上大放异彩的。世界杯造就了球星,为球星提供了表演舞台;球星塑造了世界杯,为大赛增光添彩。

3. 看教练员的临场指挥水平。一个球队的实力和优秀成绩的取得,与教练员的水平有极大的关系。教练员在比赛中的临场指挥,从某种意义上讲,比主力队员在场上的作用还要重要。因此,衡量一名教练的水平,临场指挥能力的高低是一个重要参考依据。教练员的临场指挥水平主要反映在临场战术的改变及场上队员的调遣上。

4. 看裁判员执法是否合理。一场比赛能否顺利进行、双方的技术和战术水平能否得到最大限度的发挥,裁判员的水平高低和执法是否合理将起到至关重要的作用。一名高水平的、执法公证的裁判员,他应是一名善于处理赛场复杂情况的能手,他能控制双方的过激情绪,及时惩罚那些严重违章的队员,而不管你的名气有多大。在对关键球,特别是有争议的球的处理上,果断、准确、手势清晰、语言简洁,让人心服口服,经得起推敲。另外,他还应该是一名心理学家,能及时洞察犯规队员是有意还是无意,在制罚的同时,会使用自己的魅力去征服球员,收到红、黄牌所达不到的判罚效果。可以说有一名好的裁判,比赛就成功了一半。球迷在看球的时候,不要忘了观察一下裁判员的执法是否合理,起到一个舆论监督的作用。

5. 足球新闻的积累。平时要了解最新的足球新闻,比如什么将帅不和,球员转会,甚至于球场外的花边新闻,这样才能全面详细的认知你所关心的球员。要能从球员转会上读出是否会换帅,转入某某球员会不会导致其他球员的转会,是否会改变战术打法等等。这样你就能更好的理解球队的建设,从而对其场上比赛的变化能够有横向的联系。

## 三、赛后能够做出自己的评价,提高观赏水平和观察水平

欣赏足球比赛,观看比赛的精彩场面固然是一种奇妙的享受,而

赛后如能融入自己的观点去品味、评论它，同样能使你陶醉其中不能自拔。有人曾说：真正的球迷，足球给他带来的乐趣，三分之一在比赛前，三分之一在比赛中，还有三分之一是在比赛后。

一场激烈、精彩的比赛结束后，对输、赢双方得失的因果关系作出你自己的判断，对双方技战术特点谈谈自己的看法，那会使你看球的水平、档次提高一层。

比赛前，展望双方的获胜前景；比赛中，细心观察双方的水平发挥；比赛后，大胆预测双方下一轮的比赛情况。如能这样你就会逐步提高自己的分析、观摩水平。

## 第二节 足球竞赛规则

### 一、"十一人"制足球竞赛规则

#### 第一章 比赛场地

尺寸

比赛场地必须是长方形，边线的长度必须长于球门线的长度。

长度：最短90米（100码），最长120米（130码）。

宽度：最短45米（50码），最长90米（100码）。

国际比赛长度： 最短100米（110码），最长110米（120码）。

宽度：最短64米（70码），最长75米（80码）。

场地标记

比赛场地是用线来标明的，这些线作为场内各个区域的边界线应包含在各个区域之内。两条较长的边界线叫边线，两条较短的线叫球门线。所有线的宽度不超过12厘米（5英寸）。

比赛场地被中线划分为两个半场。在场地中线的中点处做一个中心标记，以距中心标记9.15米（10码）为半径画一个圆圈。

球门区

球门区在场地的两端，规定如下：

从距每个球门柱内侧5.5米（6码）处，画两条垂直于球门线的线。

这些线伸向比赛场地内 5.5 米（6 码），与一条平行于球门线的线相连接。由这些线和球门线组成的区域范围是球门区。

罚球区

罚球区在场地的两端，规定如下：

从距每个球门柱内侧 16.5 米（18 码）处，画两条垂直于球门线的线。这些线伸向比赛场地内 16.5（18 码）米，与一条平行于球门线的线相连接。由这些线和球门线组成的区域范围是罚球区。

在每个罚球区内距球门柱之间等距离的中点 11 米（12 码）处设置一个罚球点。在罚球区外，以距每个罚球点 9.15 米（10 码）为半径画一段弧。

旗杆

在场地每个角上各竖一根不低于 1.5 米（5 英尺）的平顶旗杆，上系小旗一面。在中线的两端、边线以外不少于 1 米（1 码）处，也可以放置旗杆。

角球弧

在比赛场地内，以距每个角旗杆 1 米（1 码）为半径画一个四分之一圆。

球门

球门必须放置在每条球门线的中央。它们由两根距角旗杆等距离的垂直的柱子和连接其顶部的水平的横梁组成。两根柱子之间的距离是 7.32 米（8 码），从横梁的下沿至地面的距离是 2.44 米（8 英尺）。两根球门柱和横梁具有不超过 12 厘米（5 英寸）的相同的宽度与厚度。球门线与球门柱和横梁的宽度是相同的。球门网可以系在球门及球门后面的地上，并要适当地撑起以不影响守门员。球门柱和横梁必须是白色的。

安全性

球门必须是牢固地固定在地上，如果符合这个要求才可使用移动球门。

国际足球理事会决议

• 决议一

如果横梁移位或折断，应停止比赛直至修好复位。如果不可能修复，则中止比赛。不允许用绳子替代横梁。如果横梁可以修复，应在停止比赛时球所在的地点以坠球方式重新开始比赛。

·决议二

球门柱及横梁必须用木材、金属或被批准的其他材料制成。其形状可为正方形、长方形、圆形或椭圆形，并不得对队员构成危害。

·决议三

从球队进入比赛场地至上半场结束离场，下半场重新进入比赛场地至比赛结束，任何商业广告，不管是实物的还是图文的，都不允许出现在比赛场地和场地设备上（包括球门网和球门网内的地面）。特别是在球门、球门网、角旗杆或角旗上不得有广告出现，也不得安装任何附属设备（如摄像机、麦克风等）。

·决议四

在比赛场地外的地面技术区域内和距边线1米范围内，不允许有任何形式的广告出现。另外，在球门线和球门网之间的区域内也不允许有广告出现。

·决议五

如同决议三所述，在比赛期间，国际足球联合会、洲际联合会、国家协会、联盟、俱乐部或其他团体的代表性标志或图案的复制品，不管是实物的还是图文的，都禁止出现在比赛场地和场地设备上（包括球门网和球门网内的地面）。

·决议六

在比赛场地外，距角球弧9.15米（10码）且垂直于球门线处做一个标记，以保证在踢角球时守方队员能遵守规定的距离。

## 第二章 球

质量和测量

球

·圆形；

·用皮革或其他适当的材料制成；

·圆周不长于70厘米（28英寸）、不短于68厘米（27英寸）；

•重量在比赛开始时不多于450克（16英两）、不少于410克（14英两）；

•压力在海平面上等于0.6~1.1个大气压力（600~1100克/平方厘米、8.5~15.6磅/平方英寸）。

坏球的更换

如果球在比赛过程中破裂或损坏：

•停止比赛；

•用更换的球在原球破漏时所在地点以坠球方式重新开始比赛。

如果球在开球、球门球、角球、任意球、罚球点球或掷界外球等成死球时破裂或损坏：

•按照相应的规定重新开始比赛。

在比赛中未经裁判员许可不得更换球。

国际足球理事会决议

•决议一

只有符合规则第二章规定的最低技术要求的足球方可在比赛中使用。在国际足联和洲际联合会主办的比赛中，所使用的球必须带有下列三种标志之一：

第一种，正式的"国际足联批准"标志；

第二种，正式的"国际足联监制"标志；

第三种，经证明的"国际比赛球标准"。

在球上印有这些标志就表明该球已被正式检测，并符合各个级别所规定的特殊技术要求。球的最低技术要求已在规则第二章中说明。这些与各个级别有关的特殊要求必须得到国际足球理事会的同意。相关的检测机构也要得到国际足联的同意。各国足协的比赛可以要求使用符合上述三种标志之一的球。其他比赛用球必须符合规则第二章的要求。

•决议二

在国际足联、洲际联合会和国家协会主办的比赛中，除了比赛及比赛组织者的标志和制造商的商标外，不允许在球上出现任何商业广告。竞赛规程可限制此类标志的尺寸和数量。

### 第三章 队员人数

**队员**

一场比赛应有两队参加，每队上场队员不得多于 11 名，其中必须有一名守门员。如果任何一队少于 7 人则比赛不能开始。

**正式比赛**

在由国际足联、洲际联合会或国家协会主办的正式比赛中，每场比赛最多可以使用 3 名替补队员。

竞赛规程应说明可以有几名替补队员被提名，从 3 名到最多不超过 7 名。

**其他比赛**

在其他比赛中，可依据下列规定使用替补队员：

- 有关参赛队在最多替换人数上达成协议；
- 在比赛前通知裁判员；

如果比赛开始前未通知裁判员或各参赛队未达成任何协议，则可以使用的替补队员人数不得超过 3 名。

**所有的比赛**

在所有的比赛中，替补队员名单必须在比赛开始前交给裁判员。未被提名的替补队员不得参加比赛。

**替补程序**

替补队员时必须遵守以下规定：

- 替补前应先通知裁判员；
- 替补队员在被替补队员离场，并得到裁判员信号后方可进入比赛场地；
- 替补队员只能在比赛停止时从中线处进场；
- 当替补队员进入比赛场地，即完成了替补程序；
- 从那时起，替补队员成为场上队员，而被替补队员终止为场上队员；
- 被替补下场的队员不得再次参加该场比赛；
- 所有替补队员无论上场与否，裁判员均有权对其行使职权。

**更换守门员**

任何场上队员都可与守门员互换位置，并规定：
- 互换位置前通知裁判员；
- 在比赛停止时互换位置。

违规/判罚

如替补队员未经裁判员许可擅自进入比赛场地：
- 停止比赛；
- 对该替补队员予以警告并出示黄牌令其离开比赛场地；
- 在比赛停止时球所在地点以坠球方式重新开始比赛。

如果队员与守门员互换位置前未得到裁判员许可：
- 继续比赛；
- 有关队员将在比赛成死球时被警告并出示黄牌。

对于任何其他违反此规则的：
- 有关队员将被警告并出示黄牌。

重新开始比赛

如果裁判员停止比赛执行警告：
- 由对方队员在比赛停止时球所在地点踢间接任意球重新开始比赛。

队员和替补队员被罚令出场

队员在开球前被罚令出场，只可从被提名的替补队员中选一人替换。凡被提名的替补队员被罚令出场，无论是在开球前或在比赛开始后，均不得替换。

国际足球理事会决议

• 决议一

按照规则第三章所述条件，一个队所剩的上场队员的最少人数由国家协会决定。然而理事会认为，如果任何一队少于7人，将不能继续比赛。

• 决议二

一名球队官员可以在比赛时向队员进行战术指导，给予指导后必须回到自己的位置，所有的球队官员必须处于指定的技术区域内，并对自己的行为负责。

## 第四章 队员装备

**安全性**

队员不得使用或佩戴可能危及自己及其他队员的装备或任何物件(包括各种珠宝饰物)。

**基本装备**

队员必需的基本装备是:

- 运动上衣;
- 短裤——如穿紧身内裤,必须与短裤的主色同一颜色;
- 护袜;
- 护腿板;
- 足球鞋。

**护腿板**

- 必须由护袜全部包住;
- 由适当的材料制成(橡胶、塑料或其他类似材料);
- 提供适当程度的保护。

**守门员**

- 每名守门员的服装颜色必须有别于其他队员、裁判员和助理裁判员。

**违规/判罚**

对于任何违反此规则的:

- 比赛不需要停止;
- 裁判员指出上场队员的装备有问题后,该队员应离开比赛场地去调整装备;
- 除非该队员已经调整好装备,否则应在比赛停止成死球时离开比赛场地;
- 离开比赛场地调整装备的队员在未得到裁判员许可前不得重新进场;
- 裁判员在允许队员回场前需检查队员装备;
- 队员只有在比赛成死球时方可重新进入比赛场地。

队员因违反以上规则而离开比赛场地,在未得到裁判员同意即进入（或重新进入）比赛场地时，将被警告并出示黄牌。

重新开始比赛

如果裁判员停止比赛执行警告：

• 由对方队员在比赛停止时球所在地点踢间接任意球重新开始比赛。

## 第五章 裁判员

裁判员的权力

每场比赛由一名裁判员控制，他被任命具有全部权力去执行与比赛有关的竞赛规则。

权限和职责

裁判员：

• 执行竞赛规则；

• 与助理裁判员及当有第四官员时，和他们一起控制比赛；

• 确保任何比赛用球符合规则第二章的要求；

• 确保队员装备符合规则第四章的要求；

• 记录比赛时间和比赛成绩；

• 因违反规则停止、推迟或终止比赛；

• 因外界干扰停止、推迟或终止比赛；

• 如果他认为队员受伤严重，则停止比赛，并确保将其移出比赛场地；

• 如果他认为队员只受轻伤，则允许比赛继续进行直到成死球；

• 确保队员因受伤流血时离开比赛场地。该队员经护理流血停止，在得到裁判员信号后方可重回场地；

• 当一个队被犯规而根据"有利"条款能获利时，则允许比赛继续进行。如果预期的"有利"在那一时刻没有接着发生，则判罚最初的犯规；

• 当队员同时出现一种以上的犯规时，则对较严重的犯规进行处罚；

• 裁判员不必立即向可以被警告和罚令出场的队员进行处罚，但当比赛成死球时必须这样做；

●向对自己行为不负责任的球队官员进行处分，并可酌情将其驱逐出比赛场地及其周围地区；

●对于自己未看到的情况，可根据助理裁判员的意见进行判罚；

●确保未经批准的人员不得进入比赛场地；

●比赛停止后重新开始比赛；

●将赛前、赛中或赛后向队员和球队官员进行的纪律处分，及其他事件的情况用比赛报告提交有关部门。

裁判员的决定

裁判员根据与比赛相关的事实所作出的决定是最终的。只有在比赛未重新开始前，裁判员可以根据自己的判断或助理裁判员的意见而改变确实不正确的决定。

国际足球理事会决议

●决议一

裁判员（同样适用于助理裁判员或第四官员）对下列情况不承担法律责任：

队员、官员或观众的任何受伤；任何财产的任何损坏；由于，或者可能由于他根据竞赛规则所作出的判决，或者按照正常程序要求维持、进行和控制比赛而对任何个人、俱乐部、公司、协会或类似机构所造成的任何损失。

这可以包括：

●裁判员根据比赛场地及其周围情况，或天气的影响，决定比赛是否进行；

●决定由于各种原因而取消比赛；

●决定比赛中所用的设备及其固定情况，包括球门立柱、横梁、角旗杆和比赛用球；

●由于观众的影响或观众席中的任何问题，决定是否停止比赛；

●决定是否停止比赛允许受伤队员移出比赛场地接受治疗；

●决定要求或坚持要求将受伤队员移出比赛场地接受治疗；

●决定队员是否可以穿着某种服装或装备；

●决定（在其职责范围内）是否允许任何人（包括球队或体育场

官员、安全官员、摄影记者或其他新闻宣传的代表）出现在比赛场地附近；

• 裁判员根据竞赛规则或依照国际足联、洲际联合会、国家协会或联盟对该比赛制定的规程或规定而作出的判决。

• 决议二

在锦标赛或联赛中被指派的第四官员，其作用和职责必须要与国际足球理事会认可同意的规定相一致。

• 决议三

与比赛相关的事实应包括进球是否得分和比赛的结果。

## 第六章 助理裁判员

职责

每场比赛应委派两名助理裁判员，他们的职责（由裁判员决定）应为示意：

• 当球的整体越出比赛场地时；
• 应由哪一队踢角球、球门球或掷界外球；
• 可以判罚处于越位位置的队员时；
• 当要求替换队员时；
• 当发生裁判员视线外的不正当行为或任何其他事件时；
• 无论何时，当犯规发生时助理裁判员比裁判员更接近于犯规地点（特别是这种犯规情况发生在罚球区内）；
• 当踢球点球时，在球被踢之前守门员是否向前移动，以及球踢出后是否进门。

协助

助理裁判员还应依据竞赛规则协助裁判员控制比赛。在特殊情况下，助理裁判员可以进入场地协助裁判员控制好 9.15 米的距离。

助理裁判员如有过分干预或不合适的表现时，裁判员可解除其职责并将报告提交有关部门。

## 第七章 比赛时间

比赛时间

比赛分为两个半场，每半场 45 分钟。特殊情况经裁判员和双方同意另定除外，任何改变比赛时间的协议（如因光线不足每半场减少到40分钟）必须在比赛开始之前制定，并要符合竞赛规程。

中场休息

队员有中场休息的权利

中场休息不得超过 15 分钟。

竞赛规程必须阐明中场休息的时间。

只有经裁判员同意方可改变中场休息时间。

扣除损失的时间

在每半场比赛中损失的所有时间应被扣除：

- 替换队员；
- 对队员伤势的估计；
- 将受伤队员移出比赛场地进行治疗；
- 拖延时间；
- 任何其他原因。

根据裁判员的判断扣除损失的时间。

罚球点球

如果执行罚球点球或重新执行罚球点球，每半场结束时间可延长至罚球点球结束。

决胜期

竞赛规程可以规定再进行两个半场相等时间的比赛。规则第八章的规定也能适用。

中止的比赛

除竞赛规程另有规定外，中止的比赛应重新进行。

### 第八章　比赛开始和重新开始

预备

通过掷币，猜中的队决定上半场比赛的进攻方向，另一队开球开始比赛，猜中的队在下半场开球开始比赛。下半场比赛两队交换比赛场地。

开球

开球是比赛开始和重新开始的一种方式：

第七章 足球竞赛与观赏比赛

- 在比赛开始时；
- 在进球得分后；
- 在下半场比赛开始时；
- 在决胜期两个半场开始时。

开球可以直接射门得分。

程序

- 所有队员在本方半场内；
- 开球队的对方队员，应距球至少 9.15 米 （10 码），直到比赛进行；
- 球应放定在中心标记上；
- 裁判员发出信号；
- 当球被踢并向前移动时比赛即为进行；
- 开球队员在球未经其他队员触及前不得再次触球。

某队进球得分后，由另一队开球。

违规/判罚

如果开球队员在其他队员触球前再次触球：

- 由对方队在犯规发生地点踢间接任意球。

在开球程序上的其他犯规：

- 重新开球。

坠球

坠球是在比赛进行中因竞赛规则未提到的原因而需要暂停比赛之后，重新开始比赛的一种方法。

程序

裁判员在比赛停止时球所在的地点坠球。

当球触地比赛即为重新开始。

违规/判罚

重新坠球：

- 如果球在接触地面前被队员触及；
- 如果球在接触地面前未经队员触及而离开比赛场地。

特殊情况

判给守方在其球门区内的任意球,可从球门区内的任何地点踢出。

判给攻方在其对方球门区内的间接任意球,从距犯规发生地点最近的、与球门线平行的球门区线上踢出。

比赛暂停之后,在距比赛停止时球所在的球门区内的地点最近的、与球门线平行的球门区线上坠球,重新开始比赛。

### 第九章 比赛进行及死球

比赛成死球

下列情况比赛成死球:
- 当球不论从地面或空中全部越过球门线或边线时;
- 当比赛已被裁判员停止时。

比赛进行

其他所有时间均为比赛进行中,包括:
- 球从球门柱、横梁或角旗杆弹回场内;
- 球从比赛场地上的裁判员或助理裁判员身上弹回场内。

### 第十章 计胜方法

进球得分

当球的整体从球门柱间及横梁下越过球门线,而此前未违反竞赛规则,即为进球得分。

获胜的队

在比赛中进球数较多的队为胜者。如两队进球数相等或均未进球,则比赛为平局。

竞赛规程

竞赛规程应说明,若比赛结束为平局,是否采用决胜期或国际足球理事会同意的其他步骤以决定比赛的胜者。

### 第十一章 越位

越位位置

队员处于越位位置本身并不是犯规。

队员处于越位位置:
- 队员较球和最后第二名对方队员更接近于对方球门线。

队员不处于越位位置：
- 他在本方半场内；
- 他齐平于最后第二名对方队员；
- 他齐平于最后两名对方队员。

犯规

处于越位位置的队员，在同队队员踢或触及球的一瞬间，裁判员认为其就下列情况而言"卷入"了现实比赛中时才被判为越位犯规：
- 干扰比赛；
- 干扰对方队员；
- 利用越位位置获得利益。

没有犯规

如果队员直接从下列情况下接到球，则没有越位犯规：
- 球门球；
- 掷界外球；
- 角球。

违规/判罚

对于任何越位犯规，裁判员应判给对方在犯规发生地点踢间接任意球。

## 第十二章 犯规与不正当行为

下列情况将被判罚犯规或不正当行为：

直接任意球

裁判员认为，如果队员草率地、鲁莽地或使用过分的力量违反下列六种犯规中的任何一种，将判给对方踢直接任意球：
- 踢或企图踢对方队员；
- 绊摔或企图绊摔对方队员；
- 跳向对方队员；
- 冲撞对方队员；
- 打或企图打对方队员；
- 推对方队员；

如果队员违反下列四种犯规中的任何一种，也判给对方踢直接任意球：
- 为了得到对球的控制而抢截对方队员时，于触球前触及对方队员；
- 拉扯对方队员；
- 向对方队员吐唾沫；
- 故意手球（不包括守门员在本方罚球区内）。

在犯规发生地点踢直接任意球。

罚球点球

在比赛进行中无论球在什么位置，如果队员在本方罚球区内违反了上述十种犯规中的任何一种，应被判罚球点球。

间接任意球

如果守门员在本方罚球区内违反下列四种犯规中的任何一种，将判给对方踢间接任意球：
- 用手控制球后在发出球之前持球超过 6 秒；
- 在发出球之后未经其他队员触及，再次用手触球；
- 用手触及同队队员故意踢给他的球；
- 用手触及同队队员直接掷入的界外球。

裁判员认为，队员在出现下列情况时，也将判给对方踢间接任意球：
- 动作具有危险性；
- 阻挡对方队员；
- 阻挡对方守门员从其手中发球；
- 违反规则第十二章以前未提及的任何其他犯规，而停止比赛被警告或罚令出场。

在犯规发生地点踢间接任意球。

纪律制裁

只有对场上人员、替补队员或是被替换下场的队员，才能出示红黄牌。

可警告的犯规

如果队员违反下列七种犯规中的任何一种，将被警告并出示黄牌：
1. 犯有非体育道德行为；
2. 以语言或行动表示异议；
3. 持续违反规则；
4. 延误比赛重新开始；
5. 当以角球或任意球重新开始比赛时，不退出规定的距离；
6. 未得到裁判员许可进入或重新进入比赛场地；
7. 未得到裁判员许可故意离开比赛场地。

罚令出场的犯规

如果队员违反下列七种犯规中的任何一种，将被罚令出场并出示红牌：
1. 严重犯规；
2. 暴力行为；
3. 向对方或其他任何人吐唾沫；
4. 用故意手球破坏对方的进球或明显的进球得分机会（不包括守门员在本方罚球区内）；
5. 用可判为任意球或球点球的犯规破坏对方向本方球门移动着的明显的进球得分机会；
6. 使用无礼的、侮辱的或辱骂性的语言及动作；
7. 在同一场比赛中得到第二次警告。

被罚令出场的队员必须立即离开比赛场地附近和技术区域内。

国际足球理事会决议

• 决议一

队员无论是在比赛场内或场外，无论是直接对对方队员、同队队员、裁判员、助理裁判员或其他人犯有应被警告或罚令出场的行为，都将根据犯规性质进行处罚。

• 决议二

当守门员利用手臂的任何部位接触球后，便可认为是已经控制球。此控制球包括守门员故意地用手臂挡球，但不包括裁判员认为该球是意外地从守门员手臂弹回，例如守门员扑救球后。

・决议三

根据规则第十二章的条款，队员可以用头部、胸部和膝盖等传球给守门员。然而，如果裁判员认为，在比赛进行中，该队员是利用规则而故意设置骗局，则是犯有非体育道德行为，他将被警告，并由对方在犯规发生地点踢间接任意球。

当踢任意球时，队员利用规则而故意设置骗局，则将因非体育道德行为而被警告并出示黄牌，该任意球重踢。

此种情况下，与守门员随后是否用手触球无关，主要是因该队员企图利用规则第十二章的条文和精神而造成的犯规。

・决议四

从后面抢截而又危及对方安全的动作应被视为严重犯规。

・决议五

在场地的任何地点试图欺骗裁判员的伪装行为，必须作为非体育道德行为而进行制裁。

### 第十三章　任意球

**任意球的种类**

任意球分为直接任意球和间接任意球两种。

无论是直接任意球还是间接任意球，踢球时必须将球放定，踢球队员在球未经其他队员触及前，不得再次触球。

**直接任意球**

・如果直接任意球直接踢入对方球门，判为得分。

・如果直接任意球直接踢入本方球门，判给对方踢角球。

**间接任意球**

**信号**

当裁判员判间接任意球时，应单臂上举过头，并保持这种姿势直到球踢出后被其他队员触及或成死球为止。

**球进门**

只有当球进门前触及到另一名队员才可得分。

・如果间接任意球直接踢入对方球门，判为球门球；

・如果间接任意球直接踢入本方球门，判给对方踢角球。

任意球的位置

在罚球区内的任意球

属于守方的直接或间接任意球：
- 所有对方队员距球至少 9.15 米（10 码）；
- 所有对方队员应站在罚球区外直到比赛进行；
- 当球被直接踢出罚球区比赛即为进行；
- 可以在球门区内任何一点踢任意球。

属于攻方的间接任意球
- 所有对方队员距球至少 9.15 米（10 码）直到比赛进行，除非他们已站在本方球门柱之间的球门线上；
- 当球被踢并移动时比赛即为进行；
- 在对方球门区内踢间接任意球时，应在距犯规发生地点最近的、与球门线平行的球门区线上执行。

在罚球区外的任意球
- 所有对方队员距球至少 9.15 米（10 码）直到比赛进行；
- 当球被踢并移动时比赛即为进行；
- 在犯规发生地点踢任意球。

违规/判罚

当踢任意球时，对方队员比规定距离更接近于球：
- 应重踢。

当守方在本方罚球区内踢任意球时，球未被直接踢出罚球区：
- 应重踢。

由除守门员外的队员踢任意球

如果比赛进行后，踢球队员在其他队员触球前再次触球（用手除外）：
- 由对方在犯规发生地点踢间接任意球。

如果比赛进行后，踢球队员在其他队员触球前故意用手触球：
- 由对方在犯规发生地点踢直接任意球；
- 如果犯规发生地点在踢球队员本方罚球区内，将判罚球点球。

由守门员踢任意球

如果比赛进行后，守门员在其他队员触球前再次触球（用手除外）：
· 由对方在犯规发生地点踢间接任意球。

如果比赛进行后，守门员在其他队员触球前故意用手触球：
· 如果犯规发生地点在守门员本方罚球区外，由对方在犯规发生地点踢直接任意球；
· 如果犯规发生地点在守门员本方罚球区内，由对方在犯规发生地点踢间接任意球。

## 第十四章 罚球点球

当比赛进行中，一个队在本方罚球区内由于违反了可判为直接任意球的十种犯规之一而被判罚的任意球，应执行罚球点球。

罚球点球可以直接进球得分。

在每半场比赛或决胜期上下半场结束时，应允许延长时间执行完罚球点球。

球和队员的位置

球：
· 放定在罚球点上。

主罚球点球的队员：
· 确认由其主罚。

防守方守门员：
· 留在本方球门柱间的球门线上，面对主罚队员，直至球被踢出。

除主罚队员外的队员应处于：
· 比赛场地内；
· 罚球区外；
· 罚球点后；
· 距罚球点至少 9.15 米（10 码）。

裁判员
· 应在队员处于规则规定的位置上后发出执行罚球点球的信号；
· 作出罚球点球完成后的决定。

程序

- 主罚队员向前踢出球点球；
- 在其他队员触球前主罚队员不得再次触球；
- 当球被踢并向前移动时比赛即为进行；

在比赛进行当中，以及在上半场或全部比赛结束而延长时间执行或重新执行罚球点球时，如果球在越过球门柱间和横梁下之前遇到下列情况，应判定得分：

- 该球触及任何一个或连续触及两个球门柱、横梁、守门员。

违规/判罚

如果裁判员发出执行罚球点球信号后，球进入比赛之前发生下列情况：

主罚队员在踢球点球时违反竞赛规则：

- 裁判员允许踢出该球点球；
- 如果球进入球门，应重踢。
- 如果球未进入球门，不应重踢。

守门员违反竞赛规则：

- 裁判员允许踢出该球点球；
- 如果球进入球门，得分有效；
- 如果球未进入球门，应重踢。

主罚队员的同队队员进入罚球区，或在罚球点前，或距罚球点少于9.15米（10码）：

- 裁判员允许踢出该球点球；
- 如果球进入球门，应重踢；
- 如果球未进入球门，不应重踢。
- 如果该队员触及了从守门员、横梁或门柱弹回的球，裁判员将停止比赛，由防守方以间接任意球重新开始比赛。

守门员的同队队员进入罚球区，或在罚球点前，或距罚球点少于9.15米（10码）：

- 裁判员允许踢出该球点球；
- 如果球进入球门，得分有效；
- 如果球未进入球门，应重踢。

攻守双方队员都违反竞赛规则：
- 应重踢。

如果球点球踢出之后：
主罚队员在其他队员触球前再次触球（用手除外）：
- 由对方在犯规发生地点踢间接任意球 。

主罚队员在其他队员触球前故意用手触球：
- 由对方在犯规发生地点踢直接任意球。

球被外来因素触及而影响了其向前移动：
- 应重踢。

球从守门员、横梁或球门柱弹回比赛场地内，接着被外来因素触及：
- 裁判员停止比赛；
- 在被外来因素触及的地点坠球重新开始比赛。

### 第十五章  掷界外球

掷界外球是重新开始比赛的一种方法。

掷界外球不能直接进球得分。

判为掷界外球：
- 当球的整体不论从地面或空中越过边线时；
- 从球越出边线处掷界外球；
- 判给最后触球队员的对方。

程序

在掷出球的一瞬间，掷球者应：
- 面向比赛场地；
- 任何一只脚的部分站在边线上或站在边线外的地上；
- 使用双手；
- 将球从头后经头上掷出。

掷球队员在其他队员触球前不得再次触球。

球一进入比赛场地，比赛即为进行。

违规/判罚

由除守门员外的队员掷界外球

如果比赛进行后，掷球队员在其他队员触球前再次触球（用手除外）：
- 由对方在犯规发生地点踢间接任意球。

如果比赛进行后，掷球队员在其他队员触球前故意用手触球：
- 由对方在犯规发生地点踢直接任意球；
- 如果犯规发生地点在掷球队员本方罚球区内，则判罚球点球。

由守门员掷界外球

如果比赛进行后，守门员在其他队员触球前再次触球（用手除外）：
- 由对方在犯规发生地点踢间接任意球；

如果比赛进行后，守门员在其他队员触球前故意用手触球：
- 如果犯规发生地点在守门员本方罚球区外，由对方在犯规发生地点踢直接任意球；
- 如果犯规发生地点在守门员本方罚球区内，由对方在犯规发生地点踢间接任意球；

如果对方队员不正当地阻碍掷球队员或分散其注意力：
- 他将因非体育道德行为被警告并出示黄牌。

对于任何其他违反此规则的：
- 由对方掷界外球。

## 第十六章 球门球

球门球是重新开始比赛的一种方法。

球门球可以直接射入对方球门而得分。

判为球门球：
- 当球的整体不论从地面或空中越过球门线，而最后触球者为攻方队员，且根据规则第十章不是进球得分时。

程序
- 由防守方从球门区内的任何一点踢球；
- 对方应在罚球区外直至比赛进行；
- 踢球队员在其他队员触球前不得再次触球；
- 当球被直接踢出罚球区，比赛即为进行。

违规/判罚

如果球未被直接踢出罚球区进入比赛：

- 应重踢。

由除守门员外的队员踢球门球

如果比赛进行后，踢球队员在其他队员触球前再次触球（用手除外）：

- 由对方在犯规发生地点踢间接任意球。

如果比赛进行后，踢球队员在其他队员触球前故意用手触球：

- 由对方在犯规发生地点踢直接任意球；
- 如果犯规发生地点在踢球队员本方罚球区内，则判罚球点球。

由守门员踢球门球

如果比赛进行后，守门员在其他队员触球前再次触球（用手除外）：

- 由对方在犯规发生地点踢间接任意球。

如果比赛进行后，守门员在其他队员触球前故意用手触球：

- 如果犯规发生地点在守门员本方罚球区外，由对方在犯规发生地点踢直接任意球。
- 如果犯规发生地点在守门员本方罚球区内，由对方在犯规发生地点踢间接任意球。

对于任何其他违反此规则的：

- 应重踢。

## 第十七章 角球

角球是重新开始比赛的一种方法。

角球可以直接射入对方球门而得分。

判为角球：

- 当球的整体不论在地面或空中越过球门线，而最后触球者为守方队员，且根据规则第十章不是进球得分时。

程序

- 将球放在离球出界处最近的角旗杆的角球弧内；
- 不得移动角旗杆；

第七章 足球竞赛与观赏比赛  275

- 对方应在距球至少 9.15 米（10 码）以外，直至比赛进行；
- 由攻方队员踢球；
- 当球被踢并移动时比赛即为进行；
- 踢球队员在其他队员触球前不得再次触球。

**违规/判罚**

由除守门员外的队员踢角球

如果比赛进行后，踢球队员在其他队员触球前再次触球（用手除外）：

- 由对方在犯规发生地点踢间接任意球。

如果比赛进行后，踢球队员在其他队员触球前故意用手触球：

- 由对方在犯规发生地点踢直接任意球；
- 如果犯规发生地点在踢球队员本方罚球区内，则判罚球点球。

由守门员踢角球

如果比赛进行后，守门员在其他队员触球前再次触球（用手除外）：

- 由对方在犯规发生地点踢间接任意球。

如果比赛进行后，守门员在其他队员触球前故意用手触球：

- 如果犯规发生地点在守门员本方罚球区外，由对方在犯规发生地点踢直接任意球；
- 如果犯规发生地点在守门员本方罚球区内，由对方在犯规发生地点踢间接任意球。

对于任何其他犯规：

- 应重踢。

**决定比赛胜负的程序**

踢球点球决胜是根据竞赛规程的要求，当比赛打平后需要决出胜队时，采用的方法。

程序

- 如加时赛中双方均无进球，则互踢球点球决出胜方。

踢球点球决胜

程序

- 裁判员选定用于踢球点球的球门。
- 采用投币方式，猜中的一方先踢。
- 裁判员对踢球点球做记录。
- 按照下列解释，两队应各踢5次。
- 双方轮流踢。
- 如果两队在踢满5次前，一队的进球数已多于另一队踢满5次时可能射中的球数，则不需再踢。
- 如果两队均已踢满5次，双方进球数相同或均未进球，则按同样轮流的顺序踢球点球，直至双方踢球次数相同（无需踢5个球），而一队较另一队多进一球时为止。
- 在踢球点球过程中，场上守门员受伤不能继续比赛时，可由竞赛规程规定的最大限额内被提名而尚未使用过的替补队员进行替换。
- 除上一条所述的情况，只有比赛结束时，包括在规定的延长期比赛结束时在场上的队员方可参加踢球点球。
- 每次应由不同的队员踢球点球，直至双方符合资格的队员均踢过一次后，方可踢第二次。
- 在踢球点球的过程中，符合资格的队员可以与守门员互换位置。
- 在踢球点球的过程中，只允许符合资格的队员和执法裁判员在场内。
- 除踢球点球的队员和两名守门员外，其他所有队员必须在中圈内。
- 踢球点球队员一方的守门员必须在罚球区以外的球门线与罚球区线交汇处的比赛场地上。
- 除非另有所述，有关足球竞赛规则和国际足球理事会的决议应在踢球点球决胜时实施。
- 比赛结束时，如果双方人数不等，人数多的一方应减去多出的人数以与对方人数一致，并通知裁判员出场队员的名字和号码。球队队长负责此事。
- 在开始踢球点球决胜之前，裁判员应确定留在中圈里的双方队员人数一致后再执行踢球点球。

第七章　足球竞赛与观赏比赛

## 裁判员的信号

助理裁判员的信号

技术区域

在规则第三章国际足球理事会决议二中解释了技术区域的概念，它是联系比赛与替补席的特殊区域。

技术区域的大小和位置可以根据体育场的情况做适当改变，以下提供的是一般性指导：
- 技术区域的范围是指，从替补席两侧向外1米及向前延伸至距边线1米的区域。
- 建议用标记线明确该区域。
- 技术区域内的人数由竞赛规程决定。
- 根据竞赛规程，在比赛前确认替补席内的具体人员。
- 只允许1人在技术区域内进行战术指挥，指挥后立即返回替补席。
- 教练员和其他官员须在替补席上，除非诸如场上队员受伤，裁判员允许教练员或医生进场察看伤情时。
- 教练员或其他在技术区域内的人员要对自己的行为负责。

第四官员
- 第四官员由竞赛规程指派，同时在其他三名比赛裁判中的任何一名不能担任执法工作时上场替补。
- 比赛开始前，组委会一定要明确在裁判员不能继续担任临场工作的情况下，应由第四官员担任比赛的裁判员还是由第一助理裁判员担任裁判员，而第四官员担任助理裁判员。
- 根据裁判员的要求，负责赛前、赛中和赛后的赛场管理。
- 负责比赛中的换人。
- 负责比赛换球。如果比赛中需要更换比赛球，则必须征得裁判员的同意后，方可使用备用球。
- 负责检查替补队员入场前的装备，如发现上场的替补队员装备不符合竞赛规则的要求，应告知裁判员。
- 第四官员应在整场比赛中协助裁判员进行工作。他必须向裁判员指正被误给警告的队员或已经被警告了第二次的队员而并未将其罚令出场，以及发生在裁判员和助理裁判员视野以外的暴力行为。不过，裁判员持有对比赛相关事实作出决定的权力。
- 比赛结束后，第四官员应向有关负责机构提交有关裁判员和助理裁判员没有看到的任何不正当行为或其他事故的报告。第四官员必须对裁判员和助理裁判员的报告提出建议。

- 他有权将技术区域内任何人的不负责任的行为通知裁判员。
- 第四官员应在整场比赛中全力协助裁判员进行工作。

## 二、"五人制"足球竞赛规则

### 第一章 比赛场地

**尺寸**

比赛场地必须是长方形,边线的长度必须长于球门线的长度。

长度:最短 25 米、最长 42 米

宽度:最短 15 米、最长 25 米

国际比赛

长度:最短 38 米、最长:42 米

宽度:最短 18 米、最长 22 米

**场地标记**

比赛场地是用线来标明的,这些线作为场内各个区域的边线应包含在各个区域之内。

两条较长的边界线叫边线,两条较短的线叫球门线。

所有线的宽度为 8 厘米

比赛场地被中线划分为两个半场。

在场地中线的中点处做一个标记,以距中心标记 3 米为半径画一个圆圈。

**罚球区**

罚球区在场地的两端,规定如下:

从两球门柱外侧沿球门线量 6 米,以此为半径向场内各画一条四分之一圆,并与垂直于球门柱向场内画的假想线相交。两弧的上部与一段长 3.16 米的直线相接,此直线与球门线平行。

弧线与球门线组成的区域范围,即为罚球区。

**罚球点**

从两球门柱之间的中点,垂直于球门线向场内量 6 米设置一个罚球点,该罚球点应在罚球区线上。

**第二罚球点**

从两球门柱之间的中点，垂直于球门线向场内量 10 米设置一个罚球点，为第二罚球点。

角球弧

在比赛场地内，以距每个角 25 厘米为半径画一个四分之一圆。

换人区

换人区设在场地同一边两个替补席的前面，队员在此区域进行替换。

· 换人区在替补席的前面，为 5 米长。由两条 80 厘米长、8 厘米宽的直线限定，此两段直线与边线垂直相交，40 厘米在场内，40 厘米在场外。

· 两个换人区靠近中线一端的直线须和中线与边线相交处相距 5 米，且两个换人区之间的区域须保持空旷，以利计时员观察。

球门

球门必须放置在每条球门线的中央。

它们由两直竖的门柱与连接其顶部的一水平横梁组成。

两门柱内侧之间的距离是 3 米，从横梁的下沿至地面的距离是 2 米。

两根门柱和横梁的宽度与厚度均为 8 厘米。球门线与横梁及门柱的宽度是相同的。球门网由大麻、黄麻或尼龙做成，系在球门柱及横梁的后部，球网下面以弧形柱或其他适当物体支撑。

球门网的深度，即由门柱内侧往球门后的空间距离，上端至少为 80 厘米，下端至少为 100 厘米。

安全性

球门可以是移动的，但在比赛时必须安全地固定在地面上。

球场表面

球场表面必须光滑、平坦而不粗糙。可选用木料或合成材料，应避免使用混凝土或柏油。

决议

· 决议一

如球门线长度在 15~16 米之间时，罚球区四分之一圆的半径则为

4 米。这时，罚球点到两门柱之间的中点仍为 6 米，但已不在平行于球门线的罚球区线上。

• 决议二

在国内比赛中可以使用天然草皮、人工草皮或泥土场，但国际比赛则不能使用。

• 决议三

在比赛场地外，距角球弧 5 米处垂直于球门线做一个标记，以保证在踢角球时防守队员能遵守规定的距离。

此标记为一段 8 厘米宽的直线。

• 决议四

替补席在计时员前面空地的两侧、边线外面。

## 第二章 球

质量和测量

球：

圆形；

• 用皮革或其他适当的材料制成；

• 圆周不短于 62 厘米，不长于 64 厘米；

• 重量在比赛开始时不少于 400 克，不多于 440 克；

• 海平面气压为 0.4～0.6 个大气压力（400～600 克/平方厘米）。

坏球的更换

如果球在比赛过程中破裂或损坏：

停止比赛；

用更换的球在原球破漏时所在地点以坠球重新开始比赛。

如果球在开球、掷球门球、角球、任意球、罚球点球或踢界外球的破裂或损球：

按照相应的规定重新开始比赛。

在比赛中未经裁判员许可不得更换球。

决议

• 决议一

国际比赛不能使用毡质球。

第七章 足球竞赛与观赏比赛

・决议二

当球从 2 米处坠下，第一次弹起的高度不得低于 50 厘米或超过 65 厘米。

在竞赛中，球的最低技术要求必须达到第二章中的规定才能使用。

在国际足联和洲际联合会主办的比赛中，所使用的球必须带有下列三种标志之一：

第一种，正式的"国际足联批准"标志（FIFA APPROVED）。

第二种，正式的"国际足联监制"标志（FIFA INSPECTED）。

第三种，经证明的"国际比赛球标准"（INTERNATIONAL MATCH BALL STANDARD）。

在球上印有这些标志就表明已被正式检测，并符合各个级别所规定的特殊技术要求。球的最低技术要求已在规则第二章中说明。这些与各个级别有关的特别要求由国际足联颁布。相关的检测机构由国际足联指定。其他比赛用球必须符合规则第二章的要求。

如果某国足协规定在其联赛中使用印有"国际足联标准"或"国际足联监制"标志的球，就必须同时允许使用印有"国际比赛球标准"的球。

在国际足联、洲际联合会和国家协会主办的比赛中，除了比赛及比赛组织者的标志和授权制造商的商标外，不允许在球上出现任何商业广告。竞赛规程可限制此类标志的尺寸和数量。

第三章 队员人数

队员

比赛应有两队参加，每队上场队员不得多于 5 人，其中必须有一名守门员。

替补程序

在每场比赛中，各队可依照国际足联、洲际联合会或国家协会的正式比赛规则使用替补队员。

各队替补队员不得超过 7 名。

比赛中，换人次数不限。替换下场的队员可以重新上场替补其他队员。队员可在比赛中或死球时随时进行替换，但须遵守如下规则：

• 离场队员须由己方换人区离场。

• 上场队员也须由己方换人区入场，且必须在离场队员完全跨出边线后方可入场。

• 替补队员无论上场与否，裁判员均有权对其行使职权。

• 当替补队员踏入场地，即完成了替补程序，从此时起，替补队员成为场上队员而被替补队员终止成为场上队员。

守门员可与场上任何队员互换位置。

违规/判罚

换人时，如替补队员在被替补队员还未完全离场之前就进入比赛场地：

• 停止比赛。

• 示意被替换下场的队员离场。

• 该替补上场的队员被黄牌警告。

• 判由对方在停止比赛时球所在地点踢间接任意球恢复比赛。如暂停时球在罚球区内，则在距停止比赛时球所在地点最近的罚球区线上踢出。

换人时，如果替补队员或被替补队员未由规定换人区入场或离场：

• 停止比赛。

• 违规队员被黄牌警告。

• 判由对方在停止比赛时球所在地点踢间接任意球恢复比赛。如暂停时球在罚球区内，则在距停止比赛时球所在地点最近的罚球区线上踢出。

决议

• 决议一

开始比赛时，每队至少要有 5 名队员。

• 决议二

如在比赛中，某队因有队员被罚下场而场上队员少于 3 人（包括守门员），比赛必须中止。

## 第四章 队员装备

### 安全性

队员不得使用或佩戴可能危及自己及其他队员的装备或任何物件，包括各种珠宝饰物。

### 基本装备

队员必需的基本装备是：

- 运动上衣。
- 运动短裤——如穿紧身内裤，须与短裤的主色同一颜色。
- 护袜。
- 护腿板。
- 球鞋——只允许穿胶底或类似材料做成的帆布鞋、软皮面训练鞋或体操鞋。

### 运动上衣

- 上衣背后必须有 1~15 之间的号码。
- 号码颜色须与上衣颜色有明显差异。

国际比赛中，比赛服装的前面也应印上号码，字体可相对小一些。

### 护腿板

- 必须由护袜全部包住。
- 由适当的材料制成（橡胶、塑料或其他类似材料）。
- 提供适当程度的保护。

### 守门员

守门员可以穿长裤。

每名守门员的服装颜色必须有别于其他队员和裁判员。

如果场外员替换了守门员，则要在该队员穿的守门员球衣背后标上其原来的号码。

### 违规/判罚

对于任何违反此规则的：

违规队员被令离场调整或配齐有关的必需装备。在重新入场前，需先向其中一位裁判员报告，并经裁判员检查其装备符合规定后，方可在比赛成死球时入场。

## 第五章 裁判员

裁判员的权力

每场比赛须委派一名裁判员执行裁判任务。当他进入比赛场地，即开始行使规则所赋予他的职权。当他离开赛场时，职权即告终止。

职权与职责

- 执行规则。
- 当一个队被犯规而根据有利条款能获利时，则允许比赛继续进行。如预期的"有利"在那一刻没有接着发生，则判罚最初的犯规。
- 记录比赛的有关情况，将在赛前、赛中或赛后对队员和球队官员进行的纪律处分，以及其他事件的情况用比赛报告提交有关部门。
- 在比赛中没有计时员，则负责记录时间。
- 因违反规则或外界干扰停止、推迟或终止比赛。
- 对犯规队员根据情节出示黄牌警告或罚令出场。
- 确保未经允许的人员不得进入场地。
- 如果认为队员受伤严重，则停止比赛，并确保将其移出比赛场地。
- 如果认为队员只受轻伤，则允许比赛继续进行直至死球。
- 确认比赛用球符合规则第二章的要求。

裁判员的判决

裁判员根据与比赛相关的事实作出的决定为最终决定。

决议

- 决议一

如裁判员和第二裁判员在比赛中同时发出判罚信号，而发生双方判罚不一致时，以裁判员的判罚为准。

- 决议二

裁判员和第二裁判员均有警告及罚令球员出场的权利，但当两人意见不一致时，以裁判员的决定为准。

## 第六章 第二裁判员

职责

比赛时应委派一名第二裁判员，他与裁判员隔着场地面对面执行

第七章　足球竞赛与观赏比赛

任务。第二裁判员也可以使用哨子。

第二裁判员按照竞赛规则协助裁判员执法和控制比赛。

第二裁判员同样：

· 有权利因队员违反规则而停止比赛。

· 应保证换人时程序正确。

第二裁判员如有过分干预或不合适的表现时，裁判员可解除其职责，指派他人代替，并将事件报告有关部门。

决议

在国际比赛中，必须委派一名第二裁判员。

**第七章　计时员和第三裁判员**

职责

比赛时应委派一名计时员和一名第三裁判员。他们坐在换人区同侧靠近中线的场外。

计时员和第三裁判员应配备计时器，及可以显示累积犯规次数的设备。这些设备应由比赛场地所属协会或俱乐部提供。

计时员：

保证比赛时间与第八章规定相符。

①在比赛开始后开动计时器。

②当比赛成死球时，暂停计时器。

③当以踢界外球、角球、掷球门球、任意球、从罚球点或第二罚球点执行罚球点球、暂停或坠球恢复比赛后，开动计时器计时。

· 控制1分钟的暂停。

· 当有队员被罚令出场时，负责停2分钟的计时。

· 以不同于裁判员的哨音或其他声音信号，示意上半场、全场、加时赛及暂停时间结束。

· 记录每队所剩的暂停次数并使裁判员、球队了解这些情况。在任何一队教练员要求暂停时，示意准许比赛暂停（规则第八章）。

· 记录各队上下半场裁判员已登记的前五次犯规，及在某队第五次犯规时，发出信号。

第三裁判员

第三裁判员协助计时员工作，其职责为：
- 记录各队上下半场裁判员已登记的前五次犯规，及在某队第五次犯规时，发出信号。
- 记录比赛中的停止情况及原因。
- 记录进球队员。
- 记录被警告或罚令出场队员的号码。
- 提供其他有关比赛的情况。

计时员和第三裁判员如有过分干预或不合适的表现时，裁判员可解除其职责，指派他人代替，并将事件报告有关部门。

如果场上裁判员出现受伤时，第三裁判员可代替行使裁判员或第二裁判员的职责。

决议
- 决议一

国际比赛必须委派计时员及第三裁判员。
- 决议二

国际比赛中，计时器须具备精确计时和同时记录4个被罚令出场队员的2分钟罚停期，以及记录两队每上下半场的累积犯规次数的功能。

## 第八章　比赛时间

比赛时间

比赛分为上下两个半场，每半场20分钟。

比赛时间由计时员负责记录，其职责在第七章已有规定。

每半场结束时，应允许延长时间执行完罚球点球。

暂停

每队在每半场可向计时员申请一次1分钟的暂停，但须遵循如下规定：
- 只有球队教练员有权向计时员提出暂停1分钟的要求。
- 可随时要求暂停，但只有在本方控球时才给予执行。
- 当比赛成死球时，计时员用不同于裁判员的哨音或其他声音信号示意暂停。

・暂停后，双方队员应留在场内，在靠近替补席的边线处听取教练员指示，而教练员则不能进入场内做指示。

・如某队在上半场未要求暂停，则在下半场也只能要求一次暂停。

中场休息

中场休息不得超过 15 分钟。

决议

比赛中如没有计时员，球队教练员可向裁判员要求暂停。

如全场比赛结束后，按竞赛规程需进行加时赛，则在加时赛期间没有暂停。

## 第九章　比赛开始和重新开始

预备

通过掷币，猜中的队决定上半场比赛的进攻方向，另一队开球开始比赛。

猜中的队在下半场开球开始比赛。

下半场比赛，两队交换比赛场地并向对方球门进攻。

开球

开球是比赛开始和重新开始的一种方式：

・在比赛开始时；

・在攻入一球后；

・在下半场比赛开始时；

・在加时决胜期两个半场开始时。

・开球可以直接射门得分。

程序

・所有队员在本方半场内；

・开球队的对方队员，应距球至少 3 米，直到比赛开始；

・球应放定在球场中点上；

・裁判员发出信号；

・当球被踢并向前移动时比赛即为开始；

・开球队员在球未经其他队员触及前不得再次触球。

某队进球得分后，由另一队开球。

违规/判罚

如果开球队员在其他队员触球前再次触球：

- 由对方队在犯规地点踢间接任意球。如犯规地点在犯规队员的罚球区内，则在距犯规地点最近的罚球区线上踢出开球程序上的其他犯规：
- 重新开球。

坠球

坠球是比赛进行中，因竞赛规则未提到的任何原因而需要暂停比赛之后，重新开始比赛的一种方法。比赛暂停前球并未出边线或球门线。

程序

裁判员在比赛暂停时球所在的地点坠球。如果此地点在罚球区内，则在离此地点最近的罚球区线上执行。

当球触地比赛即为重新开始。

违规/判罚

如发生下列情况，则重新坠球：

- 球在接触地面前被队员触及；
- 球在接触地面后未经队员触及而滚出比赛场地。

## 第十章 比赛进行及死球

比赛成死球

下列情况比赛成死球：

- 当球的整体从空中或地面越过球门线或边线时；
- 当比赛被裁判员停止时；
- 当球击打到天花板时。

比赛进行

其他所有时间，比赛都应视为进行中，包括下列情形：

- 球从球门柱或横梁弹回场内；
- 球从场内的裁判员或第二裁判员身上弹回场内。

决议

在室内球场比赛时，如球意外击中天花板，则由最后触球队员的对方队,以踢界外球的方式恢复比赛。

此界外球应在距球触天花板垂直下方最近的边线处踢出。

## 第十一章 计胜方法

进球得分

若规则没有另外规定,则以下情况应判为进球得分:

当球的整体从两球门柱及横梁下越过球门线,而此球并非由进攻方队员(包括守门员)以手掷入、带入或故意以手或手臂挡入。

获胜的队

在比赛中进球数较多的队为胜者。如两队进球数相等或均未进球,则比赛为平局。

竞赛规程

竞赛规程应说明,若比赛结束为平局,是否采用加时赛或踢球点球决出比赛的胜者。

## 第十二章 犯规与不正当行为

下列情况将被判罚犯规与不正当行为:

直接任意球

如裁判员认为,队员草率地、鲁莽地或使用过分的力量违反下列六种犯规中的任何一种,将判给对方踢直接任意球:

• 踢或企图踢对方队员;

• 绊摔或企图绊摔对方队员;

• 跳向对方队员;

• 冲撞对方队员,即使用肩部也不允许;

• 打或企图打对方队员;

• 推对方队员。

如果队员违反下列四种犯规的任何一种,也判给对方踢直接任意球:

• 拉扯对方队员;

• 向对方队员吐唾沫;

• 当对方队员踢球或正欲踢球时,从其身旁或身后进行铲球,即铲球拦截。守门员在本方罚球区内除外,但不允许草率地、鲁莽地使用过分的力量。

·故意手球（守门员在本方罚球区内除外）。

以上犯规都属于累积犯规之列，判由对方在犯规地点踢直接任意球。

罚球点球

在比赛进行中，无论球在什么位置，如果队员在本方罚球区内违反了上述犯规中的任何一种，应被判罚球点球。

间接任意球

如守门员违反了如下犯规，判由对方踢间接任意球：

·将球发出后，球未越过中线或未经对方队员踢或触及再接得同队队员的回传；

·以手触及或控制同队队员故意踢给他的球；

·用手触及或控制同队队员直接踢给他的界外球；

·在场内的任何区域（对方半场除外），以手或脚去触及或控制球超过4秒。

如裁判员认为队员违反了如下犯规，则也判由对方在犯规地点踢间接任意球：

·动作具有危险性；

·队员不去踢球而故意阻挡对方；

·阻止对方守门员将球从手中发出；

·违反了规则第十二章未提及的任何其他犯规，裁判员须暂停比赛，对犯规队员警告或罚令出场。

上述犯规判由对方在犯规地点踢间接任意球，如犯规地点在罚球区内，则在距犯规地点最近的罚球区线上踢出。

纪律制裁

可警告的犯规

如果队员违反下列犯规中的任何一种，将被出示黄牌予以警告：

1. 犯有非体育行为；

2. 用语言或行动表示异议；

3. 持续违反规则;

4. 延误比赛重新开始;

5. 当以角球、踢界外球、任意球或掷球门球恢复比赛时,不退出规定的距离;

6. 未经裁判员许可而擅自入场或重新入场,或违反其他换人规定;

7. 未经裁判员许可而擅自离场。

罚令出场的犯规

如果队员违反下列犯规中的任何一种,将被出示红牌罚令出场:

1. 严重犯规;

2. 暴力行为;

3. 向对方或其他人吐唾沫;

4. 用故意手球破坏对方的进球或明显的进球得分机会(不包括守门员在本方罚球区内);

5. 用犯规破坏对方向本方球门进攻的明显进球得分机会,这种犯规可判为任意球或球点球;

6. 使用无礼的、侮辱性的或辱骂性的语言;

7. 在同一场比赛中得到第二次警告。

决议

队员一旦被罚令出场,不得重新参加该场比赛,也不能坐在替补席上。该队可在队员被罚出场满 2 分钟后,经计时员允许,补充队员入场。如在这 2 分钟内,其中一队有入球,则引用下列条款:

· 如场上是 5 人对 4 人,较多人数一队入球,则 4 人的一队可补足第 5 名队员;

· 场上是 4 人对 4 人,虽有入球,两队都不补充队员;

· 场上是 5 人对 3 人,或 4 人对 3 人,较多人数的一队入球,则只有 3 人一队可补充一名队员;

· 场上是 3 人对 3 人,虽有入球,两队都不补充队员;

· 如场上较少人数的一队入球,则不补充队员。

## 第十三章 任意球

任意球的种类

任意球分为直接任意球和间接任意球两种。

无论是直接任意球还是间接任意球,踢球时必须将球放定,踢球队员在球未经其他队员触及前,不得再次触球。

直接任意球

如果直接任意球直接踢入对方球门,判为得分。

间接任意球

只有当球进门前触及另一名队员才可得分。

任意球的位置

- 踢任意球时所有对方队员须距球至少 5 米直到比赛进行;
- 当球被踢或触动时比赛即为进行。

违规/判罚

当踢任意球时,对方队员经规定的距离更接近于球:

- 应重踢。

如果比赛进行后,踢球队员在其他队员触球前再次触球队:

- 判由对方在犯规地点踢间接任意球。如犯规地点在罚球区内,则在距犯规地点最近的罚球区线上踢出。

如果踢任意球的一方未能在 4 秒钟内将球踢出:

- 判由对方踢间接任意球。

信号

直接任意球:

- 裁判员单臂平举,指向发球方向。当该犯规属于累积犯规时,裁判员另一臂以食指指向地面,以示第三裁判员或其他比赛官员,此为累积犯规。

间接任意球:

- 裁判员单臂上举过头,并保持这种姿势直至球踢出后触到其他队员或成死球时为止。

## 第十四章 累积犯规

累积犯规

- 累积犯规是规则第十二章中提到的应判罚直接任意球的犯规。
- 每个队在上下半场累积的前5次犯规应被记录在比赛总结报告中。

任意球的位置

任一队在每半场违反的前5次累积犯规：
- 守方队可排人墙防守；
- 所有守方队员至少须距球5米直至踢出；
- 该任意球可以直接得分。

从任一队每半场的第六次累积犯规起：
- 守方队不可排人墙防守；
- 须明确主罚任意球的队员；
- 守方队的守门员须留在己方罚球区内且至少距球5米；
- 其他队员应在假想平行线后边、罚球区外，且至少距球5米，不可阻挡主踢队员。在球未踢或触及前，不可越过该假想平行线（注：假想平行线为与球相齐且平行于球门线的一条假想直线）。

程序（由第六次累积犯规起）
- 任意球必须直接射门而不能传给其他队员；
- 任意球踢出后，只有球被守门员触及或从门柱、横梁弹回来以及球出界后，其他队员才可触球；
- 如队员违反了己方的第六次累积犯规，该犯规地点在对方半场或本方半场介于通过第二罚球点（请参照第一章）的假想平行线与中线之间的区域，该任意球在犯规方半场的第二罚球点踢出，其程序须遵循前述之"任意球的位置"；
- 如犯规地点在犯规方半场球门线和通过第二罚球点的假想平行线之间区域，则对方可选择在犯规地点或第二罚球点踢任意球；
- 在每半场比赛或决胜期上下半场结束时，应允许延长时间执行完罚球点球；
- 如比赛需进行加时赛，在下半场的累积犯规次数将在加时赛中继续有效。

违规/判罚

守方队员违反了本章的规定：
- 如果球未进入球门，应重踢；
- 如果球进入球门，得分有效。

主罚认员的同队队员违反本章规定：
- 如果球进入球门，应重踢；
- 如果球未进入球门，不应重踢。

主罚队员在球踢出后违规：
- 由对方在犯规地点踢间接任意球。如犯规地点在罚球区内，则在距犯规地点最近的罚球区线上踢出。

## 第十五章　罚球点球

当比赛进行中，如果一个队在本方罚球区内违反了可判为直接任意球的犯规条例，应由对方队踢罚球点球。

罚球点球可以直接进球得分。

在每半场比赛或决胜期上下半场结束时，应允许延长时间执行完罚球点球。

球和队员的位置球：

须放定在罚球点上。

主罚球点球的队员：

必须明确。

防守方守门员：

应在本方两球门柱间的球门线上面对主罚队员，直至球被踢出。

主罚队员外的其他队员应处于：
- 比赛场地内；
- 罚球区外；
- 罚球点后或两侧；
- 距罚球点至少5米。

程序
- 主罚队员向前踢出球点球；
- 在其他队员触球前主罚队员不得再次触球；
- 在球被踢并向前移动时比赛即为开始。

在比赛进行当中,以及在上半场或全部比赛结束而延长时间执行或重新执行罚球点球时,如果球在越过球门柱间和横梁下之前遇到下面情况,应判定得分:

• 该球触及任何一个或连续触及两个球门柱、横梁、守门员。

**违规/判罚**

守方队员违反本章规定:

• 如果球没有进入球门,应重踢;
• 如果球进入球门,得分有效。

主罚队员的同队队员违反本章规定:

• 如果球进入球门,应重踢;
• 如果球没有进入球门,不应重踢。

主罚队员在球踢出后违规:

• 由对方在犯规地点踢间接任意球。如犯规地点在罚球区内,则在距犯规地点最近的罚球区线上踢出。

**第十六　踢界外球**

踢界外球是重新开始比赛的一种方法。

踢界外球不能直接进球得分。

踢界外球的判定:

• 当球的整体不论从地面或空中越过边线或击中天花板;
• 从球越出边线处踢界外球;
• 判由最后触球队员的对方踢界外球。

球和队员的位置:

• 须放定在边线上;
• 可踢向场内任何方向。

主踢队员:

• 踢球时,任何一只脚的部分站在边线上或站在边线外。

防守方队员:

• 在球踢出前,应至少距球5米。

程序

• 主踢队员控制球后须在4秒钟内将球踢出;

- 在球未触及其他队员前，该队员不能再次触球；
- 球一经踢出或触动，比赛即为进行。

违规/判罚

下列情况判由对方踢间接任意球：
- 主罚队员在其他队员触球前再次触球，判由对方在犯规地点踢间接任意球。如犯规地点在罚球区内，则在距犯规地点最近的罚球区线上踢出。

如发生下列情况，则由对方重踢界外球：
- 不按规定方法踢出；
- 不在球出界踢界外球；
- 控球后未能在4秒钟内将球踢出；
- 其他任何违反竞赛规则的行为。

## 第十七章　掷球门球

掷球门球是重新开始比赛的一种方法。

掷球门球不可以直接进球得分。

下列情况判为掷球门球：
- 当球的整体不论从地面或空中越过球门线，而最后触球者为攻方队员，且根据规则第十一章规定不是进球得分的情况。

程序
- 由防守方守门员从罚球区内的任何一点将球掷出；
- 对方队员应在罚球区外直至比赛进行；
- 该守门员在其他队员触球前不得再次触球；
- 球一掷出罚球区，比赛即为进行。

违规/判罚

如球未直接掷出罚球区：
- 应重掷。

如比赛进行后，守门员在其他队员触球前或球未过中线再次触球：
- 判由对方在犯规地点踢间接任意球。如犯规地点在罚球区内，则在距犯规地点最近的罚球区上踢出。

如比赛进行后，守门员接得同队队员的回传球：
- 由对方在距犯规地点最近的罚球区线上踢间接任意球。

如果守门员控球后在 4 秒钟内未掷出球门球：
- 由对方在距犯规地点最近的罚球区线上踢间接任意球。

## 第十八章 角球

角球是重新开始比赛的一种方法。

角球可以直接射入对方球门而得分。

下列情况判为角球：
- 当球的整体不论从地面或空中越过球门线，而最后触球者为守方队员，且根据规则第十一章规定不属于进球得分时。

程序
- 将球放在距球出界处最近的角球弧内；
- 对方应距球至少 5 米，直到比赛进行；
- 由攻方队员踢出该角球；
- 当球被踢或触动时比赛即为进行；
- 踢球队员在其他队员触球前不得再次触球。

违规/判罚

如发生下列情况，由对方踢间接任意球：
- 比赛进行后，踢球队员在其他队员触球前再次触球，由对方在犯规地点踢间接任意球；
- 踢角球的队员在控球后，未能在 4 秒钟内将球踢出，则由对方在角球弧踢间接任意球。

对于其他任何犯规：
- 应重踢角球。

决定比赛胜者的程序

加时赛和踢球点球决胜是根据竞赛规程的要求，需要在比赛打平后决出胜队时采用的决胜方法。

加时赛

加时赛由两个相同的 5 分钟组成。如果在两个加时赛时段没有进球，则比赛以踢球点球决定胜负。

踢球点球决胜

· 裁判员选定一个用于踢球点球的球门；

· 裁判员采用掷币方式，双方队长猜中的一方选择踢球点球的先后；

· 裁判员对踢球点球做记录；

· 按照如下规定，每队各踢5次：双方轮流踢；如果两队在踢满5次，双方进球数相同或均未进球，则按同样轮流的顺序踢球点球，直至双方踢球次数相同，而一队比另一队多进一球时为止；每一次踢球点球应由不同的队员来踢，并且必须在场上的合法队员都踢过之后，才允许队员第二次踢球点球；

· 在踢球点球过程中，符合资格的队员随时可与守门员交换位置；

· 在踢球点球过程中，只允许符合资格的队员和执法裁判员在场内；

· 除踢球点球的队员和两名守门员外，其他所有队员应在场内另一半场；

· 主罚队的守门员在踢球点球过程中应在场内执行罚球点球的罚球区外的球门线与罚球区线的交界处；

· 除非另有规定，踢球点球时应遵照竞赛规则和国际足球理事会相关决议；

· 当比赛结束后，一个队的合法人数多于对方时，应减去多的人数并通知裁判员被减去队员的名字和号码。球队队长负责此事的实施；

· 在踢球点球之前，裁判员必须保证场上两队人数相同，并由这些队员踢球点球。

## 第三节 世界足球各主要赛事

### 一、世界杯

1928年奥运会结束后，FIFA召开代表会议，一致通过决议，举办四年一次的世界足球锦标赛。这对于世界足球运动的进一步发展和提高起到了积极的推动作用。最初这个新的足球大赛称为"世界足球锦标赛"。1956年，FIFA在卢森堡召开的会议上，决定易名为"雷米特杯赛"。这是为表彰前国际足联主席法国人雷米特为足球运动所作出的成就。雷米特担任国际足联主席33年（1921～1954年），是世界足球锦标赛的发起者和组织者。后来，有人建议将两个名字联起来，称为"世界足球锦标赛-雷米特杯"。于是，在赫尔辛基会议上决定更名为"世界足球锦标赛-雷米特杯"，简称"世界杯"。

世界杯赛的奖杯是1928年FIFA为获胜者特制的奖品，是由巴黎著名首饰技师弗列尔铸造的。其模特是希腊传说中的胜利女神尼凯，她身着古罗马束腰长袍，双臂伸直，手中捧一只大杯。雕像由纯金铸成，重1800克，高30厘米，立在大理石底座上。此杯为流动奖品，谁得了冠军，可把金杯保存4年，到下一届杯赛前交还给国际足联，以便发给新的世界冠军。此外有一个附加规定是：谁连续三次获得世界冠军，谁将永远得到此杯。

1970年，第九届世界杯赛时，乌拉圭、意大利、巴西都已获得过两次冠军。因此都有永远占有此杯的机会，结果是巴西队捷足先得，第三次获得世界杯冠军，拥有了此杯。

为此，国际足联还得准备一个新奖杯，以发给下届冠军。1971年5月，国际足联举行新杯审议会，经过对53种方案评议后，决定采用意大利人加扎尼亚的设计方案——两个力士双手高擎地球的设计方案。这个造形象征着体育的威力和规模。新杯定名为"国际足联世界杯"。该杯高36厘米，重5公斤，当时价值2万美元。1974年第十届世界杯赛，西德队作为冠军第一次领取了新杯。这回，国际足联规定新杯为流动奖品，不论哪个队获得多少冠军，也不能拥有此杯，只能得到此杯的复制品。

## 二、奥运会足球赛

1896年在希腊举行的第一届奥林匹克运动会上，足球是表演赛的项目。从1900年第二届奥运会起，足球被列为正式比赛项目。国际奥林匹克委员会章程规定，只有业余的足球运动员才能参加奥运会的比赛。1979年又补充规定，欧洲和南美国家，凡参加过世界杯赛的运动员，一律不能参加奥运会足球赛。其他国家的运动员不受此限制。1988年汉城奥运会允许职业运动员参加，但规定欧洲和南美国家，凡参加过世界杯赛的运动员，一律不能参加奥运会足球赛。1989年国际足联在此基础上又做了如下规定：允许参加过世界杯赛的职业运动员参加，奥运会足球运动员年龄限制在23岁以下，每队允许有3名超龄球员，也就是国奥队的简称。经过预选赛进入决赛阶段比赛的共16个队，即欧洲4个队，亚、非洲各3个队，南、北美洲各2个队，再加上上届冠军队和本届举办国队。近几届决赛阶段是，先分4个组进行预赛，每组前2名再编成两组用交叉比赛的方法进行复赛。复赛中两个组的第1名决冠亚军，两个组的第2名争第3、4名。

## 三、联合会杯

联合会杯足球赛的前身为洲际杯足球赛，于1991年由亚洲、非洲、南美和北美加勒比地区足联提议发起，现由国际足联主办，每两年举行一届。

## 四、国际足联室内五人制世界杯

"五人制"足球英文名为FUTSAL，是西班牙和葡萄牙语中的"足球"Futbol、Futebol，和法语和西班牙语的"室内"Salon、Sala的结合，意思就是在大房子里面的足球。1989年，国际足联把FUTSAL一词认定为所有的室内和五人制足球活动，也是国际足联认定的唯一的"室内足球的官方用语"，它代表着国际足联在全世界推广和发展该项运动的决心。其主要特点是场地小、球门小、比赛人员少，它应该是伴着现代足球运动的产生而随之产生的。由于气候等原因，遇有恶劣的天气时，人们在室内踢小球门足球便是自然的事情了。由于国际足联长期没有把室内足球列入正式比赛项目，因此，室内足球的比赛规则在每个国家各有不同。直至1988年国际足联才正式制定了相应的室内足球比赛规则，并在荷兰举办了第一届室内（五人制）足球世界杯赛。从世界室内足球的发展水平来看，巴西、阿根廷、葡萄牙、西班牙、意大利、荷兰、乌克兰等欧美国家属于世界强队；而伊朗、日本、泰国等保持亚洲前三名的水平。

## 五、国际足联女足世界杯

世界女足运动终于在1991年11月迎来了崭新的一天，在时任国际足联主席阿维兰热（Dr. João Havelange）的鼎力倡导下，第一届女足世界杯诞生了（1991年11月16日至30日）。中华人民共和国承办了该项赛事，有众多热情的观众亲临赛场为女足加油助威。汇集了12支参赛队伍的首届世界杯取得了空前的成功。

为了体现主办女足世界杯的宗旨，国际足联在历史上首次安排了6位女性加入到裁判队伍，其中主裁3、4名决赛的巴西人克劳迪亚（Claudia de Vasconcelos）成为了第一位出现在世界杯赛场上的女性裁判。

## 六、奥运会女足比赛

女子足球首次列入奥运会竞赛项目是在1996年的亚特兰大奥运会上，由于时间仓促国际足联当时甚至没有组织预选赛，所以由1995年第2届世界女子足球锦标赛前八名的球队直接参赛。中国女足当时的主帅是马元安，与美国、瑞典、丹麦同分一组，结果中国女足首战2比0力克瑞典，次战5比1横扫丹麦，末战0比0平美国，以小组第一的身份晋级。半决赛以3比2逆转巴西，决赛中以1比2遗憾负于美国，获得银牌，那场比赛创记录的有76489名观众到现场观战。

## 七、欧洲足球五大联赛

欧洲足球五大联赛，指意大利足球甲级联赛、英格兰足球超级联赛、西班牙足球甲级联赛、德国足球甲级联赛、法国足球甲级联赛。有时不含法国足球甲级联赛而称为四大联赛。这些联赛代表了当今世界足坛最顶级的足球水平，吸引了众多球星。也常常引导足球发展的新方向。

## 八、欧洲杯

1953年,国际足联在巴黎举行的特别代表大会上批准举办欧洲联赛,1954年6月15日,欧足联成立。次年,开始举办欧洲冠军俱乐部杯联赛,1956年,开始筹备举行由欧洲各国国家队参加的比赛。两年后,第一届欧洲国家杯(欧洲杯前身)资格赛开始进行。2008年,第十三界欧洲杯由瑞士和奥地利两个东道主同时承办,奥地利也因为欧洲杯开赛前世界第101位的排名被称为史上最弱的东道主。最终,德国队和西班牙队会师决赛,西班牙队以1∶0的比分战胜了德国,捧起金杯。

## 九、美洲杯

美洲杯足球赛诞生于1916年,是美洲、也是全世界历史最悠久的足球赛事。当时正值阿根廷独立一百周年之际。在当时的阿根廷总统伊里戈延的倡议下,设立了这一杯赛。美洲杯足球赛由南美洲10支实力最强的国家队参加,因此是南美洲最高水平的比赛。比赛由南美足协主办,开始时每年举办一次,27年后不定期举行,到1959年改为每4年举办一次。至2001年,美洲杯比赛共举行过40次。历史上成绩最好的队是阿根廷队和乌拉圭队,共获14次美洲杯冠军;乌拉圭队和巴西队在本土举行的美洲杯赛中保持不败。其中乌拉圭8次主办,8次夺冠;巴西4次主办,4次夺冠。

## 十、非洲国家杯

非洲国家杯是非洲地区足球运动领域中最高规格的赛事,每隔两年由非洲足协举办。非洲国家杯于1968年正式开始,但在之前曾不定期地举办。在1957年的第一届非洲国家杯,只有三个国家参加,他们是埃及、苏丹、埃塞俄比亚。从所有非洲国家都参加后,就开始有外围赛,现时的决赛席位有16个。

## 十一、亚洲杯

由亚洲足球联合会举办的亚洲国家参加的一项比赛,赛会是每四年一届。首届亚洲杯的主办地在中国。1956年中国香港成为第一届亚洲杯的主办地。东道主自动晋级决赛圈,他们与韩国队、越南队及以色列队争夺冠军。结果韩国队证明他们技高一筹,他们在关键的比赛中以2比1击败以色列队,成为历史上第一支亚洲杯冠军。

## 十二、国际足联主要国际赛事

男足:
世界杯(无年龄限制)
室内五人制世界杯(无年龄限制)
沙滩足球世界杯(无年龄限制)
交互式世界杯(无年龄限制)
奥运会男足比赛(限23岁以下,决赛阶段可以有三名超龄球员)
U20世界青年足球锦标赛(限20岁以下)
U17世界少年足球锦标赛(限17岁以下)
国际足联联合会杯
国际足联世界俱乐部杯
国际足联青年杯
女足:
女足世界杯(无年龄限制)
奥运会女足比赛(无年龄限制)
U20世界女子青年足球锦标赛(限20岁以下)
U17世界女子少年足球锦标赛(限17岁以下)

## 十四、足球比赛的战术用语

**全攻全守**:足球运动战术之一。一个队除守门员之外的10名队员都参与进攻和防守,称为"全攻全守"。根据比赛中攻与守的需要,每个队员都可到任何一个位置上发挥这一位置队员的作用。这一战术打破了阵式对队员的束缚,能充分调动和发挥队员的积极性的才能。同时,对队员在身体素质、技术、战术和意志品质、战斗作风诸方面,也提出了更高的要求。1974年第10届世界足球锦标赛中,出现了这种打法,被誉为国际足球史上的第三次变革。

**区域防守**:足球运动防守战术之一。每一队员根据位置划分一定的防守区域,在划定的范围内,主要采用站位的防守方法,而不紧逼盯人。这使进攻队传接球比较容易,且在同一区域内出现两个以上进攻队员时,防守就感困难。这一防守战术比较被动,已不能适应足球运动发展的需要,现已很少采用。

**密集防守**:防守战术之一。球门前的30米区域常被称为"危险地带"。比赛中,双方为了稳固防守,往往组织相当多的人把守这一区域,形成密集状态,以加强保护,减少空隙,阻住对方的突破,称为密集防守战术。

**补位**:足球运动战术术语。比赛中集体防守的一种配合方法。指防守中本队一个队员被对手突破时,另一队员前去封堵。两人补位是集体防守配合的基础。防守队员相互间保持适当的距离和角度,是进行及时补位的前提。过去主要指后卫线队员防守时的配合。当代足球采用全攻全守战术,补位的内容也有了相应的发展。担任锋与卫的队员之间在一次进攻中相互位置交换,也成为补位的重要内容之一,从而对补位队员的技术战术意识提出了更高的要求。

**清道夫**:足球比赛中承担特定防守任务的拖后中卫之别称。1966年第8届世界足球锦标赛,在"固守稳攻"的战术思想影响下,为了加强防守,于后卫线后面安排一个队员,其职责是只守不攻,执行单一的补位防守任务,"扫清"攻到本方球门前的来球,因而得名。

**自由人**:足球比赛"一三三三"阵型中拖后中卫的别称。防守是无固定的看守对象,可机动灵活地补位救险,从而使其他队员,特别是3个后卫在盯人时无后顾之忧。是清道夫踢法的发展,不仅要守,而且要伺机插入进攻第一线。根据职责,要求担当"自由人"的队员技术全面,战术意识强,比赛经验丰富,是组织、指挥防守的核心。

**造越位**:是一种防守战术。根据规则:进攻队员在接球时,如与对方球门线之间防守队不足2人时则为越位。防守队员利用这一规定,

第七章　足球竞赛与观赏比赛　307

在对方传球中，另一队员将触及球的瞬间，突然向前一跑，造成对方接球队员与本方球门线之间有一个防守队员的局面，使对方越位犯规。

**鱼跃扑球**：足球技术名词。守门员的一种难度较高的扑球技术。以与球同侧的一脚用力蹬地，异侧腿屈膝提摆，使身体跃出腾空扑球。因是腾身侧面跃出，增大了控制的范围，故能扑出用其他动作难以扑到的球。

**篱笆战术**：也称人墙战术。在自己门前危险区域内，当对方罚任意球时，几个防守队员并排成"人篱笆"，以帮助守门员封住对方射门的部分角度。

**撞墙式**：比赛中进攻时的一种过人战术，即形成两人过一人局面时，二人一传一切，接球再传者一次出球，使传球者传来的球像撞在墙上一样，从而加快过人速度，因而得名。

**长传突破**：足球运动进攻战术之一。运用远距离传球突破对方防线的战术方法。当代足球比赛中，多用于快速反击时。防守队员在本方球门前抢截得球，利用对方压上进攻后来不及回防的时机，长传给突前的同伴，以突破对方的防线。

**插上进攻**：足球运动进攻战术之一。指位于第二、第三线的前卫、后卫队员，插入第一线参加进攻的战术方法。因有纵深距离，故容易摆脱对方的防守，且第二、第三线队员的插上具有较大的隐蔽和突然性。因此，更具威胁性。后卫插入前锋线直接参加进攻是全攻全守战术的一个重要标志。

**下底传中**：足球运动进攻战术之一。指边线进攻中，通过个人带球突破，或集体配合把球推到对方端线附近，然后长传至对方球门前的战术方法。攻方在快速推进中，常乘对方防线阵脚未稳时，采用此法中间包抄以射门得分。

**外围传中**：也称"45°角传中"。足球运动进攻战术之一。当攻方有球队员在边线附近与对方球门约成 45°角的地区时，用过顶长传把球传向处于对方罚球区附近的同伴，供同伴用头顶球连续进攻，称为"外围传中"。尤其在守方队员已及时退回，且密集在球门前 30～40 米的地区，通向对方球门的路已被封住，或攻方有身材高大、争顶球能力强的前锋队员时,动用这种打法可取得较好的效果。

交叉换位:足球运动战术术语。比赛中进攻队员为了摆脱对方的防守,在跑动中左右换位的战术配合方法。最常见的有:左侧的队员疾跑至右侧的队员前接球,右侧队员传球后,交叉跑到左侧位置。这一战术配合改变了队员只在本位置范围内活动的踢法,更加变化多端。

反越位战术:这是针对对方"造越位"战术而采取的一种进攻战术。当进攻队员觉察到防守者用制造越位的战术破坏本方的进攻时,及时改变传球方向,让在后面的队员插上接球或自己直接带球快速推进射门,从而使对方退防不及。

弧线球:足球运动技术名词。指使球呈弧线运行的踢球技术。足球在运行中,由于强烈旋转,使两侧的空气发生差异而形成。由于球呈弧线形运行,故俗称"香蕉球"。踢弧线球时,脚击球的部位应偏离球的重心。常用于绕过位于传球路线中间的防守队员,或射门中迷惑守门员,使之产生错误判断。罚直接任意球时,用弧线球射门已是得分的一种重要方法。

角球:当球的整体不论在空中或地面从球门外越出球门线,而最后踢或触球者为守方队员时,由攻方队员将球的整体放在离球出界处较近的角球区内踢角球。踢角球时,不得移动角旗杆。角球可直接破门。

球门球:当球的整体不论在空中或地面从球门外越出球门线,而最后踢或触球者为攻方队员时,由守方队员在球门区内任何地点直接踢出罚球区恢复比赛。守门员不得将球接入手中后再踢出进入比赛。如球未被直接踢出罚球区,即未进入比赛,应令重踢。踢球门球不得直接射门得分,踢球门球时,对方队员在球被踢出罚球区前都应站在罚球区外。

帽子戏法:帽子戏法起源于板球比赛,如果投手能用连续3个球得分,是件很不寻常的事情。到了19世纪,习惯上,俱乐部要授予那个投手一顶帽子作为荣誉的象征。这就是"帽子"和"3"的由来。这个词19世纪70年代才出现在印刷品中。不过现在已经用在不少种球类比赛了。

乌龙球:"乌龙球"是足球中一个很常见的说法,是指防守队员在防守过程中误打误撞将球踢碰入自家球门不仅不得分,反而失分。

# 主要参考文献

1. 全国体育院校教材委员会. 现代足球人民体育出版社 2000 年.
2. 成守允. 大学体育系教材——足球. 合肥工业大学出版社 2002 年.
3. 亚足联. 中国足协足球教练员岗位培训教学大纲. 人民体育出版社 1999 年.
4. 高谊、张永荣. 普通高校体育与健康课程教材. 南开大学出版社 2007 年.
5. 王洁群等. 普通高校体育实践课教材——大球运动. 大连理工大学出版社 2000 年.
6. 薛德辉、杨向东. 大学体育实践教程天津大学出版社 2000 年.
7. 曹镜鉴.《足球竞赛规则与裁判分析》，人民体育出版社 1999 年.